Maudy Piot-Jacomet

« J'ai été militante avant de naître ! »

Textes proposés par
Alain Piot

Maudy Piot-Jacomet

« J'ai été militante avant de naître ! »

Préface de Michelle Perrot

L'Harmattan

De la même autrice
chez le même éditeur

Mes yeux s'en sont allés, variations sur le thème des perdant la vue, 2004.

Entre l'œil et le regard, 2020.

5-7, rue de l'Ecole-Polytechnique, 75005 Paris
http://www.editions-harmattan.fr
ISBN : 978-2-343-22993-5
EAN : 9782343229935

Sommaire

Préface

Michelle Perrot[1]

« J'ai été militante avant de naître », dit Maudy Piot qui se définit comme une « battante ». Une femme qui refuse d'être victime et se veut « citoyenne avant tout », qui revendique l'universel et non la différence à laquelle son handicap (mot honni) visuel aurait pu la condamner.

Les textes qu'Alain Piot, son compagnon tant aimé, son soutien de toujours, a réunis, cheminent entre oral et écrit. Ils font entendre la voix singulière, vivante et vibrante, d'une personnalité exceptionnelle qui a marqué notre temps.

Ils disent d'abord un itinéraire, marqué par le refus obstiné de la notion même de fatalité. Les débuts dans la vie n'avaient pourtant pas été faciles. Catalane, fille de médecin, Maudy est atteinte d'une rétinite pigmentaire qui se révèle à six-sept ans et que toute la famille, père en tête, du haut de son autorité sanitaire, récuse : c'est impossible, cela n'existe pas dans notre famille. Maudy s'écoute, elle cherche à se rendre intéressante. Il suffit de nier l'évidence pour qu'elle n'existe pas. La petite fille intériorise ces propos volontaristes, se conforme au désir des siens, fait semblant de voir, simule et dissimule. Mais elle se heurte à l'incrédulité des adultes. Lorsqu'elle cherche à bien voir le tableau noir, en se mettant au premier rang en classe, la maîtresse la renvoie au fond de la salle sous prétexte qu'il ne faut pas céder aux caprices d'une enfant ! Maudy a connu très tôt la honte qui s'attache à la dissemblance. « Souffrant terriblement de ma différence, je me suis construite dans le combat quotidien » (p.144).

Heureusement, elle bénéficie de l'aide de sa grand-mère maternelle, très critique vis-à-vis de l'intolérance de son gendre et qui finalement l'élève et la soutient dans ses projets : faire des études, médecine par exemple. Ses difficultés visuelles qui s'aggravent la contraignent à choisir des voies moins longues : kiné, infirmière… Elle dévore les philosophes, les

---

[1] Historienne des femmes, professeure émérite d'histoire contemporaine à l'université Paris-Diderot et militante féministe. Elle a aussi travaillé sur l'histoire du mouvement ouvrier, et sur le système carcéral français.

psychologues, Freud, Lacan surtout, qui l'aide à comprendre l'importance du langage, des représentations et qui, d'une certaine manière, décide de sa vocation.

Autre fait majeur : à trente ans, elle rencontre Alain Piot, « peut-être le premier homme féministe en France », dit-elle, son amour, son indéfectible appui, son mari et le père de leurs deux enfants adoptés. Alain, « l'Unique », qui, partout, l'accompagne, notamment dans les forums, où il se cache sous des abris de fortune pour lui souffler des interventions soigneusement préparées et qu'elle sait par cœur.

Car sa rétinite progresse. Sa vue « décline comme le soleil au couchant ». Maudy a raconté ce chemin d'ombre dans un livre poignant, *Mes yeux s'en sont allés* (L'Harmattan, 2004). Elle a décrit le moment crucial de la perte, « cet entre-deux du voir et du non-voir », « ce moment terrible et excitant où l'on ne sait plus ce que l'on va percevoir ». Le sujet, alors, dissimule, parce qu'il a peur d'être rejeté vers les non-voyants, fait « comme si », se bute contre les autres qui s'en étonnent, se cogne partout. Il se construit un sur-moi héroïque. Longtemps, il nie l'inéluctable. Ainsi fit Maudy qui finit par accepter, mais pour mieux triompher, sans jamais se résigner au retrait, au rebours du ressentiment[2], soucieuse d'elle-même et des autres. Devenue psychanalyste, elle aide les mal-voyant.e.s à comprendre leur situation, à mettre des mots sur leurs difficultés.

Mais elle va plus loin par l'action collective. Le 25 novembre 2003, soutenue par Anne Hidalgo, elle organise à la Mairie de Paris un Forum pour les femmes handicapées, « citoyennes avant tout ». Un millier de personnes se retrouvent en dépit de l'inconfort de lieux guère accessibles, sous la présidence de la grande résistante, Lucie Aubrac. Ce jour-là, date cruciale qu'elle rappellera sans cesse, est fondée l'association « Femmes pour le dire, Femmes pour agir » (FDFA), d'abord destinée aux mal-voyantes, puis étendue à toutes les formes de handicaps que Maudy refuse de distinguer. C'est le fer de lance de son action. Durant près de vingt ans, l'association se structure, se fortifie, se ramifie, acquiert un local, organise tous les deux ans des Forums mémorables, publiés la plupart du temps, sur les thèmes les plus variés : Travail, Silence, Solitudes, Maternité, Sexualité, Violences... Avec le double souci d'offrir une réflexion conceptuelle à l'aide d'intervenants qualifiés, et de donner la parole aux femmes handicapées. Elle obtient l'ouverture d'un numéro d'appel pour les femmes handicapées victimes de violences. Des moments intenses, de chaleur, d'échange, d'amitié. Le « magnifique »

---

[2] Cynthia Fleury, *Ci-gît l'amer. Guérir du ressentiment*, Gallimard, 2020.

Tchadou, son chien, à ses pieds, Maudy Piot ouvre et conclut ces colloques. Elle est l'axe et l'âme de ces rencontres inoubliables, dont les présents textes font entendre l'écho.

Cette action repose sur des convictions et une pensée fortes qui lui donnent son sens. D'abord le refus de la situation victimaire. « Assez de compassion et de misérabilisme ». Les femmes handicapées sont « citoyennes avant tout », et elles ont des droits. Des droits à faire respecter (par exemple dans les transports et les taxis où les chiens d'aveugle sont encore si mal accueillis). Des droits à conquérir car la loi de 2005 est insuffisante.

Certes, il faut dénoncer les stigmates, les moqueries, les non-dits, le mépris ; plus que tout dissiper l'invisibilité des femmes handicapées. Les inciter à témoigner, à écrire leur histoire. Démonter les pièges du langage. « C'est toujours à l'aide de mots que l'homme pense, et c'est dans la rencontre de ces mots avec son corps que quelque chose se dessine », dit Lacan. Maudy Piot y est spécialement attentive. Elle préfère l'usage de l'adjectif « personnes handicapées », au substantif « les handicapé.e.s ». Le handicap n'est pas une identité, mais une particularité. Il faut refuser une différence qui serait une assignation excluante, au détriment de l'universel. Pas de séparatisme, mais l'affirmation d'une normalité assumée. Les femmes handicapées sont « *autrement* capables », et peuvent apporter quelque chose à la société dont elles sont membres à part entière. Inlassablement, Maudy rappelle qu'il existe plusieurs manières de sentir, de percevoir, que le regard n'est pas la vue.

Parmi les droits fondamentaux : le travail, où les femmes handicapées accèdent difficilement (22 % contre 48 % pour les hommes). La mobilité. La maternité, à laquelle elles sont aptes, comme toute autre. La séduction, la sexualité, car elles désirent, sont désirables et ne renoncent à aucun des attributs de la féminité. Toutefois, Maudy refuse le recours aux « assistants » et aux « services » sexuels. Tout ce qui est payé et tarifé lui paraît relever de la prostitution. C'est actuellement la position de FDFA, position discutable et controversée. On trouvera dans ce livre les éléments d'un débat toujours ouvert.

Dans les années 2010, la société mesure l'ampleur des violences faites aux femmes et, horrifiée, dénombre les féminicides. Or les femmes handicapées subissent de plein fouet cette violence qu'attise leur vulnérabilité. Un rapport de l'Union européenne confirme ce que Maudy pressentait : une femme handicapée sur cinq est victime de ces violences. Elle décide d'en faire une cause prioritaire. Les révélations, recueillies dans un film bouleversant, sont stupéfiantes et posent de façon très crue la question de la domination masculine, dont Françoise Héritier, anthropologue et professeure au Collège de France, analyse magistralement les fondements[3]. Maudy Piot, assez peu touchée dans un premier temps par le féminisme, où elle voyait un risque de différentialisme et un détournement du social, qu'elle privilégiait, trouve dans cette pensée des instruments de compréhension sur sa propre histoire et sur celle des femmes. Être femme et handicapée, c'est un double stigmate. Le 12 octobre 2012, Françoise Héritier lui remet la Légion d'Honneur ; dans son allocution, reproduite ci-après, elle souligne comment Maudy Piot a rencontré cette domination en la personne du Père. Désormais, Maudy incorpore la différence des sexes et le genre à une réflexion qui n'a cessé de s'approfondir.

Maudy croyait à la persévérance de l'effort pour changer les choses. Elle savait la prégnance de l'oubli, que l'écriture et la mémoire peuvent vaincre. Elle voulait *transmettre :* son association, son expérience, sa volonté, la force de son amour. Elle conservait ses archives, d'où ces textes sont extraits. Grâce à Alain Piot, qui les a réunis, nous voyons son visage, nous entendons sa voix qui nous incite à poursuivre.

Michelle Perrot.

[3] Françoise Héritier, *Masculin/Féminin : I/ Les fondements de la différence,*Odile Jacob, 1996 ; II/ *Dissoudre la hiérarchie, 2002.*

1- Maudy Piot, femme de conviction et de caractère

(Biographie express[4])

Née en 1940 de parents catalans (nord), atteinte d'une maladie génétique, la rétinite pigmentaire, Maudy Jacomet a perdu la vue progressivement depuis son enfance.

Mariée à Alain Piot et mère de deux enfants, Manoël et Joanna, elle a été successivement infirmière, kinésithérapeute, psychothérapeute et a exercé en tant que psychanalyste.

Prenant à bras le corps son handicap, elle s'est engagée avec vigueur dans le milieu associatif. Son expérience tant professionnelle que personnelle l'amenant à constater que les femmes en situation de handicap font l'objet d'une double discrimination : celle d'être femme et d'être handicapée, elle fonde en 2003 l'association « Femmes pour le Dire, Femmes pour Agir » (FDFA).

Elle est l'auteure de *Mes Yeux s'en sont allés – Variations sur le thème des perdant la vue* (Ed. de l'Harmattan) et elle a coordonné l'édition d'une vingtaine d'ouvrages au titre de son association.

Maudy Piot est Chevalier de la Légion d'Honneur depuis 2012.

Elle a été nommée comme experte au Haut Conseil à l'Egalité entre les Femmes et les Hommes en 2015, jusqu'à sa mort en décembre 2017.

« Avant tout, nous sommes femmes et citoyennes. Le handicap est dû au hasard de la vie, ce n'est pas notre identité. Nous ne voulons pas de discours compatissant ou de campagnes de dons un soir à la télévision. Quand la société nous regardera-t-elle comme des citoyennes ? » M.P.

---

4 Validée par la principale intéressée ! *Ndlr.*

2 - Présentation de Maudy PIOT par elle-même

Avril 2008

Je suis une femme, riche de sa différence visuelle, qui a écrit un livre intitulé : « Mes yeux s'en sont allés ». Je suis imprégnée des odeurs de lavande, de ciste, de thym et de romarin de mon cher pays catalan. Pour parcourir les sentiers de la vue qui s'éloigne, j'ai dû abandonner mes études de médecine : après avoir été infirmière, me voilà kinésithérapeute et enfin psychanalyste. Militante dès avant ma naissance (!) je travaille au respect des droits humains par de nombreux engagements associatifs et autres. J'ai créé en 2003 l'association « Femmes pour le Dire, Femmes pour Agir ». Nous luttons ensemble contre la double discrimination que vivent encore trop souvent les femmes handicapées : être femme et être handicapée. J'ai un mari exceptionnel et deux enfants formidables, un chien guide *Tchadou le magnifique* qui me permet une grande autonomie.

3 - L'obscur et le héros

2003

J'ai tenu à reprendre en tête de ces textes une conférence qui a une histoire pour Maudy Piot et pour moi-même. C'est la première fois que Maudy devait prendre la parole en public, de manière très officielle, je crois à l'Hôtel de Ville dans l'immense salle des fêtes. C'était une expérience hautement stressante ! Elle avait peaufiné le texte qui suit pendant de longs jours. Il fallait maintenant le dire, le lire (il lui restait encore un peu de vision) sans pour autant donner l'impression d'un exercice scolaire. Nous avions monté tous les deux un dispositif adéquat qui s'améliorera lors de la prochaine occasion : parler en public ! Elle avait devant elle son ordinateur portable sur lequel s'affichait le texte de son exposé en grands caractères ; mais il ne fallait pas, évidemment, que l'ordinateur cache le visage de la conférencière, et donc le mettre un peu sur le côté. D'où une difficulté supplémentaire ! Pour rattraper en partie la machine à mémoire, je me tenais accroupi derrière elle (moi, je devais me cacher) et je jouais le rôle du souffleur de théâtre qui doit à la fois se cacher et ne pas se faire entendre du public, mais du seul acteur. Ce couplage est périlleux et ne s'improvise pas, nous en avons fait l'expérience. Et d'expérience en expérience, très vite nous avons abandonné notre construction : Maudy prenait de plus en plus d'assurance, mon rôle de souffleur n'avait plus beaucoup d'utilité, et il s'est passé ceci : Maudy s'est exprimée avec toute son assurance, sa fougue ; elle ne lisait plus son texte, mais nous écrivions après coup – sur enregistrements, ou grâce à la vélotypie destinée aux malentendants – ce qu'elle avait dit. (Il paraît que c'est ainsi que procédait Lacan, avec certainement une équipe pléthorique de scribes, ce qui a donné les volumes célèbres du « Séminaire »). Maudy avait trouvé « son style » !

Mais laissons-lui la parole : (A.P.)

Je voudrais, dans un premier temps, distinguer trois étapes dans la marche vers l'ombre de la nuit[5] :

- La première étape est celle où le sujet rétinopathe, connaissant son diagnostic, peut mener une vie quasi normale. Il est gêné, mais sans plus et son entourage peut ne pas s'en apercevoir.

[5] Cette réflexion est issue d'un travail effectué au CREDA à partir de questionnaires auxquels ont répondu de nombreux adhérents de l'association *Retinitis Pigmentosa*, et également à partir d'entretiens réalisés avec des sujets atteints de rétinite pigmentaire faisant ou non partie de cette association. L'étude concerne essentiellement des rétinopathes ayant une activité professionnelle. On trouve ce texte en tête du livre *Mes yeux s'en sont allés – Variations sur le thème des perdant la vue*, L'Harmattan, 2010.

- La deuxième étape est celle dont je parlerai : elle se situe à la charnière de la vue perdue, des objets qui échappent, des formes et des couleurs qui se mélangent, des trottoirs qui s'évanouissent, des amis que l'on reconnaît à peine, des autres que l'on croise et qui sont inaccessibles à notre regard, du geste malhabile du quotidien.

C'est cet entre-deux du voir et du non-voir, ce moment terrible et excitant où l'on ne sait plus ce que l'on va percevoir, et quand. Tout se joue sur l'intensité de la lumière, de l'ombre, de l'endroit où est placé l'autre. Moment aussi où l'acuité visuelle est à son minimum, où le champ visuel, comme l'ombre au soleil levant, se rapetisse pour n'être plus qu'un point ; point fulgurant, point désespérant, point angoissant, point nul ou point terrible… qui fait de nous un voyant l'instant d'un éclair, un aveugle l'instant suivant.

- La troisième étape est celle où le sujet est dans la cécité. Je parlerai peu de ces cas, car ils se situent sur un autre versant de mon propos. Lorsque la cécité est acquise, le taux d'angoisse diminue, les sujets sont obligés de faire le deuil de leur vision.

Je vais donc parler de la deuxième étape, de cet instant charnière où nous basculons dans la vision minimum qui nous oblige à franchir le pas du normal au handicap.

Des entretiens que j'ai menés, je dégage une dominante et une constante : chacun des sujets interviewés a essayé de cacher le plus longtemps possible son incapacité à voir, dans son milieu familial, et dans son milieu professionnel surtout.

« Je cachais mon handicap. Comment dire, comment exprimer ce qui nous arrive ? C'est dur d'expliquer aux gens. Évoquer la rétinite, les gens ne comprennent pas. J'avais peur, peur de le leur dire, peur de perdre mon emploi. Le mot **peur** *englobe beaucoup de choses : état général, déprime, vis-à-vis d'un patron… Je n'étais pas la fille à avoir une grande gueule. J'étais digne vis-à-vis d'un supérieur. Mais c'était toujours le mot* **peur** *qui venait me détruire. C'était lourd à porter. »*

Ce besoin de *cacher-de-ne-pas-voir* développe un sur-moi héroïque, c'est-à-dire une tendance à lutter, à combattre et faire *comme si* tout allait bien, comme si l'on voyait vraiment (cacher rend héroïque, terrasser sa peur aussi !).

Je ne sais plus qui a dit : *« Le handicap n'est pas une maladie, mais un défi à relever »*. Peut-être ce défi, cette impossibilité à dire, crée en nous deux tendances : cacher à tout prix, et faire comme si. C'est dans ce *faire comme si* que je situerais cette force héroïque qui se met en place de façon brutale et pulsionnelle. C'est quelque chose aussi que l'on pourrait formuler ainsi : *« Je n'ai pas le droit de ne pas voir »*.

Comment la personne atteinte d'une rétinite pigmentaire au stade ci-dessus défini est-elle perçue par son entourage, et que perçoit-elle elle-même ?

Nous nous trouvons dans un jeu de double miroir : celui qui voit ne voit pas, ne perçoit pas le perdant la vue comme tel. Le perdant la vue, lui, cache sa perte, la dissimule, la contourne, et nous nous trouvons dans un conflit de reconnaissance. Ce qui m'évoque le jeu des miroirs placés face à face, qui répercutent les images à l'infini. Que de réflexions nous ont été livrées à ce sujet !

Le rétinopathe conduit sa vie dans cet entre-deux, ombre et lumière, sans se décider à prendre un signe distinctif (canne blanche par exemple), qui le positionnerait comme mal-voyant. Il invente au contraire mille astuces pour rester du côté du bien-voyant. Et l'on se trouve dans une problématique difficile à gérer.

« Il voit, pense le voyant ; mais il fait du cinéma ; c'est un simulateur, il veut que l'on s'occupe de lui, il nous trompe… Il est mal-élevé, il ne dit pas bonjour, il se cogne (qu'il est maladroit !), il est distrait, inattentif ».

Un employeur envoie une note de service à un rétinopathe de son entreprise : *« Vos collègues et vos supérieurs se plaignent de votre manque de politesse »*. Le rétinopathe en était au stade où l'on ne reconnaît plus les autres, et il ne pouvait pas saluer ceux qu'il croisait. Mais il s'était bien gardé de le dire… Lorsqu'il est allé s'expliquer, on lui a répondu : *« Vous y voyez ; c'est un alibi à votre fierté »*.

Un autre rétinopathe trouve des astuces pour lire les consignes notées sur les paquets qu'il doit expédier. *« Je cache que je n'y vois pas par crainte que l'on me rejette. Si je dis que j'y vois mal, les autres rient : tu te moques de nous, l'autre jour tu as ramassé plus vite que nous un trombone tombé à terre »*.

Peut-être que le sujet lui-même se questionne et se demande où il est, où il en est de sa représentation des choses. Et de ce malentendu, on pourrait dire de ce *mal-vu*, naît le trouble et le désir de faire comme celui qui voit.

Le rétinopathe cache qu'il ne voit pas.

Le voyant pense que le rétinopathe cache qu'il voit.

Le trompeur serait-il trompé ?

Cela engendre une terrible souffrance, de l'angoisse. Souffrance de ne pas être compris, d'être vécu comme un trompeur. Ce que vit le rétinopathe, c'est que lui-même, au stade où il en est, ne sait pas ce qu'il voit à chaque moment. À chaque instant lui aussi découvre émerveillé une parcelle de vue, ou, malheureux, constate l'obscur de son regard. Cette vue fluctuante, changeante seconde après seconde, entraîne de l'impatience, de l'irritabilité, de l'agressivité, une volonté de lutte, un désir de rapidité, de franchir l'obstacle, de prendre des risques, pour rester le plus longtemps possible du côté des voyants.

Le rétinopathe veut dépasser son seuil de vision du moment. Il se représente immédiatement ce qu'il croit pouvoir voir. Il aperçoit une parcelle de la réalité, il se l'approprie, la transforme, ce qui crée une représentation, la sienne, proche ou éloignée de la réalité.

Chacun reconstruit le présent immédiat en fonction de son histoire. Tous ont vu, durant une période plus ou moins longue, et le souvenir reste enraciné dans la mémoire.

Le deuil de la perte de vue est presque impossible à ce stade, puisqu'on voit encore, sans voir vraiment. On ne va pas faire le deuil de ce qu'on croit posséder encore !

Cette vue qui s'en va, goutte à goutte, instant après instant, est le bien le plus précieux. On n'y renonce pas, au contraire, on l'amplifie, on l'embellit, on le métamorphose. Si bien que nous ne prenons pas les décisions qui seraient indispensables à notre sécurité. Les rétinopathes que j'ai rencontrés étaient tous des fonceurs, des intrépides.

Au fil des jours, les rétinopathes développent un sur-moi étonnant. Ils ne se concèdent rien. Ils développent une force héroïque : cachons, cachons notre handicap, résistons, assumons, luttons. Le sujet se construit un système de défense afin de se protéger du découragement, de la dépression, en employant des formules telles que : *« Je veux y arriver », « Je tiendrai », « Je ne lâcherai pas »*. Formules quasi magiques qui sont comme la charpente intérieure qui permet de tenir. *« J'ai les jambes pleines de bleus, mais qu'importe, j'avance…»*. Chaque acte réussi est source de force, une victoire remportée.

Ces comportements sont encore plus affirmés dans le milieu professionnel où le souci majeur du rétinopathe est de ne pas se faire remarquer, de ne pas avoir à demander de l'aide, à travailler autant ou plus. *« Et surtout que l'employeur nous oublie ! »*.

Le rétinopathe est prêt, tant qu'il le pourra, à renoncer à l'aménagement d'un poste de travail, plutôt que de se rappeler au bon souvenir de son employeur. À cela plusieurs causes : crainte du licenciement (la conjoncture actuelle s'y prêtant), mais aussi crainte d'être différent, de se faire remarquer.

Cacher sa mal-vision permet d'être considéré comme tout le monde.

« Quand j'ai cherché du travail, je ne disais pas que je voyais mal. J'ai été embauché, et après le mois d'essai, on ne m'a pas gardé, je n'allais pas assez vite. Je n'arrivais pas à dire que je voyais mal. Après deux tentatives négatives, j'ai compris, et j'ai cherché un emploi protégé. J'ai trouvé, cela fait 13 ans que je suis dans cet emploi. Ça m'a soulagé d'être reconnu comme mal-voyant ».

On peut se demander alors : pourquoi tant de caché ? Il ressort des entretiens que ce que craint le plus le rétinopathe, c'est le jugement de l'autre, le fait d'être mal considéré, et surtout d'être considéré comme moins efficace qu'un voyant, moins rentable.

J'ai eu l'occasion d'interviewer des employeurs. Ce qui s'en dégage la plupart du temps, c'est que l'employeur considère que le rétinopathe est un travailleur très efficace et sérieux, plus souvent peut-être que les autres.

Un rétinopathe me dira même que son chef lui fait plus confiance qu'à ses collègues, car avec lui le travail est parfait ! Ce même rétinopathe m'avait expliqué qu'il vérifiait plusieurs fois son travail pour être sûr de ne pas se tromper. Ne rien faire à la va-vite. Il a pu cacher son handicap pendant des années.

Pour les voyants, cette lutte reste secrète, personne ne peut s'imaginer l'effort, l'énergie, l'imagination qu'il faut déployer pour vivre dans cet entre-deux : ne pas voir et être vécu comme voyant !

« Quand je te regarde, je ne peux imaginer que tu n'y vois pas. Tes yeux sont clairs, ton regard vif, tu me regardes en face. Quand je te vois chez toi, je me dis : elle voit parfaitement. Je suis obligée de faire un effort pour penser que tu vois mal. On oublie complètement. Ce qui m'a frappée, c'est dehors : tu es vraiment un papillon de nuit, aveuglé par la lumière. Je ne te reconnais plus, tu te butes, et pourtant tu marches vite. Je n'y comprends rien ».

Ces mots résument l'ambiguïté, le paradoxe de notre histoire visuelle.

Et puis il y a les moments de la bascule, où malgré tous nos efforts le brouillard s'épaissit, et il faut *donner à voir* notre mal-vision. Moment difficile, celui où la canne blanche va devenir le symbole visible de notre invisible, instrument d'horreur, et pourtant de sécurité.

Paradoxe là encore : prendre la canne correspond pour certains à une régression, à une diminution, à une sensation de moins lutter, de laisser-aller. Et surtout, reconnaître que l'on a basculé dans le monde de la cécité : *« Tu vas faire la manche ! »*. Et pourtant, la prise de la canne est aussi vécue comme une libération : *« Avec ma canne, toutes les portes s'ouvrent »*.

En conclusion, j'aimerais encore livrer deux citations :

« Le plus dur, c'est de ne pas être compris par les autres ; c'est vrai, on voit un peu, encore un peu, on est entre deux eaux. Les autres ne peuvent pas comprendre, ils ne le vivent pas. Le plus dur à accepter, c'est que les autres ne comprennent pas ! »

« Les autres s'imaginent que parce que l'on ne voit pas, on ne sent pas le regard des autres. On sent très bien ! ».

Le corps est en éveil, en reconnaissance du *sentir de l'autre.* Ce corps qui lutte, qui combat, animé de forces héroïques pour faire face à chaque instant à l'imprévu de l'obstacle, de la douleur. Ce corps que parfois l'on malmène est le porteur de notre blessure, de notre faille, mais aussi de notre héroïsme.

L'aimons-nous assez ce corps-héros, ce corps-stigmate ?

(Auto) Biographie

4 - J'ai été militante avant de naître

Avril 2015

Que signifie pour une personne handicapée de s'estimer, d'être estimée ? Le handicap est cette blessure corporelle ou psychique qui affiche la différence qui trop souvent nous stigmatise comme porteurs d'un manque irrémédiable. Ce manque est trop souvent vécu par nous-mêmes et les autres sous la forme d'une infériorité, d'une monstruosité. Notre propre regard sur nous-mêmes a tendance à nous dévaloriser, notre gaucherie nous humilie, notre manque de performance nous enferme dans le silence. La dure réalité du quotidien nous montre chaque jour que la personne handicapée est indésirable, dérange. Ne jouons pas à l'ange. Bien sûr de grands progrès se dessinent dans l'acceptation des personnes singulières. Mais...

J'ai été militante avant de naître. En effet, perdant la vue depuis mon enfance, j'ai toujours lutté : d'abord contre mon handicap, que je ne voulais pas accepter, puis pour travailler, pour être mère, et enfin, au nom de mes sœurs, les femmes handicapées. Même si on perd la vue, on ne perd jamais le regard, car le regard nous fait entrer en contact avec l'autre. Accompagnée partout par mon chien-guide, le golden retriever Tchadou, dit « le Magnifique » (et il le mérite amplement !), je travaille, j'aime, je milite, je vis ma vie de femme, comme mes sœurs, handicapées ou non.

Atteinte d'une rétinite pigmentaire, j'ai perdu la vue progressivement depuis mon enfance. À huit ans, on m'a diagnostiqué une forte myopie assortie de troubles de l'attention. J'ai appris à 17 ans que je serai aveugle à 30 ans. Mon père, médecin, n'a jamais accepté ce handicap. J'ai dû faire semblant de voir pendant des années ; aussi, parce que je refusais de ne plus voir... Ainsi ma jeunesse s'est-elle déroulée en cherchant à nier ce handicap, me cognant partout, prenant des risques insensés, essayant tout ce qui semblait impossible, comme faire du vélo, ou des études de médecine, puis d'infirmière. Mais comment piquer des bras invisibles, poser un diagnostic sur un patient qu'on ne voit pas ? J'ai fini par abandonner, mais j'ai continué à vouloir soigner, avec la kinésithérapie, d'abord, puis la psychothérapie, dans laquelle je trouve enfin ma voie. À 30 ans avec un DEA (Diplôme d'études approfondies) de psychanalyse en poche, j'entreprends une analyse et je rencontre Alain mon futur époux. Je tente enfin d'accepter le handicap. C'est alors que j'intègre le milieu associatif de la cécité, monde dominé par la gent masculine.

Lorsque j'ai rencontré un jour Alain Piot dans un colloque, nous nous sommes tout de suite reconnus et aimés. Je l'appelle « l'Unique », et lui aussi le mérite amplement, me soutenant sans faille dans la vie quotidienne et dans toutes mes luttes. Aujourd'hui, nous sommes mariés et parents de deux enfants adoptés. Mais pour obtenir la garde de Joanna et Manoël, j'ai dû, encore, dissimuler mon handicap. Ils sont aujourd'hui de jeunes adultes, et nous sommes très proches.

J'ai toujours travaillé. J'ai été successivement infirmière, kinésithérapeute, psychothérapeute et analyste. Je me bats pour que la société fasse droit à la différence. En 2003, j'ai fondé l'association « Femmes pour le Dire, Femmes pour Agir », qui regroupe des personnes atteintes d'un handicap, quel qu'il soit, afin de lutter contre cette double discrimination : être femme et être handicapée. Nous sommes des citoyennes avant tout, le handicap étant dû au hasard de la vie. En luttant contre les discriminations à l'encontre des femmes handicapées, nous voulons renverser les représentations et montrer qu'on peut être « singulière » et avoir sa place dans la société. L'association défend cette vision moderne et solidaire.

Lorsque j'ai rencontré des femmes en situation de handicap, j'ai été effondrée de voir à quel point certaines sont déprimées et isolées. Personne ne parlait d'elles, de ces femmes qui subissent pourtant une double discrimination, celle d'être handicapée et d'être femme. J'ai alors décidé d'organiser des colloques afin de sensibiliser le plus grand nombre à cette problématique. Notre premier forum en 2003, intitulé « Femmes handicapées citoyennes », est un succès et donne naissance à l'association « Femmes pour le Dire, Femmes pour Agir ».

Notre message est de crier haut et fort que nous sommes des femmes et des citoyennes avant d'être handicapées. Nous voulons que la société change, que nous puissions vivre notre vie pleinement, comme les personnes valides. Nous menons des actions pour changer les mentalités et encourager la solidarité.

Si le handicap est aujourd'hui davantage reconnu, la discrimination perdure et touche les femmes de plein fouet. Dans le domaine de la santé, l'accessibilité aux soins basiques, est souvent limitée pour les femmes handicapées. Comment pouvons-nous faire un examen gynécologique ? Sans parler de la maternité, car les structures sont complètement inadaptées ? De même, dans le travail où les représentations sont tenaces, si vous êtes une femme handicapée, la discrimination est accrue. Déjà en temps normal, une femme est souvent considérée comme plus fragile, plus faible dans le travail et ces représentations sont accentuées si elle est atteinte d'un handicap. On la respectera moins qu'un homme dans la même situation.

Pour promouvoir l'insertion des femmes handicapées dans la société et quel que soit leur handicap, nous organisons des colloques dans toute la France, sur la maternité, la communication ou encore la création. Chaque mois les membres de l'association se retrouvent aussi pour échanger autour d'ateliers organisés par des bénévoles : Création/Loisirs, Esthétique et Maquillage, Groupe de parole, pour n'en citer que quelques-uns. Souvent les femmes sont déprimées ; grâce à ces rencontres, elles nouent des liens et c'est une véritable solidarité qui se met en marche.

La société est loin de saisir ce que vit une personne en situation de handicap au quotidien. Prenons par exemple l'expérience des déjeuners dans le noir pour des voyants. Le but de ces moments est de permettre à une personne valide de faire l'expérience de ce que vit une personne non-voyante. Dans ces situations, on a une autre perception de l'espace. Le stress entraîne parfois une moins bonne perception des bruits environnants. Le corps est dérouté, mais aussi – et c'est l'objectif – il s'autorise à essayer. Cette approche directe par le corps est très intéressante, tout comme la sensation de s'asseoir dans un fauteuil roulant.

Mais en matière de perception fine de ce qu'est vivre avec un handicap, on reste loin du compte. La mise en situation est courte, on se dit « je suis ballot, heureusement que ça ne dure qu'une heure ! ». De plus, elle est factice. Par exemple, on ne voit pas mais l'on n'est pas vu non plus. Dans le vrai monde, où je ne vois pas mais où les autres me voient, se pose en plus le problème de manger proprement, sans me salir. Le handicap provoque toujours de la souffrance ; soit la personne handicapée reste centrée sur sa différence et ses difficultés, ce qui peut entraîner un état dépressif, soit elle se sert de sa différence pour accomplir autrement les actes de la vie quotidienne.

L'essentiel est de respecter la singularité de chacun. Nos ateliers sont une tentative pour rapprocher ponctuellement les vécus. Mais dans la relation au quotidien, comment cela se passe-t-il ? Qu'impose-t-on à l'autre lorsqu'on est handicapé ? À quoi l'oblige-t-on ? C'est une question qui me préoccupe, et que je rencontre fréquemment auprès de mes patients, dans mon métier de psychanalyste. Lorsqu'on est handicapé, on oblige l'autre à nous prendre en charge, ou au moins à nous prendre en compte. Si l'on voit une personne handicapée qui va droit sur un obstacle, deux réactions sont possibles : soit se précipiter pour lui éviter l'accident, soit l'ignorer et être dans le déni de la différence.

Nous ne voulons pas de discours compatissants ou de campagnes de dons, un soir à la télévision. L'intégration des personnes handicapées est encore loin d'être une réalité. Il faut rappeler que seulement 22 % des femmes handicapées travaillent contre 48 % chez leurs homologues masculins. On a toujours l'impression que l'employeur nous fait un cadeau en nous embauchant. Pour qu'une femme handicapée soit embauchée, c'est le parcours du combattant comme cela peut être le cas chez les femmes valides. Pour ma part, j'ai travaillé tout au long de ma vie et je me suis très bien occupée de mes deux enfants. Ils n'ont pas été plus malheureux que d'autres. C'est une question de préjugés.

La relation entre personnes handicapées et personnes valides est un échange d'obligations mais aussi de reconnaissance, qui va dans les deux sens. Chacun de nous a besoin de voir sa singularité respectée. Nous avons, nous aussi, le devoir de reconnaître les « bien-portants » dans leurs singularités, leurs préoccupations, différentes des nôtres.

Je voudrais prendre l'exemple de l'assistance sexuelle[6]. Parler de la vie sexuelle et affective des personnes handicapées, lever un tabou, c'est un programme dont nous ne pouvons que nous féliciter. Mais où sont les personnes handicapées elles-mêmes, et notamment les femmes handicapées et leurs représentantes ? N'ont-elles rien à dire dès lors qu'il s'agit de sexualité, d'affectivité, elles qui subissent dans l'indifférence générale un lourd tribut en matière de violences et notamment de violences sexuelles ?

Notre association est totalement contre l'assistanat sexuel qui consiste à offrir aux personnes handicapées (des hommes à 99 %) des relations sexuelles tarifées. Je suis contre la prostitution sous toutes ses formes, même au bénéfice des personnes handicapées. Ce serait discriminatoire de le justifier pour telle ou telle minorité d'« usagers ». Alors dans ce cas pourquoi pas pour les personnes âgées ou les prisonniers ?

La sexualité n'est ni un métier, ni une marchandise, ni un service para-médical, ni un droit. S'il existe « un droit à la sexualité », il ne peut qu'être universel et ne saurait être réservé aux seules personnes handicapées. Il est temps de trouver des réponses aux désirs d'affectivité, d'intimité, de

---

[6] Voir n° 56 et suivants.

sexualité des personnes handicapées. Mais nous refusons la facilité qui conduirait à prétendre les trouver dans le domaine marchand. Nous appelons donc à l'ouverture d'un véritable dialogue.

Autre sujet sur lequel je souhaite exprimer ma colère, et il concerne cette fois-ci les taxis ! Je lis dans les textes applicables aux taxis parisiens : 'Le conducteur de taxi a le droit : « De refuser les voyageurs accompagnés d'animaux, sauf lorsqu'il s'agit d'aveugles avec leur chien guide »'. Je fais l'expérience quasi quotidiennement du contraire. Un soir par exemple, arrivant à minuit à la gare de Lyon, j'ai essuyé cinq refus avant de pouvoir monter dans un taxi avec mon chien (sous une pluie battante !).

Les motifs de refus sont toujours les mêmes. En tête : Je suis malade / Je suis allergique / Votre chien va salir ma voiture et laisser du poil partout / Mon véhicule est trop petit, etc. On peut certes relever les coordonnées du taxi et faire un signalement à la Préfecture de Police, mais avouons que pour un aveugle c'est une performance ! Et j'ai fait l'expérience que cela ne menait pas à grand-chose : déni du chauffeur, mensonges, et j'en passe.

Ce que je veux, ce que nous voulons, c'est la stricte application de la règlementation : nos chiens ne peuvent être refusés dans un taxi, à Paris comme dans toute la France. Il n'y a pas à négocier, à parlementer, c'est un droit, point !

Quant au milieu associatif de la cécité, un monde difficile, il est régenté par des hommes, peu progressistes, et plutôt âgés. Parmi eux, les *perdant la vue* ont du mal à se faire entendre. Et lorsque l'on est une femme, la difficulté est plus grande encore. Je pense que plus il y aura d'initiatives pour mes *sœurs en malvoyance*, mieux ce sera, et je m'efforce de niveler par le haut, de donner à réfléchir, de stimuler la pensée. Même si pour cela je dois un peu pousser quelques hommes pour faire de la place à la cause des femmes déficientes visuelles...

Je voudrais conclure mon propos sur l'amour. Je ne sais pas si c'est plus difficile pour un homme ou pour une femme en situation de handicap pour trouver l'amour. La femme a cette aura de dévouement, d'être maternelle, généreuse. Les femmes valides vont plus facilement vers les hommes handicapés. C'est un peu plus difficile dans le sens inverse car les femmes handicapées ont plus de mal à aller vers les hommes valides. Cela dépend de chacune d'entre nous. Le handicap n'est pas obligatoirement un obstacle. C'est une différence et chacune, selon son histoire propre, l'intégrera ou pas. On veut trop nous mettre dans des stéréotypes. Après tout, de nombreuses femmes célibataires valides n'ont jamais trouvé l'amour. L'essentiel, c'est de vivre sa féminité dans une société qui nous accepte telle que l'on est.

Je pense qu'une femme handicapée peut tout à fait être mère. Lorsqu'on est une femme en situation de handicap, on est bien plus capables de réaliser les actes de la vie quotidienne. Même la rencontre avec l'autre va nous permettre d'inventer un nouveau désir jusqu'à enfanter. Il faut s'entourer de gens compétents mais c'est tout à fait possible d'être maman. Je suis pour qu'un médecin permette à un couple handicapé d'avoir des relations sexuelles pour procréer. Il faut accompagner le couple dans l'optique de fonder une famille.

Mais suivant le handicap, le regard social est parfois très lourd à porter. Lorsqu'une femme handicapée annonce qu'elle est enceinte, sa famille lui demande si elle est capable de s'occuper de son bébé. Parce que l'on est en situation de handicap, on n'est pas capable de s'en occuper. L'assistante sociale m'a dit que je pouvais crever les yeux de mon fils en lui donnant son biberon parce que je suis aveugle. Je sais tout de même où est la bouche de mon fils ! Lorsqu'un homme handicapé dit qu'il attend un heureux événement, on le félicite. Il faudrait que la femme soit parfaite pour qu'elle soit digne d'être mère.

Pour finir, je déteste les mots « inclusion » et « intégration ». Je n'ai pas envie que l'on m'inclue ni que l'on m'intègre quelque part. Je suis citoyenne d'un pays et par ma citoyenneté de femme handicapée je fais partie d'une société. Je veux que les autres me regardent comme une citoyenne à part entière. On ne va pas m'inclure mais on va simplement me permettre de vivre une vie digne et respectable au milieu des autres. Je préfère avoir une accessibilité adaptée, un accueil sympathique plutôt qu'on me parle d'inclusion.

5 - « Je suis une battante »

Article pour la revue ELLE, 2010

Être handicapée n'est pas chose facile dans notre société où la norme prime sur la singularité. Mais lorsqu'en outre on est une femme…

Je suis née avec une maladie génétique qui entraîne la perte visuelle jour après jour. J'ai vécu toute ma jeunesse dans cette contradiction de ne pas être comme tout le monde et en même temps de vouloir tout faire comme les autres.

Je suis une battante, j'ai fait des études supérieures malgré le manque d'accessibilité au lycée ou à la fac. Je voulais être médecin, j'ai dû arrêter mes études du fait de ma mauvaise vision. J'ai passé mon diplôme d'infirmière, j'ai dû interrompre mon travail pour la même raison. J'ai été kinésithérapeute, métier idéal pour une aveugle dit-on. J'ai rencontré la maladie mentale en soignant des patients et je me suis lancée dans des diplômes universitaires pour devenir psychothérapeute et psychanalyste. Tout cela n'a pas été facile, car le regard sur la femme handicapée est le plus souvent négatif. De plus je ne correspondais pas à l'image classique, imaginaire, de l'aveugle. Je me suis mariée et j'ai eu deux enfants. Quelle horreur ! Comment une femme handicapée ose-t-elle avoir des enfants ? Elle va donner un handicapé de plus à la société. Ajoutons que la femme handicapée se heurte au manque d'accessibilité des cliniques, des cabinets de gynécologie lorsqu'elle est en fauteuil, de petite taille, aveugle, etc.

Je veux être une Citoyenne à part entière, je veux lutter contre la double discrimination que vivent les femmes handicapées : être femme ET être handicapée.

J'ai créé l'association « Femmes pour le Dire, Femmes pour Agir » en 2003 pour dire que nous voulons être regardées non pas comme des objets de compassion mais comme des personnes qui avons droit à la parole, à la liberté, à l'autonomie ; qui avons le droit d'être mère, qui avons droit à la sexualité, droit d'être célibataires ou épouses.

L'association accueille des femmes et des hommes porteurs de toutes singularités pour lutter contre toutes ces formes de discrimination, c'est une source de richesse formidable.

Pour réaliser nos projets, pour changer le regard sur nos différences nous avons besoin de sponsors, de soutiens financiers. Mais que c'est difficile ! Être une association de femmes ET de femmes handicapées, la double discrimination nous poursuit ! Le combat pour l'égalité des chances pour toutes et tous continue.

6 - Le mot engagement a-t-il un sens ?

Février 2015

Parler d'engagement est aujourd'hui chose fréquente. Mais que recouvre ce mot ? Quel sens a-t-il ?

L'injustice a toujours été pour moi impossible à supporter

Si je fais un retour en arrière, il me semble que ce mot faisait partie du langage de mon enfance, de mon adolescence. Il évoquait pour moi un acte individuel au sein d'un collectif. C'était tout d'abord un choix personnel, la réalisation d'un désir, la volonté de participer à des activités qui avaient de la *valeur*.

Je suis catalane du Sud de la France, région frontalière où nous avons connu l'afflux des résistants espagnols, leur internement, les résistants français en zone dite libre. Les échanges allaient bon train et mes oreilles d'enfant entendaient des récits extraordinaires de luttes clandestines, de défense des droits, de parole donnée, d'engagement, de silence.

L'injustice a toujours été pour moi impossible à supporter, à admettre tout simplement. La rébellion était une arme extraordinaire devant l'injustice. Enfant, déjà, je ne supportais pas l'injustice en classe. La petite école communale de mon village où se retrouvaient tous les enfants des environs, regroupait des enfants de la terre viticole, des enfants d'ouvriers agricoles, des gros grangers, des régisseurs et quelques enfants de parents exerçant des professions libérales. La maîtresse traitait différemment les uns ou les autres en fonction de leur condition sociale.

Petite anecdote : Je suis atteinte d'une maladie génétique ; enfant je voyais mal. Je demande à la maîtresse si je peux me mettre au premier rang. Réponse : Non ! puisque tu l'as demandé, tu seras au dernier rang toute l'année ! Que peut ressentir une petite fille de 6 ou 7 ans devant une telle réponse ? Une épouvantable injustice, une colère terrible qu'elle ne peut exprimer, de l'incompréhension et le désir de ne pas se soumettre à cette injustice. Que se passe-t-il dans la tête d'une enfant qui souffrait déjà de sa différence, qui grandissait dans un milieu où le handicap était considéré comme une *tare* ? Au collège, au lycée, je militais dans les mouvements chrétiens comme la JEC[7], toujours pour combattre les injustices, défendre les libertés. C'était une nécessité vitale.

---

[7] *Ndlr* Jeunesse Etudiante Chrétienne.

La confrontation à la guerre d'Algérie (un peu à celle du Vietnam), les nouvelles entendues à la radio ont déclenché en moi la nécessité absolue de m'engager encore plus, de soutenir par exemple les grévistes de la faim algériens.

Je traversais une période où la fougue de la jeunesse, la soif d'aventure, d'inconnu, faisaient que tout me paraissait possible, que s'engager était une évidence.

Ma vue s'en allait doucement, mais je ne voulais rien en savoir, j'étais dans le déni, l'héroïsme. Je découvrais en même temps que la femme était quantité négligeable. Toutes les instances dans lesquelles j'étais engagée (syndicat, mouvements de jeunesse, etc.) avaient comme *chefs* des hommes. Mais où étaient les femmes ? Elles étaient là, peu nombreuses, militantes mais dirigées par la gent masculine...

Vivre Mai 68 m'a permis une ouverture fantastique, efficace, et m'a donné le désir de défendre avec encore plus de véhémence la Liberté. Avoir eu la chance de « vivre Mai 68 » en tant que toute jeune adulte, ne pouvait que me donner encore plus de désir, de ténacité, de force pour combattre les injustices.

J'ai été bercée par l'image du Che ! J'avais dans ma petite chambre du 7e étage sous les toits une grande photo de Che Guevara. On passait à cette époque des heures à discuter, à partager, à refaire le monde… Même si cela peut paraitre futile aux yeux de certains, pour moi, pour nous, nous puisions dans ces discussions interminables, dans nos lectures, dans nos flâneries, une force nouvelle qui allait bien au-delà de nos convictions.

En 1973, la mort d'Allende raviva cette fougue. On s'engageait pour soutenir les Chiliens qui arrivaient en France pour fuir la Junte de Pinochet. Alors oui, mon engagement n'a jamais été aussi fort.

Mais de quel engagement suis-je en train de parler ?

Il y a d'une part tous ces engagements successifs dont je ne pouvais me passer, qui nourrissaient ma vie, mon intelligence et surtout qui m'ont permis de partager des aventures extraordinaires. Ces engagements entrainaient parfois beaucoup de souffrance, d'incompréhension, de mise à l'écart. J'ai vécu une aventure qu'aujourd'hui je trouve drôle mais qui à l'époque n'a pas été facile à vivre. J'étais syndiquée et je participais aux réunions en tant que déléguée du personnel. Je fus exclue de la section syndicale pour insoumission... aux règles « du parti » ! Je n'ai jamais pu me soumettre au grand chef, qui bien sûr était un homme et... qui avait raison !

Je crois que l'engagement est cette étincelle qui un jour, au détour d'une rencontre imprévue, vous est donnée. Les valeurs que l'on défend sont celles que l'on a intégrées dans son cœur et dans son corps. Elles sont plus essentielles que les règles, les lois.

Tout au long de ce chemin de vie ma vue s'en allait. J'ai dû reprendre des études pour garder toute mon autonomie de femme, de citoyenne. J'étais infirmière, mais la vue qui s'en va courir d'autres chemins m'a obligée à faire un cursus de kinésithérapeute. Trois ans d'étude, sans aménagement aucun. Mon diplôme en poche, j'ai travaillé en milieu hospitalier et dans le privé.

Que de rencontres fantastiques, riches, étonnantes ont jalonné ces années.

J'ai eu la chance extraordinaire de vivre dans mon milieu de travail avec de vraies femmes, les féministes de l'époque. Je me suis trouvée dans l'équipe qui a pratiqué des avortements clandestins. J'ai vécu le procès de Bobigny. Quelle chance j'ai eu de croiser la route de ces femmes, de les découvrir dans leur vérité, dans leur engagement, de crier avec elles : « Mon corps m'appartient »... Mon engagement aujourd'hui, mon infatigable besoin de crier haut et fort que les femmes handicapées sont des Citoyennes à part entière, viennent de toutes ces années de lutte, du courage des autres et de mon désir irrésistible de la vie.

Pourquoi suis-je une passionnée de justice, de non-violence ? Parce que les aînées et les aînés m'ont donné leur fougue, leur puissance de vie, parce que d'autres ont donné leur vie pour la liberté.

Aujourd'hui, je me bats contre les violences que vivent les femmes handicapées. 80 % d'entre elles sont sous le joug des violences physiques, psychologiques, de la maltraitance au travail, du viol... Mais qui y croit réellement ? Qui accepte de voir ces violences ? Je dérange avec mes questions, avec mes interventions auprès des instances politiques, des associations, des autres...

Le handicap ne renvoie pas une image ludique, joyeuse. Il renvoie à la singularité, à la différence. Il engendre de l'angoisse, de la frustration. Le handicap dérange, il faut le savoir et ne pas se leurrer. « Ces handicapés ils nous *emmerdent* avec leurs problèmes d'accessibilité ! »

Bien sûr qu'il y a eu des progrès, mais quand vous voulez organiser un colloque et que vous cherchez une salle accessible, ça dérange, il faut se rendre à l'évidence, il y a très peu de salles accessibles aux différents handicaps. Le handicap dérange car il n'est pas prévu. La personne handicapée est hors norme, il faut donc prendre des mesures particulières.

Mon engagement est de ne jamais laisser passer un manque d'accessibilité ou une violence ; il est de dénoncer le refus des personnes handicapées dans certains lieux. Mon engagement est de dénoncer le manque d'accessibilité des hôpitaux, des centres médicaux ; de dire que les femmes handicapées n'ont pas les soins gynécologiques adaptés à leur singularité comme par exemple une table gynécologique accessible.

Mon engagement est d'exiger la parité dans l'embauche des personnes handicapées : 3 % de femmes pour 3 % d'hommes dans le quota légal. Aujourd'hui c'est plus de 5 % d'hommes et donc à peine 1 % de femmes. Ces pourcentages doivent être vus en fonction des professions et des postes occupés.

Mon engagement est aujourd'hui le temps donné, partagé, pour l'Association Femmes pour le Dire, Femmes pour Agir dont je suis la présidente et la fondatrice

Les femmes handicapées en première ligne

Je n'ai jamais pu supporter que l'on me traite différemment des autres dits valides. Je ne comprenais pas plus la compassion que le rejet dû à mon handicap. Je refusais les limites que l'on voulait m'imposer en tant que fille et qu'handicapée. Ma vue s'en allait comme le soleil qui se couche à l'horizon, personne ne pouvait savoir ou voir que je rentrais dans l'ombre de la nuit. Cela ne se voit pas que l'on est perdant la vue. Ma famille le niait et moi aussi. Mais même quand on veut croire que l'on est comme tout le monde, c'est faux. La rude vie du quotidien vous le fait savoir.

Tout en poursuivant ma route, je suis allée à la rencontre des grandes associations de personnes aveugles. J'ai été horrifiée par les propos entendus et surtout par la détresse des jeunes femmes aveugles : leur manque de féminité, leur abandon, leur manque de soins. Cela remonte pour moi à des années lointaines, dans une autre vie peut-être !

Deux choses essentielles me sont apparues. La première : ne pas se laisser dominer par ceux qui avaient le pouvoir, et ensuite m'engager pour défendre les droits des femmes, des femmes handicapées.

À l'époque les filles aveugles ne suivaient pas obligatoirement une scolarité, les garçons bien sûr que oui... J'ai rencontré des femmes aveugles qui mangeaient avec leurs doigts, qui étaient sales, mal habillées... Mes échanges avec elles m'ont bouleversée, m'ont interpellée, m'ont fait comprendre et décider que le combat à mener était là. Je découvrais enfin, me semble-t-il, le lieu de mon Engagement. Je suis Femme, je suis une personne handicapée, je suis une Citoyenne à part entière. Mon handicap n'est pas mon identité, il est dû au hasard de la vie.

Je veux citer Lucie Aubrac (lors du premier colloque de l'association que j'ai fondée) : « Je me permets de vous dire, du haut de mes 91 ans, à vous adultes, professionnel(le)s, qui êtes venu(e)s, je vous dis que votre présence ici prouve que vous êtes des citoyennes, et donc que vous êtes prêtes au combat et à la victoire »[8].

En effet, en 2003, année européenne des personnes handicapées, j'organisai avec mon mari et une poignée de copines le premier forum national consacré aux femmes handicapées, sur le thème « Femmes handicapées citoyennes ».

Trois tables-rondes sur « Femmes handicapées : Maternité, Emploi et Vie quotidienne ». Six femmes à chaque table-ronde avec une animatrice. Six femmes singulières, d'âges différents, de professions diverses, de milieux sociaux multiples tout au long de la journée ont échangé, partagé leur expérience de vie.

Mille personnes, handicapées ou non, remplissaient la salle de l'Hôtel de Ville de Paris[9].

On parlait de Citoyenneté, de Solidarité, de Ténacité. À la fin de la journée l'Association « Femmes pour le Dire, Femmes pour Agir » nouzvellement créée comptait 250 adhérentes et adhérents. Le mot Citoyenneté était lancé. Pour la première fois un forum était organisé par des femmes handicapées, et les femmes handicapées y prenaient la parole, s'engageaient.

Ce 25 novembre 2003 signe pour toujours l'engagement des femmes handicapées dans la vie Citoyenne. Plus jamais nous ne lâcherons.

Ce ne fut pas facile, ces messieurs des conseils d'administrations, des ministères, ne voyaient pas d'un bon œil une femme mobiliser tant de personnes de toutes professions, de tous milieux. Quelle journée ! avec ces mille personnes venant partager, découvrir les valeurs de la

---

[8] FDFA, « Femmes handicapées citoyennes », L'Harmattan, Paris 2006, p. 23.

[9] Salle des Arcades, trop petite, alors que 25 « catherinettes » péroraient dans l'immense salle des fêtes à la gloire de la haute couture ! *Ndlr.*

Citoyenneté, dire haut et fort que nous luttons contre toutes formes de discriminations : en particulier celle d'être femme et celle d'être handicapée.

Ne plus vouloir accepter que les femmes handicapées soient considérées comme inférieures. Savoir revendiquer nos droits, exiger l'égalité des chances, Aujourd'hui, poursuivre les engagements pris, ne jamais baisser les bras, dire et agir tous les jours pour la citoyenneté des femmes handicapées. Être engagées toujours et partout. Lutter contre les violences que subissent les femmes handicapées. Vous le savez sans doute, si 36 % de femmes valides vivent des violences au cours de leur vie, ce sont 80 % de femmes handicapées qui en subissent, c'est à dire 4 sur 5 !

Qui pourrait rester sans Agir ?

Oui je suis engagée pour la Liberté, je me bats contre les injustices. Mais le difficile à penser est qu'un grand nombre de nos concitoyen(ne)s n'est pas dérangé par ces maltraitances, ces violences, cette précarité.

Se battre pour la Liberté de penser, de vivre, combattre toutes formes d'injustice, vivre son quotidien dans la solidarité avec l'Autre et savoir que chaque petit caillou posé sur le bord du chemin sera porté un peu plus loin.

Il y a un an personne ne parlait des violences envers les femmes handicapées. Aujourd'hui à force d'avoir dénoncé ces violences en prenant la parole partout où j'ai pu la prendre, nos politiques, nos associations, les médias commencent à nous entendre.

« Je vous parle d'un temps… »

J'ai l'impression de parler comme une ancêtre d'un temps révolu « que les moins de 20 ans ne peuvent pas connaître » et d'autres plus âgés ! Il est vrai qu'aujourd'hui le terme d'engagement n'a pas la même résonnance que dans mon histoire. Pourquoi ? Non, les jeunes ne sont pas moins généreux que de mon temps, c'est ridicule de le répéter. Mais le contexte sociétal a changé du tout au tout. J'observe que la mobilisation des citoyens se fait maintenant beaucoup plus dans l'émotion, dans l'affectif, encouragée en cela par le système médiatique, son immédiateté, privilégiant ce ressort plutôt que la réflexion. Nous l'avons vu récemment avec « Je suis Charlie » ! Les grandes causes ont besoin de télévision, de spectacle (comme le Téléthon…), et du coup les « petites causes », celles du quotidien, de la vie en entreprise, dans les quartiers, sont délaissées, peut-être même « dévalorisées ».

L'engagement politique a pris, comme on dit, « un coup dans l'aile » et recueille le scepticisme alors qu'il devrait mobiliser la citoyenneté. L'extrême droite populiste y est pour beaucoup, nous serinant : « Tous pourris » ! Les politiques aussi ont contribué à renforcer cette image négative par leur oubli fréquent de l'éthique citoyenne et républicaine.

J'observe cependant à partir de mon vécu quotidien que l'univers associatif captive encore de nombreux jeunes et adultes. Le bénévolat n'est pas mort. Pourquoi ? Peut-être parce que l'engagement qu'il requiert a quelque chose d'immédiatement palpable, qu'il est à l'abri des injonctions idéologiques, de ce qui peut être ressenti comme de l'embrigadement. On peut penser loin des dogmes, du « politiquement correct », l'on y trouve plus de convivialité qu'ailleurs. Je pense sincèrement que le monde associatif peut devenir le ferment du renouveau social, citoyen. Je souhaite que ce soit vrai. Je l'espère ardemment !

Je voudrais faire une autre remarque : au début de cet article je disais que l'engagement évoquait pour moi un acte individuel au sein d'un collectif. Or aujourd'hui il me semble qu'il y a une confusion qui s'installe entre le collectif et le fusionnel. Ce n'est pas la même chose. Le fusionnel relève de l'affectif, de l'émotionnel, et tend à l'unicité, à la ressemblance : « Nous ne faisons qu'un », que ce soit dans l'amour, dans un groupe, dans un rapport à une réalité comme la nature, ou dans le religieux (ne faire qu'un avec la divinité par exemple). Mais le collectif, lui, suppose le pluriel, c'est-à-dire le nombre, la diversité (« Nous sommes nombreux à partager… ce gâteau, cette opinion »). S'engager personnellement c'est prendre une place au sein d'un collectif, c'est y œuvrer d'une manière ou d'une autre, c'est chercher à modifier le groupe en agissant sur lui. C'est à l'opposé de l'idée de se fondre dans le groupe, de devenir une particule du collectif. Je pense qu'un certain nombre de jeunes – et de moins jeunes – voudraient justement fusionner avec un collectif au lieu de s'engager dans cette pluralité. La fusion entraîne un sentiment (provisoire) de sécurité, de bien-être, alors que l'engagement prend des risques : de confrontation, de conflits, de résistances, de lourdeurs, d'inquiétudes, etc. C'est sans doute plus difficile que de se fondre dans la masse, mais c'est tellement plus tonique !

7 - Le handicap n'est pas mon identité.

Octobre 2010

Quand les organisateurs de cette rencontre m'ont proposé d'intervenir, j'ai ressenti un certain embarras face au titre de ce colloque.

« Peut-on devenir adulte en institution ? »

Immédiatement, j'ai ressenti ce titre comme provocateur, déclenchant en moi une mini-colère.

Une fois de plus les personnes singulières seraient-elles stigmatisées, seraient-elles porteuses de cette différence et de cette monstruosité liées au handicap qui les empêcheraient d'être des citoyennes à part entière ? L'histoire singulière de chacune leur enlèverait-elle la possibilité d'être adulte ?

Je ne vais pas vous donner la définition de l'être adulte, vous pouvez la trouver dans le dictionnaire. Mais par contre je reprendrai les mots d'Olivier Reboul[10] qui montrent bien la discrimination que peut contenir la définition de l'adulte suivant les époques.

Puis je m'attacherai à regarder avec vous l'identité de la personne singulière.

« Le mot adulte n'est pas un terme technique, propre aux sciences humaines ou à la philosophie : il appartient au langage commun, et c'est à ce niveau qu'il faut d'abord le prendre et le comprendre.

Maturité et majorité. *Au premier abord, il signifie l'achèvement d'une croissance. Or cet achèvement lui-même s'exprime par deux mots qui ne sont pas synonymes : maturité et majorité. La maturité, concept biologique et, par extension, psychologique, signifie l'état d'un organisme qui a atteint son plein développement ; le signe le plus clair en est l'aptitude à la reproduction. La majorité, concept d'ordre juridique et social, est l'âge légal où l'on attribue à l'être humain l'entière responsabilité de ses actes, ainsi que les droits qu'elle implique ; être majeur, c'est être homme ou femme à part entière, c'est pouvoir exercer les rôles essentiels à la vie sociale, dont les principaux sont le mariage, le métier, la citoyenneté, le plein usage de ses biens et pour l'homme, le service militaire. Il va de soi que l'âge de la maturité n'est pas toujours identique à la majorité ; dans nos sociétés industrielles, l'âge où l'on peut exercer un métier, l'âge de*

---

10 Olivier Reboul, « L'adulte : mythe ou réalité », Revue *Critère*, juin 1973.

la production est nettement postérieur à celui de la reproduction ; et Rousseau voyait déjà dans ce décalage une des grandes sources de nos misères. Quant à la maturité psychologique, cette sûreté de jugement qu'on n'acquiert que par une longue expérience, elle n'arrive que fort tard, parfois même jamais.

Différents l'un de l'autre, ces deux concepts sont, chacun, relatifs. La maturité biologique varie avec les époques et les climats. Quant à la majorité, chaque civilisation et même chaque période de l'histoire la déterminent à leur manière. Dans les sociétés archaïques, l'accès à l'état adulte ne va pas de soi ; l'individu doit authentifier son changement d'âge par des rites de passage, épreuves douloureuses et dangereuses, qui symbolisent à la fois la mort de l'enfant et la naissance de l'homme. Si, dans notre civilisation, les rites de passage (examens, initiations, service militaire, etc.) sont moins précis, il reste que l'état adulte est déterminé par un code, juridique ou moral ; comme le dit Philibert, l'échelle des âges n'est jamais un tapis roulant. Il faut passer à l'âge adulte, et ce passage n'est pas garanti pour tous également. Ainsi, dans les civilisations antiques, il semble qu'on est plus ou moins «majeur» selon la fonction sociale qu'on assume ; lorsque Platon affirme qu'il faut cinquante ans pour faire un homme, cet homme fait se limite à la caste des gardiens-philosophes ; les autres terminent leur éducation bien plus tôt et sont par là même moins adultes puisque, n'ayant pas accès aux vertus supérieures (courage, sagesse), ils ne disposent pas de l'autorité qu'elles confèrent. Chez Aristote, le maître est plus adulte que l'esclave, le contemplateur que l'artisan, le sage que l'intempérant, le vieillard que le jeune homme, le mari que la femme.

Notre civilisation a sans doute « démocratisé » le concept d'adulte, mais plus dans les institutions que dans les consciences ; on entend souvent dire que les prolétaires ne sont pas mûrs, que les femmes ne sont pas majeures, que les indigènes sont de grands enfants. Le plus révoltant dans ce genre d'affirmation est la part de vérité qu'elles comportent ; une société qui traite toute une catégorie d'hommes en irresponsables peut se justifier ensuite en arguant de leur infantilisme. Et si tant d'opprimés s'avèrent finalement plus mûrs que leurs oppresseurs, ce n'est pas tant grâce à la société où ils vivent que contre elle. »

On perçoit bien que la notion d'adulte n'est pas objective, qu'elle dépend du regard de la société porté sur l'Autre, du pouvoir exercé, de la classe dominante.

Que signifie être handicapé, quelles représentations en ont nos concitoyens ? Le mot handicap met en marche un imaginaire friand de représentations terrifiantes.

La définition du mot handicap est connue. Je retiendrai ceci : le cheval le plus fort était assujetti à porter un *handicap*, poids que l'on mettait sur lui afin que l'égalité des chances existe pour tous. C'est-à-dire que c'était le plus fort, le plus vigoureux, qui était doté d'un frein afin que lors de la course il soit dans la norme de l'ensemble.

Cette définition du handicap est fort intéressante et nous l'avons perdue de vue. Aujourd'hui la personne handicapée est la plus vulnérable, la plus fragile, et non la plus forte.

Le handicap, le plus souvent, est assimilé à un moins et non à un plus, à un manque, à une absence et non à une différence riche de sens.

Le handicap évoque la monstruosité, le laid, l'affreux, la folie. Il engendre le rejet, l'exclusion, l'enfermement.

Le mot handicap résonne dans le silence des représentations et il évoque de la compassion, de la colère, de la tendresse, de l'exigence. Mais une personne handicapée peut-elle accéder au statut d'adulte, peut-elle devenir responsable de ses actes ?

Je voudrais m'arrêter quelques instants pour envisager les choses autrement ; me servir de deux mots riches de sens, permettant une autre communication. ***Autrement capable***. La personne handicapée est autrement capable de réaliser les actes de la vie quotidienne. Autrement capable mobilise l'imaginaire, l'inventivité, le possible. Autrement capable fait sortir des sentiers battus, des représentations habituelles. Autrement capable ouvre sur la citoyenneté, sur l'identité de la personne handicapée.

Il nous faut commencer par bannir le mot : *handicapés*, *les handicapés*...

La personne différente, singulière est avant tout une personne avant d'être handicapée. Le handicap n'est pas son identité, celui-ci est dû au hasard de la vie.

Nous, les personnes concernées, nous exigeons que soit banni le terme *les handicapés* dont la liaison (les ***z'*** handicapés) résonne comme une condamnation, comme encore nous l'entendons trop souvent (par exemple sur France Inter il y a quelques jours).

Nous sommes des personnes et non des objets, nous ne sommes pas des adjectifs qualificatifs.

De quoi parlons-nous quand nous parlons de *handicapés* ? Le choix des mots a son importance, le mot prononcé, écrit, peut condamner, exclure, ou faire reconnaissance. En effet, derrière nos façons de parler se cachent et se révèlent nos façons de voir le monde. Inversement nos façons de voir le monde sont conditionnées par nos façons de parler.

Nous utilisons trop souvent le terme *handicapé* comme un substantif. C'est oublier que ce mot est d'abord le participe passé d'un verbe qui commande un complément d'agent, on est handicapé par ceci ou par cela. Ce mot peut aussi s'employer comme adjectif qualificatif, on pourra donc dire *une personne handicapée.* La langue française autorise de substantiver les adjectifs qualificatifs dans certains cas, mais quelle conséquence ! Exemple : participe passé du verbe handicaper, *être handicapé par* ; participe adjectivé, *personne handicapée* ; adjectif substantivé, *les handicapés* ! Parler de personnes handicapées, c'est désigner des personnes que des circonstances pénalisent, des personnes qui voient leur mode de vie rendu difficile par le contexte. C'est donc suggérer qu'un agent extérieur est producteur du handicap puisque le participe *handicapé* appelle un complément d'agent.

Autrement capable est une injonction dynamique, elle évoque la mobilité, la créativité, l'imaginaire. Être autrement capable signifie qu'avec des moyens qui sont différents de ceux que l'on entend, que la norme a défini, la personne autrement capable va inventer, seule ou avec l'aide de l'autre une autre manière d'appréhender la réalité du quotidien. Être autrement capable veut dire que la personne singulière a au-dedans d'elle-même un potentiel de forces, de santé, de vie, un potentiel qui va vers le plus. Le *être autrement capable* oblige à considérer la différence, le handicap, non plus comme une infériorité, une catastrophe, une malédiction, mais à donner toute sa dimension à la pulsion de vie. La personne autrement capable va inventer des modes de déplacement, des modes de réflexion, de pensée, pour regarder autrement, qui font d'elle une personne qui va apprivoiser l'environnement dans la mesure bien sûr où ce même environnement tient compte de sa différence, de ses limites, de sa singularité. La personne autrement capable est celle qui va puiser dans l'imaginaire personnel et collectif les moyens de vivre comme une citoyenne à part entière. Sa différence n'est pas un moins, mais un autre regard porté sur le handicap.

Autrement capable signifie que chaque personne est unique, qu'elle a droit au travail, qu'elle est partie intégrante de la société, qu'elle en fait fonctionner les rouages, qu'elle imprime sa marque originale, qu'elle fait partie du monde. Que toutes ses capacités sont mises au service de la vie. Ceci dit, j'ajouterai que la communauté humaine ne serait pas complète sans les personnes autrement capables ; elles appartiennent de droit à la communauté, leur différence ne les rend pas qualitativement autres, mais elle n'est qu'un écart quantitatif par rapport à une norme statistique. Les personnes autrement capables ont leur place entière dans cette communauté et cette communauté serait amputée si elles ne l'occupaient pas. On pourrait dire que le monde serait appauvri s'il lui manquait ces personnes singulières qui ne sont pas tout à fait comme la majorité des autres. Cela repose sur le choix de certaines valeurs contre d'autres. Nous sommes des personnes citoyennes avant de porter l'étiquette *handicapées.*

Cet *autrement capable* fait appel aux capacités que chacun de nous possède. Il fait partie du vocabulaire qui donne à voir et à entendre l'originalité de chacun à créer, à inventer le monde, l'environnement, ***autrement***.

La définition de l'être adulte ne pourrait-elle pas se résumer dans cet *autrement capable citoyen,* dans cette possibilité d'exercer sa citoyenneté de manière nouvelle, inventive, accompagnée ou pas ?

La personne adulte n'est-elle pas celle qui sait appréhender les actes de la vie quotidienne autrement, en inventant sa forme de citoyenneté à sa mesure ?

Le regard de l'Autre devient différent si les normes ne sont plus celles de l'identique mais celles de la singularité.

8 - Le passant

Juin 2003

Toi, le passant qui marche sans regarder, sans voir, sans vouloir voir, crois-tu que je ne t'entends pas ? Toi, le passant à la marche rapide ou nonchalante qui me croise quotidiennement ou occasionnellement, pourquoi détournes-tu la tête ? Toi, le passant à la mine joviale ou renfrognée, pourquoi crois-tu que je ne te vois pas, ou plutôt que je ne t'entends pas ? Pourtant ma rue n'est pas longue, c'est une petite rue bordée d'immeubles anciens, dans un quartier tranquille où l'on se croise et se décroise.

Tout le monde me connaît, je le sais, surtout depuis que mon grand chien me guide à travers les dédales citadins.

Quel étrange sentiment habite ton cœur, passant de la ville ?

Je ne te vois pas, mais je t'entends. Cela remonte à loin, cette absence de rencontre avec ceux ou celles qui font semblant de ne pas me voir. Déjà, lorsque j'allais chercher mes enfants à l'école (une école très bien !), certaines mamans qui me connaissaient passaient doucement, sans bruit, près de moi et ne disaient rien. Quand on voit, la politesse oblige à dire *« Bonjour ! »* au voyant que l'on croise, sinon… Mais quand celui que l'on croise est équipé d'une canne blanche, il en va tout autrement. *« Je suis pressé »* se dit le passant, *« je n'ai pas envie de lui dire bonjour aujourd'hui, je préfère aller discuter avec Untel. C'est terriblement agaçant, cette canne, je me sens coupable chaque fois que je la croise, je préfère m'éloigner sur la pointe des pieds. Je n'ai pas confiance. S'il lui prenait l'idée d'inviter mon fils pour jouer avec le sien, on ne sait jamais, un accident est si vite arrivé ! Ces pauvres aveugles ne peuvent pas bien surveiller ce que font les enfants. Éloignons-nous à pas de loup, sans bruit, clandestinement. Pourvu que mon fils ne dise rien… Ouf ! plus de danger, je suis à distance raisonnable… Elle est très sympathique, cette jeune femme, mais elle est handicapée tout de même, et c'est embarrassant. »*

Les parents circulent, vont et viennent sans aucune malice ni méchanceté, mais une fois encore, la canne, le handicap, la différence éloignent l'autre.

C'est extraordinaire, ce silence qui nous entoure lorsque l'autre veut se faire oublier… pour ne pas être dérangé s'imagine-t-il…

C'est peut-être un réflexe de pudeur, de sauvegarde de sa liberté, qui permet au voyant de se soustraire au regard du perdant la vue, mais ce dernier entend, il sait très bien ce qui se passe.

Pourquoi cette fuite, ce malaise, cette étrangeté dans la non-rencontre ?

Toi, le passant pressé, courant, te précipitant dans ta voiture, que crains-tu ? Que je m'agrippe à toi ? Que je te sollicite ? Que je te regarde avec mes yeux couleur de nuit ? Qu'imagines-tu, passant d'un instant ?

Dans ma rue, ma petite rue, dans mon immeuble, cela se passe ainsi. J'entends un pas devant moi, une porte qui se ferme, j'entends la précipitation de l'autre. Moi, le perdant la vue, je ne peux plus distinguer l'autre à quelques pas de moi. Il est facile de laisser la porte se refermer, de prendre quelques mètres d'avance. Je ne sais plus qui tu es, passant ou courant d'air ! Mais je sais que je te connais : j'ai entendu ton corps, reconnu ton parfum, le bruit de tes clefs ou de ton caddie.

Je te croise, tu me croises et, silencieusement, nos corps se déplacent dans l'espace de la rue. Dans ce petit quartier quasi provincial de Paris, tout le monde ou presque se connaît *de vue*. Et le silence entoure le bruit des pas des passants.

Que vit celui qui fuit ? Que ressent celui qui, avec son manque à voir, entend le pas de l'autre s'éloigner ?

Rassurez-vous, amis passants, le plus souvent l'autre m'accueille avec un bonjour amical et sympathique, et toujours les enfants se nomment en m'adressant un retentissant bonjour. Ils sont fantastiques, ces jeunes, ils ont tout compris. Oui, c'est moi, Guilhen, c'est moi Julie. Formidable, non ?

Notre singularité, une fois de plus provoque chez l'autre une gêne qui le fait fuir sans qu'il s'en rende compte.

Alors toi, le passant pressé, ne sois pas avare de ton salut et de ton sourire.

Je ne vois presque plus, mais si tu savais comme je t'entends, comme je te sens, et comme je t'aime !

Citoyennes avant tout !

9 - D'hier à demain, la citoyenneté en marche
(les 10 ans de FDFA)

2013

Il y a dix ans, j'étais en pleine effervescence, en pleine réflexion et très excitée. Nous étions en 2003, année européenne des personnes handicapées, date importante, année qui devait marquer un changement du regard porté sur le Handicap.

Anne Hidalgo, à la suite d'un colloque que j'avais organisé en 2002 sur le thème : « Les saisons de la femme », m'avait demandé de réfléchir à une manifestation sur et avec les personnes handicapées en 2003.

Les mois passaient et je ne voyais rien venir de la part des responsables de la Mairie de Paris, jusqu'au jour où je compris que c'était à moi de préparer cette rencontre.

À l'époque, ma réflexion était centrée sur les discriminations que je voyais touchant les femmes handicapées. Plus particulièrement les femmes aveugles. Je faisais partie de cette grande cohorte des femmes qui déjà dans la société subissaient des discriminations et de surcroît en tant que femmes handicapées. Je vivais une double discrimination, celle d'être femme et celle d'être handicapée.

Je me suis réveillée bien tard ; j'ai réagi devant tant d'injustices grâce à des rencontres formidables, à des lectures aussi. Devant des situations de maltraitance, devant la grande difficulté que les femmes handicapées avaient à trouver du travail, et surtout devant l'absence totale d'accessibilité des maternités, des services gynécologiques, devant les stérilisations forcées de certaines femmes handicapées. Devant tant d'injustices mon côté militant a pris les armes ; ma passion, mon énergie, l'insupportable des violences envers les femmes m'ont permis de crier haut et fort que cela suffisait, que c'était à nous femmes handicapées de prendre la parole, de dénoncer notre condition de *pauvre handicapée* et de montrer notre force, notre détermination à changer le regard sur nos différences.

Je ne supportais plus les regards condescendants, la domination masculine dans les associations de personnes handicapées.

Les femmes handicapées ne sortaient pas de chez elles ou très peu, on ne leur confiait que très peu de responsabilités, leur parole était bridée, ou pas écoutée.

Je me souviens de réunions mémorables où je n'arrivais pas à me faire entendre, où j'étais ridiculisée. Tout simplement parce que j'étais femme.

Dans le milieu du travail ce n'était pas mieux, la femme aveugle était suspecte, elle dérangeait l'ordre établi, elle renvoyait à une différence insupportable.

Avec beaucoup de souffrance, mais avec également beaucoup de ténacité, j'ai résisté.

Avant 2003, j'avais commencé avec une amie psychiatre, aveugle également, à organiser des rencontres pour des femmes aveugles sur des thèmes divers. Je cherchais toujours les meilleurs intervenantes et intervenants, voulant montrer qu'il ne faut jamais niveler par le bas mais par le haut, que les femmes handicapées ont droit au meilleur... Ces rencontres ont duré quelques années, mais assez vite je me suis aperçue que rester centrée sur un même symptôme, la cécité ou la perte de vue, ne me satisfaisait pas. J'ai rencontré des femmes sympathiques, des intervenants talentueux, des échanges extraordinaires, mais je voulais plus d'ouverture.

L'opportunité m'a été donnée par mon amie Anne Hidalgo, à l'occasion de cette fameuse rencontre de 2002.

L'année européenne des personnes handicapées méritait bien une mobilisation des uns et des autres pour innover, pour inventer une rencontre inédite centrée sur les femmes handicapées.

La vie est ce diamant extraordinaire qui vous conduit par des chemins inconnus, bordés de senteurs inoubliables, parsemés de rencontres insolites, de richesses imprévues. Des rencontres que jamais on ne pourra oublier. Tel fut ce colloque sur les *Saisons de la Femme*, qui m'a fait vraiment prendre conscience du désarroi, du dénuement, des angoisses, de l'abandon de certaines femmes handicapées. À la fin de la journée en échangeant avec Anne Hidalgo, sans le savoir, ma décision était prise : faire se rencontrer des femmes handicapées et valides pour échanger, inventer une structure qui pourrait les accueillir et nous permettre de faire de nos différences une richesse à nulle autre pareille.

Alain, mon mari, peut-être le premier homme féministe, m'a accompagnée tout au long de ces années. Ensemble avec quelques autres personnes nous avons créé l'association « Femmes pour le Dire, Femmes pour Agir » en avril 2003.

L'association accueillerait des femmes et des hommes handicapé(e)s quelle que soit leur singularité. Je ne voulais plus rester centrée sur le symptôme. Il existe des associations pour les personnes aveugles, sourdes, handicapées motrices, ou atteintes de sclérose en plaques (SEP) », etc. Ce que je voulais et pensais surtout c'est que la diversité est une immense source de richesses, de découvertes, d'énergie partagée. FDFA accueillerait donc toute personne porteuse d'une singularité quelle que soit la forme de sa symptomatologie, personnes aveugles ou perdant la vue, personnes sourdes ou malentendantes, personnes handicapées motrices, personnes ayant des difficultés psychologiques, personnes porteuses de maladies rares ou orphelines, etc. Nous voulions une grande porte ouverte sur les différences, sur les singularités variées et multiples, sachant que c'est ensemble que nous pourrions changer le regard sur nos différences. Bien sûr les personnes valides étaient les bienvenues. L'accent était mis sur les femmes handicapées qui vivent une double discrimination.

Nous n'imaginions pas la grande aventure qui nous attendait, nous ne pensions pas à toutes les rencontres fabuleuses, aux échanges riches et variés, au succès de notre premier forum le 25 novembre 2003 où plus de mille personnes sont venues nous rejoindre pour partager nos débats, nous soutenir et dire haut et fort que les femmes handicapées sont des citoyennes avant tout.

Mon amie Lucie Aubrac, qui me manque toujours tant, m'a accompagnée, nous a accompagnés dans nos réflexions, nos doutes et nos succès. Elle a su faire passer ses convictions, sa force de résistante, de personne engagée, en nous disant qu'il ne faut jamais baisser les bras, qu'il faut se battre, lutter. J'ai pris toutes ces recommandations au pied de la lettre. Notre association « Femmes pour le Dire, Femmes pour Agir » met chaque jour en pratique les mots prononcés par Lucie Aubrac.

Dix ans déjà, que nous vivons ensemble cette belle aventure de la Citoyenneté. Aventure difficile, imprévue ; nous ne sommes pas au bout du chemin, loin de là. Notre énergie, notre dynamisme, nos déceptions, nos succès, nos amitiés nous permettent de continuer la route du combat pour la citoyenneté.

Oui, c'est un combat. La citoyenneté des personnes handicapées n'est pas chose acquise. Ne souriez pas, même si certaines petites avancées existent, nous sommes loin du compte. Beaucoup de livres, revues, émissions de radio ou de TV parlent des personnes handicapées. Il est de bon ton qu'une personne handicapée soit présente dans les forums, colloques, rencontres politiques. La parole lui est donnée, on l'écoute plus ou moins. Mais l'essentiel n'est-il pas qu'elle soit là, notre bonne conscience est satisfaite ! Mais l'invisibilité des femmes handicapées est encore terrible, tant dans les instances politiques, que dans des postes de responsabilités.

Je voudrais souligner ici, la grande innovation de notre premier forum de 2003 sur le thème *Femmes Handicapées Citoyennes*. J'avais remarqué que dans la plupart des colloques ou rencontres organisés autour du handicap, les orateurs étaient toujours valides, ils parlaient pour nous, ils savaient pour nous. Nous devions avoir de la reconnaissance pour leur engagement !

Quand nous avons travaillé à la construction de notre premier forum, je voulais que ce soient des femmes handicapées qui prennent la parole, que ce soient elles qui nous fassent partager leurs expériences, que ce soient elles qui nous interpellent, qu'elles nous permettent de faire connaissance avec elles, qu'elles expriment leurs besoins, qu'elles nous fassent partager leurs désirs.

Trois tables rondes sur des thèmes divers réunissaient cinq femmes en situation de handicaps différents. Chacune d'entre elles, autour du thème choisi, a pu nous faire entendre un moment de son histoire de mère, de travailleuse, d'épouse, etc., ses demandes, ses réussites ses difficultés. Je crois que c'était la première fois que 15 femmes en situation de handicap prenaient la parole sans compassion, sans misérabilisme, mais en tant que citoyennes à part entière, sachant que le handicap n'est pas notre identité, qu'il est dû au hasard de la vie.

Ce fut ce grand moment de solidarité, de profondeur, de regard différent que nous avons vécu, partagé, aimé. C'est ce grand rassemblement qui a fait basculer l'histoire des femmes handicapées. Rien ne pouvait plus être comme avant.

Nous avons été entendues, car dans les rencontres qui eurent lieu par la suite, organisées par différentes instances, les personnes handicapées étaient à la tribune.

Aujourd'hui, dix ans après, ce que j'aurais envie de dire, c'est tout d'abord un grand merci de joie et d'amitié à toutes celles et à tous ceux qui nous ont accompagnées durant ces belles années. Tout n'a pas été facile, les problèmes financiers ont rythmé les mois, les années. Pour poursuivre nos engagements, nous avons des dépenses, pour organiser nos manifestations nous avons besoin d'argent, de soutiens. Là encore je voudrais remercier tous celles et ceux qui nous ont accompagnées et nous accompagnent encore. Mais rien n'est simple, et nous passons beaucoup de temps à chercher des subventions. Cela fait partie de la vie de notre association.

L'an dernier, nous avons eu enfin l'immense joie d'avoir un local et nous avons quitté notre appartement familial. Celui-ci s'est prêté durant neuf ans à recevoir, à accueillir des femmes et des hommes qui venaient travailler au développement de nos objectifs. C'était une ruche bourdonnante, pleine de vie, de rires et de bruits.

Aujourd'hui, nous avons un beau local, lumineux, qui nous permet de recevoir nos adhérentes et adhérents, amies et amis. C'est l'aboutissement de recherches acharnées, de démarches multiples et variées, et surtout de toutes les solidarités conjuguées qui nous ont permis d'avoir un local totalement accessible pour toutes formes de handicaps.

Ce lieu est ouvert à chacune et à chacun et nous sommes heureuses de recevoir les personnes du quartier, d'autres associations, des participants de la vie citoyenne.

Dix ans de travail, de partage, de joie et de peine aussi, car des adhérentes, des adhérents nous ont quittés, ils sont allés se reposer dans l'immensité de la terre.

Dix ans déjà, Je suis heureuse du travail accompli, du temps partagé, des rencontres, tout ce que chacune et chacun a donné pour FDFA.

Mais… oui il y a un mais ! Il nous reste beaucoup de choses à faire, beaucoup de réflexions à mener, de combats et de luttes à poursuivre.

« La Citoyenneté au féminin ». Pourquoi avons-nous choisi ce titre, qu'est-ce qu'il représente pour nous ?

Nous sommes au XXIe siècle et le handicap est toujours cette marque insolite qui frappe l'imaginaire de l'Autre, qui le dérange et qui pourtant fait partie de notre environnement.

Où en sommes-nous entre compassion, apitoiement, admiration ou stoïcisme ?

La femme handicapée en particulier a un statut inconfortable, elle est cet individu qui revendique sa citoyenneté, son autonomie. Elle se trouve pourtant prise dans la grande difficulté à trouver du travail (22 % de femmes handicapées trouvent du travail pour 45 % d'hommes). Mais à quoi cela est-il dû ? Tout simplement à sa condition de femme redoublée par son handicap. Ne nous voilons pas les yeux, les femmes handicapées sont rendues plus vulnérables par leur singularité et dans le monde du travail elles sont moins bien supportées que les hommes. Que de mises au placard, que d'humiliations, que de rejets. Cela est accentué quand une femme handicapée a l'outrecuidance de désirer un enfant… Et d'ailleurs qui va s'occuper de cet enfant ? La société bien sûr !

Je ne veux pas être pessimiste, mais je voudrais souligner que les femmes handicapées, à part quelques exceptions, vivent dans le rejet de notre société ou dans la compassion. Voyez-vous beaucoup de personnes handicapées dans la rue ? Y a-t-il une femme handicapée dans une instance politique ? Et ne me dites pas qu'elles n'ont pas les diplômes nécessaires.

Savez-vous que 70 % de femmes handicapées vivent des violences, pour 36 % de femmes valides ? Savez-vous le nombre de femmes handicapées violées, de femmes handicapées prostituées ?

Arrêtons la plainte !

Oui, les femmes handicapées doivent siéger dans toutes les représentations mises en place par nos gouvernants, elles ont droit à la parole, elles veulent la prendre. Nous en avons assez des bonnes paroles. Nous voulons des actes.

Les femmes handicapées sont des citoyennes à part entière ; tant que nous ne serons pas prises en compte, notre association « Femmes pour le Dire, Femmes pour Agir », continuera à prendre la parole, à partager ses besoins et ses désirs, ses revendications et son amitié.

Dix ans déjà, mais c'est le début d'un immense travail à poursuivre.

Travail à réaliser ensemble avec chaque personne que nous croisons, que nous interpellons, que nous interrogeons, que nous admirons.

Mais à la fin de cet article écrit pour fêter les dix ans de notre association « Femmes pour le Dire, Femmes pour Agir », je m'interroge toujours et encore sur la représentation de la femme handicapée, du handicap. Je suis toujours en alerte, toujours agacée par notre invisibilité. Oui, les femmes handicapées sont encore invisibles, elles intéressent peu et rentrent dans la grande catégorie « des personnes peu rentables ».

Le handicap est une vérité qui dérange, que l'on voudrait oublier, que l'on voudrait supprimer. On nous « accepte », on nous sourit, on nous invite parfois mais on nous confie rarement des responsabilités, on ne se tourne pas vers nous pour nous proposer de faire partie de certaines instances politiques, on ne nous demande pas notre expertise sur les sujets que nous connaissons bien. Un réflexe bien ancré dans les mentalités consiste à nous renvoyer dans des instances spécialisées, autrement dit dans les ghettos du handicap. Pourquoi ? C'est une grande question à laquelle j'ai du mal à répondre. La femme handicapée serait-elle la révélatrice du changement dans la manière de considérer les problèmes, serait-elle celle qui empêche de se satisfaire de peu, celle qui désire aller jusqu'au bout des revendications ?

Le handicap qui sournoisement nous identifie provoquerait-il un rejet masqué par la tolérance, par un semblant de considération ? Cette notion de différence, de singularité qui malgré tous nos combats nous colle à la peau serait-elle plus forte que la solidarité, que l'accueil des diversités ? Notre parole, nos revendications feraient-elles peur ? Nos exigences dérangeraient-elles les plans établis ?

Dix ans de rencontres, de luttes, d'échanges, de joies partagées, d'affection, de solidarité marquent la vie de notre association.

Mais en refermant ce livre, en me projetant sur notre forum anniversaire, j'ai envie de dire : nous sommes à l'orée des regards qui changent, nous sommes des femmes citoyennes, mais notre grande aventure de citoyenneté commence à peine. Je voudrais dire à chacune et chacun que le chemin du partage, de la ténacité, de l'obtention de nos droits, est en chantier. Continuons à labourer avec nos énergies, notre générosité et notre désir.

10 - Femmes handicapées citoyennes

Contribution à la Marche des Femmes, juillet 2010

Nous sommes réunis aujourd'hui pour dire haut et fort que les Femmes sont de plein droit des Citoyennes, que l'inégalité suffit et que notre combat se concrétise en ce moment par notre rassemblement et par cette troisième marche mondiale.

Je suis une femme citoyenne à part entière, même si les circonstances de la vie font que je suis handicapée par une maladie génétique. Après de longues années où j'ai perdu la vue progressivement, je suis aujourd'hui devenue aveugle.

Je suis présidente et fondatrice de l'association « Femmes pour le Dire, Femmes pour Agir » qui accueille des femmes en situation de handicap, quelle que soit leur singularité (personnes handicapées motrices, sensorielles, psychiques, de petite taille, grandes brûlées, personnes porteuses de maladies rares ou orphelines, etc.) Ensemble nous luttons contre toute forme de discrimination et plus particulièrement contre la double discrimination que vivent les femmes handicapées. Vous le savez bien, la femme vit de multiples discriminations du seul fait qu'elle est femme. La femme handicapée vit une double discrimination du fait d'être femme ET d'être handicapée. Malgré les bonnes intentions, la femme handicapée reste invisible, ses revendications ne sont bien souvent ni écoutées ni prises en compte. Nous crions haut et fort que le handicap n'est pas notre identité, il est dû au hasard de la vie. Nous sommes des citoyennes à part entière.

Que cela est difficile à faire passer ! Vous voyez d'abord et toujours le handicap, la monstruosité, la différence. Vous vous arrêtez à l'apparence. Au fauteuil roulant, à la canne blanche, aux béquilles, à la difformité. Mais la Femme dans toute sa splendeur de femme n'est pas vue, on ne veut pas la reconnaître. Surtout on veut l'ignorer. La rendre invisible. C'est tellement plus facile.

Tant sur le plan du travail professionnel que de la maternité, des études, dans toute notre vie nous voulons l'égalité, les mêmes droits pour tous.

Femme Travail Handicap : Quel programme : oser affirmer que la femme handicapée a droit au travail, droit à un emploi, quelle prétention ! C'est déjà faire preuve d'inégalité dès que l'on doit se justifier, démontrer, prouver que la femme différente a le droit de travailler, qu'elle ne doit pas être moins payée que son homologue masculin. Une statistique dit que 26 % de femmes handicapées travaillent pour 38 % d'hommes handicapés.

Les arguments mis en avant par les employeurs recoupent ceux qui stigmatisent les femmes dans leur ensemble : La fragilité, la vulnérabilité, la potentialité d'une grossesse, l'éducation des enfants, leur qualification moindre. Tous les lieux communs, toutes les représentations erronées sont mis en exergue pour surtout ne pas embaucher une femme handicapée.

Comme vous le savez une femme vaut moins qu'un homme sur le marché du travail. Et cela sans même prendre en compte la question de la double, voire de la triple discrimination : être femme et victime d'un handicap, et subir en plus le poids de l'âge ou de la maladie, toutes choses qui non seulement renforcent mais démultiplient les mécanismes d'exclusion.

« Femmes pour le Dire, Femmes pour Agir » se bat pour dénoncer ces injustices, pour prouver que la femme singulière est une citoyenne, que sa différence est source de richesse, que le handicap n'est pas un moins mais un plus pour tous.

Avant de conclure, je voudrais dire un mot sur la violence envers les femmes handicapées. Nous organisons le 19 juin le premier colloque sur le thème : ***La violence envers les Femmes : le NON des femmes handicapées*** (vous pourrez vous procurer les actes de ce colloque en fin d'année au siège de FDFA). Les femmes handicapées subissent encore plus de violences de la part de leur conjoint, ami, famille, que les autres. Une femme sur dix risque d'être maltraitée dans sa vie ; ce sont trois femmes sur dix pour les femmes handicapées.

C'est intolérable, il faut que cela cesse. La femme handicapée est déjà marquée dans son corps par la violence du handicap, par les soins hospitaliers, etc.

Aurait-elle pris l'habitude de souffrir ? De supporter ? Comment se sauver quand on est paralysée et que l'homme qui vit avec vous vous bat, vous viole ? Comment se soustraire aux coups quand on est aveugle ?

Comment se défaire de l'idéalisation d'avoir trouvé un homme qui va s'occuper de la femme handicapée, qui lui fait miroiter la possibilité de créer un foyer normal ? Si la femme handicapée se plaint, qui la croira ? N'a-t-elle pas de la chance d'avoir trouvé un partenaire ?

Je ne développe pas plus, mais vous imaginez bien les grandes difficultés de la femme handicapée pour se sortir des griffes de l'homme menaçant, de l'homme brutal, de l'homme violeur. C'est déjà très difficile pour une femme valide de prendre la décision de quitter son bourreau. Pour une femme handicapée privée de liberté physique, imaginez…

« Femmes pour le Dire, Femmes pour Agir » se bat, lutte pour que chaque femme handicapée soit libre de sa vie. Nous ne baisserons jamais les bras. Ensemble nous continuerons notre lutte pour plus de justice et de droit.

11 - Nous disons : Citoyennes avant tout !

Octobre 2016

De ma fenêtre, j'observe la diversité de la vie. J'aperçois une foule bigarrée où des grands et des petits, des femmes et des hommes, avancent vers une destination inconnue de moi. Je suis fascinée par cette multitude de formes, de couleurs, de cris, de langues ; par la bizarrerie des uns, par la difformité des autres, par la « normalité » de certains ! Un désir m'habite : rencontrer, approcher, connaitre ces multiples facettes de la vie. Une curiosité teintée de solidarité me pousse vers ces inconnus aux visages riches, impensables, parfois inquiétants. Je veux sortir des sentiers battus, je veux m'éloigner des stéréotypes, des jugements à l'emporte-pièce. Je veux vivre ma singularité dans leur diversité.

J'ai connu l'injure de la différence ; j'ai été confrontée aux qualificatifs sans appel d'handicapée, de tarée, de porteuse du mauvais œil. J'ai décidé de m'éloigner de ces maltraitances en me lançant sur une autre route.

Je suis atteinte d'une maladie génétique, la rétinite pigmentaire, maladie qui entraine la perte de la vue, jour après jour. Lentement mais sûrement je me suis acheminée vers un horizon de perdant la vue. Aujourd'hui je suis aveugle, j'ai une vie pleine et riche.

Au début, je ne pouvais envisager que je deviendrais aveugle, j'ai vécu dans le déni, dans l'impensable de cet aboutissement.

Après avoir fui le monde des aveugles et des perdant la vue, j'ai décidé d'aller à leur rencontre. J'ai fréquenté les grandes associations de personnes aveugles. Je n'y ai pas trouvé mon compte. Choquée par la mainmise masculine, par le peu de cas fait des femmes aveugles, par la surdité à leurs paroles.

J'ai donc décidé d'organiser des rencontres entre nous, femmes handicapées de la vue. Durant quatre années environ, j'ai organisé des colloques sur des thèmes variés tels que : « Handicap et travail », « Cécité et maternité », « Sport au féminin »... Ces rencontres étaient très suivies car je cherchais ce qu'il y avait de mieux comme intervenantes ou intervenants ; je proposais des ateliers d'échange.

Je me suis aperçue cependant qu'il manquait une dimension essentielle : celle de la diversité ; que le monde des aveugles pouvait ressembler à un ghetto.

En 2003, qui était l'année européenne des personnes handicapées, j'ai eu envie de créer une association qui rassemblerait des personnes handicapées quelle que soit leur symptomatologie. Ensemble nous pourrions changer le regard sur nos différences.

Pour cela, avec l'aide de mon mari, d'Anne Hidalgo première adjointe au maire de Paris et un groupe de copains et copines, nous avons décidé d'organiser un grand forum : « Femmes Handicapées Citoyennes ». Quelle révolution ! Je voulais que les trois tables rondes de la journée ne soient composées que de femmes, de femmes handicapées, avec des handicaps différents. Six femmes handicapées par table ronde, de milieux socio-professionnels différents, d'âges différents ont occupé la journée en partageant leurs expériences.

Lucie Aubrac en était la marraine. Elle a dit haut et fort : « Vous, femmes handicapées, vous êtes des Citoyennes à part entière » !

C'était la première fois que notre Citoyenneté était nommée, proclamée.

Oui nous femmes handicapées nous sommes des citoyennes à part entière avant d'être handicapées, le handicap n'est pas notre identité.

C'est ce 25 novembre 2003 que le mot citoyenneté a été prononcé dans le milieu du handicap. Aujourd'hui on retrouve ce mot un peu partout.

Mon idée en créant FDFA était de ne plus faire de clivages par symptomatologie mais de pouvoir travailler ensemble, échanger, grandir, quelle que soit notre singularité.

Plus de 1 000 personnes étaient là ce 25 novembre 2003. À la fin de la journée 250 personnes handicapées ou valides, femmes ou hommes, sont devenues adhérent.e.s. Notre association était née. Pour moi c'est extrêmement important la diversité. Nos différences sont des exigences formidables qui obligent de vivre, de regarder autrement l'Autre, de faire avec lui, d'avoir une attention bienveillante et solidaire.

Depuis la création de FDFA, je me sens riche de la diversité de chacune et de chacun. Nous accueillons des femmes handicapées motrices, sensorielles, de petite taille, des personnes handicapées psychiques, mentales, des personnes porteuses de maladies invisibles, auto-immunes, rares. Nous organisons des colloques, des forums sur des thèmes variés comme « Les aventurières de la Vie », « Violences de genre, Violences du handicap », « Handicap, regard de soi, regard des autres », etc. Notre local est totalement accessible et nous y proposons des ateliers. Par exemple : un « Groupe de paroles », un « Jardin littéraire », un atelier « Emploi travail », « Beauté bien-être », « Échanges et création »...

Depuis un an et demi, nous avons lancé un numéro d'appel national : « Écoute Violences Femmes Handicapées », le 01 40 47 06 06. Savez-vous que 4 femmes handicapées sur 5 subissent des violences ? La commission européenne confirme ce chiffre : 80 % de femmes handicapées en Europe vivent des violences ou des maltraitances, qu'elles soient physiques, psychologiques, alimentaires, médicamenteuses, financières, institutionnelles, des viols, etc.,

Nous avons produit un film : « Violences du silence ». Huit témoignages dits par des personnalités telles que Sylvia Berger de la Comédie Française, Nicole Croisille chanteuse, Anne Hidalgo Maire de Paris, Roselyne Bachelot ancienne ministre...

Nous ne pouvons plus nous taire, les violences sont interdites !

On constate que ce sont les femmes aveugles et les femmes handicapées psychiques qui subissent le plus de violences. Pour les accompagner, nous leur proposons des permanences juridique, psychologique, sociale... Nos ateliers les accueillent comme ils accueillent les adhérentes handicapées quel que soit leur handicap, cela oblige à mettre nos imaginaires en marche pour que chacune trouve sa place et la solidarité fait le reste. J'ai créé l'association Femmes pour le Dire, Femmes pour Agir pour lutter contre toutes les formes de discriminations et plus particulièrement contre la double discrimination celle d'être femme et celle d'être handicapée.

Certaines des adhérentes sont également membres d'associations représentant leur symptomatologie, ce qui est une grande richesse.

Pour conclure, je dirai que nos différences, toutes nos différences, sont des sources de richesses pour la société, pour nous.

Ce n'est qu'ensemble que nous changerons le regard sur nos différences.

12 - Vérité et handicap

Non daté

Parler de vérité, de handicap, quel sens cela a-t-il ? Que veut dire le mot vérité ?

Ou plus exactement quelle image a-t-on de la vérité du handicap ?

Quand on m'a proposé d'aborder ce thème, immédiatement j'ai pensé, « J'ai beaucoup de choses à dire ». Étant une personne aveugle aujourd'hui, après un long voyage de perdant la vue, ces mots vérité et handicap ont résonné comme un inattendu connu !

Les mots handicap, handicapé, se pressaient dans ma tête avec leur cohorte de représentations : monstruosité, incapacité, vulnérabilité, laideur, débilité, folie, contagion...

En miroir : compassion, souffrance, misère, pauvreté. « Que faire pour ces pauvres handicapés qui ne sont même pas des personnes ? »

La vérité du handicapé est d'être hors norme, regardé comme un exclu, rejeté, stérilisé, défiguré ; de ne pas être considéré comme un être humain mais comme « l'handicapé », l'être fragile et vulnérable qui encombre la société.

La vérité du handicap est la traversée du ridicule, des mots incroyables entendus, des prisons dans lesquelles on enferme les personnes handicapées dans des représentations mensongères. Pourquoi le handicap fait-il si peur, est-il si angoissant ? Sans doute car sa vérité est insaisissable...

La vérité du handicap est une magnifique aventure de vie, déconcertante, riche, pleine d'obstacles à franchir, d'idées nouvelles à mettre en pratique, une insolence face à la banalité du quotidien, face aux normes établies dans le ciment de la certitude. Le handicap permet de déranger l'Autre, d'ébranler les normes, de bousculer les habitudes. Qui es-tu toi, différent, pour m'interpeller de la sorte ?

La personne handicapée est obligée sans cesse de surmonter les difficultés auxquelles elle se heurte pour vivre sa citoyenneté partout et à tout moment. La vérité aujourd'hui de nos différences se rencontre dans la diversité, dans l'état pluriel, dans la volonté acharnée que nous construisions une cité accessible, ouverte à toutes et à tous. Dans la lutte contre toute forme de ghettoïsation.

La vérité du handicap c'est l'accessibilité partout, mais pas un faire-semblant, une réelle ouverture sur le monde. Que les personnes handicapées puissent bénéficier de soins médicaux, que les femmes handicapées aient accès à des maternités accessibles par exemple, qu'elles soient accueillies dans des cabinets médicaux de gynécologie accessibles, etc.

La vérité du handicap c'est le changement de regard. Nous refusons l'exclusion, la mise au placard. La vérité du handicap c'est la rencontre et non la méfiance ou le doute sur les capacités de la personne handicapée.

La vérité du handicap, c'est la Citoyenneté. Les personnes handicapées sont des citoyennes à part entière, le handicap n'est pas leur identité, il est dû au hasard de la vie.

La vérité du handicap est une énigme pour chacun d'entre nous, c'est la bourrasque pénétrant au fond de l'humain, qui renvoie au doute, à l'inconnu, à la peur de la mort. Il n'y a qu'une seule vérité, celle de l'être pensant : « à chacun sa vérité ». Mais toutes les opinions ont-elles vraiment la même valeur, comment peut-on à la fois avoir sa propre vérité et la partager avec tout un chacun ?

L'histoire et l'expérience personnelles de chacun sont uniques. Elles font de chacun un être singulier, radicalement différent des autres. Aucune vie n'étant vraiment comparable à une autre, chacun peut ainsi aspirer à détenir « sa » propre conception du vrai.

Mais qu'est-ce que la vérité de la différence ?

La vérité du handicap pourrait se dire : « Tu es toi, je suis moi ». Toi avec ta personnalité, tes différences invisibles peut-être, et moi, je suis celui qui par ma singularité visible t'interpelle dans ta conformité aux normes sociales et intellectuelles.

Je suis moi, tu es toi et nos deux vérités, nos deux identités permettent la richesse de la pluralité, de la diversité. Le handicap n'est pas notre identité, nous sommes des citoyens qui, par la richesse de nos différences, participons à la pluralité de l'humanité.

13 - Femme, Citoyenne et handicapée

Février 2013

Assez de compassion et de misérabilisme. Changeons le regard sur nos différences !

Je suis femme, fière de l'être, même si encore aujourd'hui les femmes vivent, de nombreuses discriminations. Quand elles sont handicapées, elles vivent une double discrimination : celle d'être femme et celle d'être handicapée.

Comment imaginer qu'en ce début du XXIe siècle, les femmes ne puissent pas vivre l'égalité des genres et qu'il faille se battre pour desserrer cet étau de l'inégalité, de l'injustice et des violences ?

Quand il s'agit de femmes handicapées, nous nous heurtons à la représentation du genre et du handicap. Le handicap symbolise le manque, l'absence, la différence, la laideur, la monstruosité. La femme objet de désir, de convoitise, de séduction doit être belle et bien faite. À cela s'ajoute le fait que c'est elle qui transmet la vie, qui donne naissance aux filles et aux garçons. Comment une femme handicapée pourrait-elle transmettre un petit d'homme tel que la société le désire ?

Les femmes handicapées ont le droit d'être mères, elles savent très bien faire, le handicap développe l'imaginaire, la création, leur adresse.

Je voudrais dire qu'aujourd'hui en France il n'y a que très peu de maternités accessibles, peut-être une ou deux.

Quand on est une femme handicapée, comment prétendre trouver un travail ? Aujourd'hui c'est 22 % de femmes handicapées qui trouvent du travail pour 46 % d'hommes handicapés. Et bien sûr à diplôme égal, c'est presque toujours l'homme qui est embauché.

Les femmes handicapées subissent des violences de manière beaucoup plus importante que les femmes valides (70 % de femmes handicapées vivent des violences pour 36 % de femmes valides).

Quoi qu'il en soit les femmes handicapées ont décidé de réagir, de se battre, de crier haut et fort qu'elles sont des citoyennes à part entière, que leur handicap n'est pas leur identité, il est dû au hasard de la vie.

Ne supportant plus le regard compatissant et misérabiliste que trop de nos concitoyens portaient sur les femmes handicapées, j'ai décidé en 2003 de créer l'Association « Femmes pour le Dire, Femmes pour Agir », qui accueille des femmes et des hommes en situation de handicap, quelle que soit leur singularité, des femmes et des hommes valides pour qu'ensemble nous changions le regard sur nos différences.

Ce n'est pas chose facile de crier que la différence est une immense richesse pour toutes et tous. Ce n'est pas chose facile de faire sortir les femmes handicapées de chez elles, de chercher du travail, de se déplacer et pourtant que de victoires, que de succès !

Nous nous réunissons sur des thèmes porteurs de diversités afin de permettre à chacune et chacun de venir vivre et partager un moment convivial et solidaire avec nous ; nous organisons des forums, des colloques, des ateliers sur des thèmes différents afin que chacune et chacun prenne sa place dans sa vie citoyenne.

Le handicap ne relève pas du désir, au contraire il est renoncement, frustration, dépendance, perte d'autonomie mais on peut dire les choses autrement. Les femmes handicapées portent la marque de la singularité, de la différence. S'appesantir sur son « malheur » n'apporte rien. Au contraire c'est regarder son manque comme un plus différent, son originalité comme un soleil printanier, sa cécité ou sa surdité comme faisant partie de sa personnalité. C'est un fait, les femmes handicapées doivent se battre pour gagner leur citoyenneté, pour se faire entendre, pour quitter l'ombre dans laquelle on les enferme et devenir visibles. L'invisibilité des femmes handicapées, c'est fini, elles sont là bien présentes et font entendre leur voix. Oui, nous voulons faire partie du monde, nous voulons être partie prenante dans les combats des femmes, nous voulons ne plus jamais être violentées, nous voulons pouvoir choisir notre vie.

Le handicap est cette richesse incongrue qui fait penser, réfléchir, agir.

Femmes Citoyennes avant tout pour que nos différences nous rassemblent.

14 - Attendez, on s'occupe de vous !

Février 2008

Depuis quelque temps, nous entendons beaucoup parler de « citoyenneté ». Nous disons que nous voulons être des citoyens à part entière. Cette notion est bien présente aujourd'hui. Il y a quelques années, personne ne parlait de la citoyenneté des personnes handicapées, de l'égalité des chances. Par contre maintenant, pas une réunion, pas une rencontre, une conférence, un colloque où ce thème ne soit abordé, commenté, discuté. C'est devenu une priorité. Qui s'en plaindrait ? Nous devrions être heureux de cette prise de conscience, contents de ne pas être oubliés dans les discours des grands. Nous devrions être reconnaissants que l'on nous considère – enfin – comme des citoyen.ne.s.

Mais qu'en est-il réellement au quotidien, dans notre relation à l'environnement, dans notre milieu de travail ?

L'histoire de la personne singulière, dite « handicapée », s'inscrit dans un passé qui va du déni de l'existence, au caché, à la suppression de la différence et du différent, jusqu'à une certaine tolérance, au rejet de l'exclusion. Nous revenons de loin !

En ce début de siècle, nous devrions être dans la reconnaissance, la soumission aux bienfaits qui nous sont octroyés ; nous devrions être dans la gratitude puisque nous devenons citoyens...

Eh bien, ce n'est pas tout à fait mon avis, même si je dois reconnaître que la loi de 2005 est une ouverture sur nos différences, qu'elle permettra, si elle est appliquée réellement, une avancée pour le monde du handicap. Je constate qu'aujourd'hui notre citoyenneté est souvent menacée, non respectée. Un exemple : invitée par une Secrétaire d'État à une conférence de presse au sujet de la femme, je me présente avec mon chien-guide. Je suis confrontée à une salle totalement inaccessible pour les personnes à mobilité réduite (fauteuils roulants), et même pour moi déficiente visuelle ; je dois emprunter un petit escalier en colimaçon que mon chien-guide, plutôt courageux, examine attentivement. Il s'assied, ce qui signifie : « Danger ! » ; il ne veut plus avancer malgré mon insistance. Le préposé à l'accueil m'a fait faire un détour par l'extérieur (il pleuvait des cordes !) m'expliquant que l'escalier était par trop dangereux pour moi. À la fin de la conférence de presse, au moment des questions, j'ai signalé le manque d'accessibilité de la salle. Réponse de la Secrétaire d'État : « Mais l'accessibilité ne sera obligatoire qu'en 2012... » Vous ne me ferez pas croire que dans Paris il n'existe pas une salle accessible à la disposition des ministres ! Mais j'étais la seule personne différente, et personne sans doute n'avait imaginé qu'une femme handicapée viendrait, qu'une femme handicapée était une citoyenne comme les autres participantes, qu'elle venait représenter son association, qu'elle était intéressée par ce qui se dirait à propos des femmes. Femme singulière, j'ai dérangé, je n'aurais sans doute pas dû être là ; à tout le moins, je n'aurais pas dû me plaindre ! Mon intervention a jeté un froid, c'est tout !

Nous, les personnes différentes, nous devons attendre. C'est trop compliqué d'organiser des rencontres dans des lieux accessibles. On n'y pense même pas. Nous n'existons pas vraiment. On parle de nous, on nous utilise souvent pour une représentation, et il faudrait en plus être reconnaissants de ce que l'on fait pour nous sous peine d'être mal jugés (y compris par nos pairs).

Notre différence est inscrite au cœur de notre corps. Nous avons une marque dans notre être. Il y a des choses que nous ne pourrons jamais faire, mais si déjà nous existions dans la pensée, dans l'imagination de nos concitoyens, un grand pas serait fait.

Ce n'est pas un cadeau dont nous avons besoin.

Nous existons en tant que Personnes, en tant que Citoyens. Nous avons été si longtemps oubliés, si longtemps ignorés, que nos mots prononcés, nos revendications ne sont toujours pas entendues. Mais il ne faut pas trop demander !

Ce qui m'a irritée dans la réponse de la Secrétaire d'État, c'est sa réponse sans nuance, sans appel : « Vous n'avez qu'à attendre 2012, on s'occupe de vous ! » Plutôt que de reconnaître qu'il y avait eu une erreur d'appréciation dans le choix de cette salle.

Être citoyen à part entière, nous l'obtiendrons en étant vigilants et en soulignant toujours ce qui nous exclut.

J'ai pris cet exemple parmi bien d'autres. Parce qu'il est exemplaire dans le contexte actuel où l'on veut faire participer les personnes handicapées – ce qui est louable – mais en oubliant que pour participer il faut être présent, et pour être présent il faut que l'accessibilité nous le permette !

Femme…

15 - Habiter son corps : Femme et Handicap

Mars 2013

Qui est l'association « Femmes pour le Dire, Femmes pour Agir » ?

Elle a été créée en avril 2003 afin de lutter contre toutes formes de discriminations et plus particulièrement contre la double discrimination que vivent les femmes handicapées : être femme et être handicapée. Nous voulons dire haut et fort que les femmes handicapées sont des citoyennes à part entière, que le handicap n'est pas leur identité, il est dû au hasard de la vie.

FDFA accueille des femmes quelle que soit leur singularité (personnes handicapées motrices, sensorielles, psychiques, intellectuelles, personnes de petite taille ou porteuses de maladies rares ou orphelines…) Nous ne voulons pas regrouper les femmes par symptomatologies car nous pensons que la richesse de toutes les différences permet de changer le regard sur le handicap, de se découvrir « autrement ». Pour réaliser ses objectifs, FDFA organise des forums et colloques sur des thématiques variées et développe au sein de son association des ateliers de réflexion, d'échanges, de loisirs. FDFA lutte inlassablement contre les violences que vivent les femmes handicapées. Être femme et handicapée est une aventure remplie d'imprévus, de souffrances, de frustrations, de découvertes inattendues, de joies et d'échecs, de réussites, d'événements surprenants. Quelles différences avec ce que vivent les hommes handicapés ? Un exemple : si 28 % de femmes handicapées trouvent un emploi, ce sont 48 % des hommes handicapés qui en bénéficient. En ce qui concerne les soins médicaux, la spécificité féminine fait que le milieu hospitalier n'est pas adapté, pas accessible pour tout ce qui concerne les services gynécologiques, ceux de la maternité, etc.

Même si des progrès réels ont été faits depuis la loi de 2005, il reste beaucoup à faire pour la vie quotidienne de la femme, de la fille handicapée. Le silence les enveloppe. Il enveloppe tout particulièrement les discriminations et les violences qui les touchent. Il est urgent d'en prendre conscience. Certes, elles refusent d'être considérées comme des victimes, elles veulent être reconnues comme des personnes douées de désirs : désir de féminité, d'être reconnues en tant que femmes, désir de maternité, de sujets capables de choix. Déjà nous en parlions en 2005 lors de notre forum « Femmes handicapées : la vie devant elles ». La diversité de nos différences est une vraie richesse pour chacune et chacun ; de cette pluralité naît l'imaginaire, la créativité.

La représentation de la femme dans nos sociétés est encore marquée par la vulnérabilité, la fragilité, l'incapacité à égaler les performances masculines. Cette image de la femme fragile ne permet pas au sexe féminin de prendre toute son envergure dans la société. C'est ce que Françoise Héritier appelle *la valence différentielle des sexes*. La femme singulière développe des capacités pour être autrement capable de vivre sa vie de femme. Elle aura besoin de persévérance, de sûreté d'elle-même pour revendiquer sa place dans la société. Il n'y a pas encore très longtemps, dans les associations, les postes de responsabilités étaient tenus par des hommes, les femmes occupaient les postes subalternes. La femme handicapée vit sa citoyenneté en donnant à son corps sexué, la grâce, la beauté, l'émotion dont est capable toute femme. Elle ne veut plus être enfermée dans l'image archaïque de la pauvre fille, mal habillée, sale, inculte. Aujourd'hui les femmes dites handicapées font partie de la vie civique, de la vie politique, de la vie intellectuelle et leurs paroles sont entendues dans la mesure où elles revendiquent la parité. La femme handicapée vit sa vie de femme dans les difficultés inhérentes au handicap.

Chaque situation, chaque handicap, chaque sujet est unique. Prenons l'exemple du handicap visuel : des femmes aveugles vivent leur rapport au corps, à la féminité, autrement que des personnes handicapées motrices. L'absence de vision entraîne une autre représentation du corps, une autre manière de l'aborder, de le toucher. Notre association a ainsi mis en place des ateliers de « beauté-bien-être » animés par une socio-esthéticienne professionnelle qui va accompagner chacune à découvrir ses besoins, à réaliser le maquillage qu'elle désire, à marier les couleurs. Mais cela n'est rendu possible que si chacune a le désir de s'approprier son corps, le désir d'habiter son corps, de transmettre son vécu personnel.

Habiter son corps, c'est, en dépit des modifications et des changements qu'il connaît tout au long de la vie, parvenir à garder un espace où pouvoir dire « moi je ». Il s'agit d'une construction à maintenir aux différents âges de la vie, dans la mesure où du fait de ses transformations, accentuées par le handicap, le corps échappe le plus souvent à notre maîtrise. Ce corps s'absente, se transforme, s'embellit, nous appartient, il est le réceptacle de notre vie psychique.

Le corps est ce don merveilleux qui sous les formes les plus variées, abîmées, déformées, monstrueuses, magnifiques, renvoie à l'Autre l'intensité de la pulsion de vie, la joie de l'amour qu'on lui porte, du bien-être que l'on partage.

Je voudrais aborder les violences que subissent les femmes handicapées. Le handicap est un facteur aggravant face aux violences domestiques, institutionnelles, sociales pour des femmes rendues fragiles par leurs difficultés physiques, sensorielles, motrices, intellectuelles ou psychiques. En France, si 36 % de femmes valides subissent des violences dans leur vie, ce sont 72 % des femmes handicapées qui en sont victimes, sans parler des maltraitances et des abus quotidiens. Enfin, elles subissent des violences autour du déni de sexualité et de maternité. Les violences faites aux femmes en situation de handicap et leur impact ne sont pas étudiés. Elles ne font l'objet d'aucune statistique, de recherches ou d'études en France ; il n'y a pas de croisement avec les études sur le genre. Aussi il est indispensable que toute enquête sur les violences faites aux femmes intègre la dimension du handicap et fournisse des statistiques.

Je n'ai quasiment rien trouvé sur ce sujet ; ce sont donc mes réflexions personnelles, basées sur mon expérience de psychanalyste recevant des femmes handicapées victimes de violences, sur mes rencontres avec des femmes singulières qui m'ont fait partager l'horreur de la maltraitance, sur mes interrogations, mes échanges avec des collègues, mais surtout l'écoute des paroles, des mots, des souffrances dites ou évoquées, des coups assourdis, des traces sur les corps. Le regard de celles qui, la bouche close par la peur, m'ont fait partager, ressentir l'épouvantable de l'expérience de la violence.

Ma réflexion m'a conduite au vécu du corps de ces femmes maltraitées. Que le handicap soit de naissance ou accidentel, pour sauver la vie des bébés ou des plus grands, il faut passer par les soins médicaux, chirurgicaux ; ceux-ci entraînant une souffrance du corps (perfusion, cathéter, opération, pansements, etc.) La survie passe par la douleur, la maltraitance pour un bien-être futur. La pulsion de vie se bat avec la pulsion de mort. La vie à tout prix que veulent les parents et le monde médical répond à cette attente. Comme le disait Françoise Dolto : « Le corps se souvient de ce que l'esprit a oublié ». La survie est liée à la violence, à la douleur, à l'acceptation, à la soumission. Nous retrouvons tout cela chez les femmes handicapées battues, maltraitées. Pour rester en vie il faut supporter. À cela s'ajoute le regard social : être en couple est préférable que de vivre seule. Dans certaines cultures, le handicap est de l'ordre de la monstruosité, du satanisme, il en découle de la maltraitance, de la brutalité, il faut se venger sur la petite fille ou la femme handicapée qui vient révéler une faille narcissique. Bizarrement, me semble-t-il, on ne regarde pas le petit garçon de la même manière. Il faudrait développer ce thème, mais ce n'est pas le lieu.

En concluant ce court exposé, je voudrais dire – et crier ! – qu'un grand nombre de femmes handicapées, quels que soient les milieux, sont violentées. Cela suffit, il faut prendre les mesures pour stopper ces maltraitances.

Une enquête menée par FDFA durant son colloque du 19 juin 2010 sur la violence envers les femmes confirme ces dires. Sur 48 % de femmes qui disent avoir été victimes de violence, 70,59 % sont des personnes handicapées. De même une étude menée par l'ONU et publiée le 25 novembre 2012, affirme qu'en Europe, en Amérique du Nord et en Australie, plus de la moitié des femmes handicapées ont été victimes de maltraitance contre un tiers pour les femmes non handicapées.

En résumé, les femmes souffrant de handicap sont trois fois plus touchées par le fléau de la violence. Elles portent en elles le poids d'être femmes et différentes. Ce phénomène commence à inquiéter les institutions internationales, d'autant plus que le nombre de femmes en situation de handicap ne cesse d'augmenter. Il est donc primordial de s'intéresser à la question surtout qu'elle est porteuse d'opportunités. La France pourrait ainsi renforcer sa présence dans les luttes contre les violences à l'égard des femmes et également anticiper les problèmes liés à l'accroissement de la dépendance. Pour cela, il est nécessaire de réaliser des études et de renforcer les mesures de luttes actuelles comme l'amélioration de l'accessibilité dans les programmes visant à protéger les femmes contre la violence. La cause des femmes handicapées demande un travail interministériel et interdisciplinaire. Elle est à la fois féministe et portant sur le handicap. La violence à l'égard des femmes handicapées nous interpelle aussi en tant que citoyen.ne.s. Est-ce citoyen d'ignorer une femme victime de violence parce qu'elle est différente, handicapée ?

16 - Femme qui es-tu ?

Juin 2016

Belle et honorée, ou laide, traitée de sorcière… Femme que nous révèles-tu ?

Vaste problème, difficile à cerner ! La femme est celle que l'on ne connaît pas. C'est cet être mystérieux qui, au cours des âges, a vécu cachée, enfermée, violentée, ou au contraire adorée, placée sur un piédestal. Aujourd'hui, à l'aube du XXIe siècle, je voudrais retracer par touches successives l'histoire de la Femme, dessiner les principales étapes de l'aventure de cet être, esclave ou reine, toute puissante cependant puisqu'elle a le pouvoir d'enfanter. Depuis toujours méconnue, qui fait peur et qui est tout amour, parfois nommée « sans sexe ». Combien de combats as-tu menés pour être libre, pour être une citoyenne, pour vivre égale de l'homme ?

Les relations entre les femmes et les hommes, les structures familiales, ne sont pas restées immuables au long des siècles. Elles ont une histoire et donc aussi un avenir. Comprendre que les relations entre les femmes et les hommes aient évolué permet de mieux les critiquer.

Dans l'antiquité grecque, le statut des femmes était peu enviable, leur image très négative. Misogynie et machisme caractérisaient cette société. Le poète Palladas a écrit ce charmant compliment : « Le mariage ne rend l'homme heureux que deux fois dans sa vie : le jour où il met sa femme dans son lit, et celui où il la met dans sa tombe »…

Dans le monde romain, leur sort n'est guère plus enviable. Le droit romain, bâti sur plusieurs siècles dans une société fondée sur l'esclavage, où le pouvoir est concentré entre les mains des hommes jouissant de la citoyenneté romaine, fait de la femme la propriété du père de famille puis de l'époux qui ont sur elle droit de vie et de mort.

À partir du Xe et du XIe siècle, l'Europe connaît une période de croissance tant en nombre d'habitants qu'en richesses produites. Le commerce et les villes se développent. Les puissants cherchent alors à contrôler leur richesse. Le mariage apparaît comme le garant de l'héritage et les aînés, de sexe masculin bien sûr, sont privilégiés. Les femmes sont totalement exclues de la gestion des biens et des héritages.

À la Renaissance, l'oppression des femmes est grande. La femme a pour mission d'enfanter, d'élever les enfants, de s'occuper du ménage et des travaux qui ne sont pas dignes des hommes ! Elle est « faible » par nature, du fait notamment de ses « pertes » (règles, lait...) Depuis l'antiquité on la décrivait comme « molle, humide et froide, contrairement à l'homme qui était sec, dur et chaud » ! (médecine grecque) L'image a survécu...

De plus, il faut savoir que la division du travail est dominée par le fait que seules les femmes enfantent. Elles sont donc reléguées aux tâches domestiques. Le développement des sociétés aurait pu, en théorie, permettre aux femmes d'être libérées de ce joug. Il n'en est rien. Dans le domaine du savoir en particulier, l'ouverture d'écoles, d'universités offrait de nouvelles possibilités de promotion sociale grâce au savoir ; mais ces écoles étaient interdites aux femmes. C'est, dans le même temps, une hostilité qui va croissant contre le travail féminin (voir en particulier dans les règlements des corporations aux XVIe et XVIIe siècles). Des barrières économiques, politiques et culturelles se dressent donc devant les femmes dans une société en pleine transformation. Mais c'est aussi à cette époque (au XVIe principalement) que l'Église fait sa chasse aux sorcières.

Sous Louis XIV, la misogynie est triomphante malgré les images d'Épinal qui nous en restent (les maîtresses du Roi !).

Au XVIIIe siècle, la morale dominante veut toujours cloîtrer les femmes chez elles ou... au couvent. Paradoxalement, c'est en même temps, dans le « Siècle des Lumières », que des femmes d'exception vont ouvrir des salons littéraires, influer sur la vie intellectuelle de leur temps.

Ce siècle vit par ailleurs des émeutes, des révoltes un peu partout en Europe, et dans ces combats les femmes sont au premier rang et jouent un rôle décisif dans la Révolution française. Certes, les révolutionnaires proclament : « Tous les hommes naissent égaux... », mais pour les femmes, c'est une autre histoire, même si elles sont partie prenante dans la prise de la Bastille, ainsi que dans les journées de 1792 et 1793. Olympe de Gouges, femme révolutionnaire, avait publié en 1791 sa déclaration des droits de la femme et de la citoyenne se terminant par cette phrase célèbre : « Si la femme a le droit de monter à l'échafaud, elle doit avoir également celui de monter à la tribune ». Elle fut guillotinée le 3 novembre 1793. (Le 6 mars 2004, le maire du troisième arrondissement de Paris baptisera une place au nom de l'héroïne).

Les hommes de la Révolution française ont néanmoins révolutionné aussi le rapport entre les sexes. Ils ont aboli le privilège de masculinité dans la vie civile ; les frères et les sœurs sont déclarés égaux devant la succession des parents et pour l'accès à la majorité. Les grandes lois de 1792, laïcisant le mariage et en en faisant un simple contrat civil, autorisent le divorce par consentement réciproque, mettant hommes et femmes sur un strict plan d'égalité. Mais le droit de vote des femmes n'était pas encore à l'ordre du jour !

Sous Napoléon, le Code civil de 1804 marque une régression importante en ce qui concerne le statut des femmes. Le père de famille, propriétaire et chef, devient le pilier de l'autorité ; le droit de la femme est mutilé, le mariage devient une institution et non plus une affaire privée ; c'est le père de famille qui décide si les descendants sont ou non légitimes. Dans ce contexte, l'épouse n'a aucun droit reconnu. C'est le mari qui décide et contrôle tout ; sa femme ne peut pratiquement rien faire sans son autorisation. Pour l'anecdote, il existait une clause qui autorisait le mari à lire le courrier de son épouse et à le détruire s'il le désirait ! Cette clause n'a été abolie qu'en 1938 !

Au XIXe siècle, les femmes commencent à travailler dans les usines. À partir de 1830, des associations féministes apparaissent. La lutte contre l'oppression des femmes se développe en France avec le mouvement ouvrier et grâce aux premiers militants socialistes... Progressivement se met en place une législation protectrice des femmes, souvent justifiée par la nécessité d'enrayer une mortalité infantile considérable en permettant l'allaitement maternel. Le patronat essaie d'utiliser cette législation pour priver les femmes d'un travail qualifié. Une loi de 1900 organise la journée de travail féminine de manière à « libérer » les femmes pour préparer le repas du foyer ! Bien des métiers, souvent sous-qualifiés, sont réservés aux femmes, évidemment moins bien rémunérées

Les revendications concernant les femmes touchent toute l'Europe ainsi que les États-Unis. Toutes les couches de la population sont concernées. Des femmes luttent pour l'obtention des droits civiques et du droit de vote. C'est le parti socialiste révolutionnaire qui le premier inscrit dans son programme l'égalité civique et politique des femmes et des hommes (1879). En 1910, la dirigeante socialiste allemande Clara Zétkine crée la fameuse journée internationale des femmes. En France, c'est seulement en 1867 qu'une loi a obligé toutes les communes de plus de 500 habitants à ouvrir une école primaire de filles. Les établissements secondaires se créent à partir de 1880, mais ce ne sera qu'en 1924 que les enseignements pour les garçons et les filles seront identiques avec un baccalauréat unique. Quant aux professions exigeant des études universitaires, il faudra du temps pour qu'elles soient accessibles aux femmes.

Les médecins et les avocats se montrèrent particulièrement réactionnaires. La première femme qui devint interne des hôpitaux fut brûlée… en effigie ! Les avocats invoquaient le risque pour les magistrats d'être séduits par les femmes !

De la première guerre mondiale jusqu'aux années 60, la cause des femmes connut une longue période de régression. Les états dictatoriaux (l'Italie fasciste de Mussolini, l'Allemagne nazie d'Hitler, l'Espagne de Franco) aggravèrent la condition des femmes, comme de bien d'autres citoyens. Les « lois scélérates » françaises de 1920-1923 interdirent toute information sur le contrôle des naissances et infligèrent de lourdes peines de prison aux auteurs d'avortements, des femmes le plus souvent, « faiseuses d'anges » comme on disait alors avec mépris.

L'après-guerre de 14-18 fut terrible pour les femmes. Les ouvrières des industries de guerre furent les premières licenciées. Les femmes étaient de plus en plus écartées du travail salarié, elles prenaient les emplois les moins qualifiés et les plus précaires. Avec la crise des années 30, des mesures contraignantes limitèrent le travail féminin dans toute l'Europe. Les femmes émancipées ou féministes étaient critiquées avec virulence au profit de la femme-mère qui devenait l'emblème de la réalisation féminine. Le régime autoritaire de Pétain, à partir de 1940, se situa dans la continuité des années précédentes sous un mode plus répressif. La journée des mères, qui était célébrée depuis 1926, devint sous Vichy une fête capitale et quasi obligatoire. L'avortement devint un crime contre la sûreté de l'État et, entre 1942 et 1944, il y eut 4000 condamnations pour ce motif. Une femme, Marie-Louise Giraud, fut même guillotinée en juillet 1943 (cf « Une affaire de femmes » de Claude Chabrol).

Les lois pétainistes furent abrogées après la guerre, mais pas la législation de 1920 !

Le mouvement féministe français connut un regain de vitalité après la secousse sociale de mai 1968 en ouvrant la voie (et la voix) à la remise en cause de ce qu'il y avait de plus archaïque dans la société française. En 1970-1973 des mouvements de femmes virent le jour (M.L.F., Choisir…) et commença la lutte pour la liberté de l'avortement avec le M.L.A.C. (Mouvement pour la Liberté de l'Avortement et de la Contraception). Le but de ce mouvement était d'imposer l'abolition de fait de la loi de 1920.

Le gouvernement dut appliquer la loi présentée par Simone Veil et votée en janvier 1975. Mais il faudra attendre la fin des années 70 et les années 80 pour que soient abrogées les lois napoléoniennes. L'autorité du père sur femme et enfants, les obstacles au divorce, même par consentement, l'adultère tombant sous le coup du Code pénal, l'inégalité entre mari et femme devant l'éventuel patrimoine familial, tout cela perdurait deux siècles après la Révolution.

Je voudrais dire un mot en terminant sur le droit de vote des femmes. On ne peut dire que la France fut très en avance sur ce sujet. Ainsi ce droit fut adopté en 1917 dans la Russie révolutionnaire, en 1918 en Allemagne, en 1920 aux États-Unis, en 1931 en Espagne ; les femmes turques purent voter à égalité avec les hommes en 1934. En France, c'est seulement en 1945, au sortir de la guerre, que ce droit fut acquis.

La première femme ministre de la République a été nommée en 1946 : Germaine Poinso-Chapuis (Robert Schuman encadrait plusieurs ministères). Elle fut l'une des premières à se pencher sur la problématique du handicap ; elle créa à Marseille « les Papillons blancs », présents aujourd'hui dans toute la France. La deuxième femme ministre fut Simone Veil, sous le président Giscard d'Estaing, qui, comme je l'ai rappelé, a fait voter la loi sur l'I.V.G. Quant à la première femme Premier ministre, ce fut Édith Cresson sous le président Mitterrand.

Ce que nous montre ce bref raccourci historique, c'est la difficulté de la société à donner toute sa place à la femme, à reconnaître son être de citoyenne, à accepter l'égalité entre hommes et femmes. Jetons un coup d'œil sur les données psychologiques qui, que nous le voulions ou non, marquent l'humanité tout entière. Revenons quelques instants à Freud et à la problématique de la castration et de la différence des sexes. L'homme est porteur du phallus, visible et de ce fait désigné comme viril. La femme, elle, représente le manque, l'absence de sexe visible et doit de ce fait être soumise à l'homme. Ce manque, cette absence ont rendu dans l'esprit de l'homme la femme vulnérable et mystérieuse. Elle conçoit les enfants, les met au monde, les nourrit, s'occupe des tâches ménagères. Cela doit lui suffire. L'angoisse de castration qui menace l'homme, du moins dans ses fantasmes, l'oblige à se protéger de cet être féminin. Le plus facile est de la dominer et de l'exclure de la vie civique.

Mais tout au long des siècles, les femmes se sont battues afin de faire reconnaître leur position d'égales de l'homme avec leurs particularités, leur intelligence et leur créativité. À l'aube du XXIe siècle en Europe, la femme commence à prendre sa place, elle est reconnue par ses pairs ; mais de nombreuses violences existent encore à son égard, tant sur le plan physique que sur le plan psychologique…

…Handicapée

17 - Le handicap au féminin

avril 2004

Pourquoi, depuis de longs siècles, la femme a-t-elle été mise à une place inférieure, a-t-elle été qualifiée de « sexe faible » ? Pourquoi l'homme est-il si fortement saisi de peur et d'angoisse face à la particularité de la femme ?

Je voudrais tenter de répondre à ces questions avant d'aborder le thème du handicap notamment dans son rapport à la femme, et de poser cette autre question : pourquoi y a-t-il une double discrimination lorsqu'il s'agit de la femme en situation de handicap ?

Le rapport entre l'homme et la femme

Lorsque deux groupes humains se trouvent en présence, chacun d'entre eux veut imposer à l'autre sa domination. Se créent alors des tensions, un climat de conflit s'installe ou une situation de domination/soumission. Le groupe qui l'emporte maintient l'autre dans la dépendance et l'oppression.

On peut penser que ce qui a différencié l'homme de la femme est en premier lieu la force physique du premier, sa capacité de travail extériorisée. La femme est entravée par la grossesse, l'accouchement, l'allaitement. Sa capacité de travail en est d'autant réduite dans la mesure où elle est sujette à des périodes de production moins intenses. Pour élever leurs nombreux enfants, les femmes avaient besoin de la protection de l'homme ainsi que des fruits de son travail, elles ne pouvaient tout assumer. Cette constatation d'une situation de fait est lourde de conséquences : engendrer, allaiter ne sont pas considérés comme des activités, ce sont des « fonctions naturelles »...

La femme n'a-t-elle pas subi passivement son destin biologique ?

Les travaux domestiques qui lui incombent de fait ne sont pas reconnus car ils sont conciliables avec les charges de la maternité. Pour l'homme, il est naturel que la femme reste à la maison, qu'elle assure l'éducation des enfants, qu'elle trime, qu'elle tienne son intérieur. Tout cela est normal, mais jusqu'à il y a peu, ce n'était pas reconnu comme un « travail », d'autant plus que ces tâches ne sont pas rémunérées. La femme se trouve donc enfermée dans les travaux ménagers qui vont la définir et lui conférer son statut de « servante », elle est au service de l'homme.

Femme et handicapée

Le mot handicap désigne aujourd'hui la différence, la singularité, ce qui n'est pas conforme, ce qui est hors norme (a-normal). Et pourtant le sens originel du mot est bien différent. Il s'agissait de masquer les différences, de charger le plus fort et d'alléger le plus faible, afin que la compétition offre à tous des chances égales. Cette définition est depuis longtemps oubliée ! Le handicapé est celui qui dérange, qui n'est pas rentable, qui gêne le bon fonctionnement de la société.

Alors, être femme ET handicapée, n'est-ce pas ce qu'il y a de pire ? La femme handicapée vit cette double discrimination dans tous les domaines. Toutes les statistiques montrent qu'elle arrive bien après les hommes tant dans le monde du travail que dans les responsabilités associatives, politiques (même si la parité est légalement imposée). L'homme handicapé est mieux accepté, mieux intégré à la société, dans une certaine mesure bien entendu.

Handicapée mais féminine

Comment afficher sa féminité, comment donner à regarder son corps de femme lorsqu'il est porteur d'un stigmate, lorsque ce stigmate éveille chez l'autre angoisse et rejet ?

Handicapée sans doute, mais femme avant tout et malgré tout ; vraie femme et non « faible femme » en dépit des apparences ; pas héroïne pour autant. La femme est féminine par essence et non par artifice. La société doit apprendre à dépasser le corps abîmé ou mutilé en révolutionnant les normes habituelles. Le symbole de la féminité ne réside pas uniquement dans la beauté plastique, elle se lit, se décrypte dans l'attitude, la manière de parler, la sensibilité exprimée, dans un regard, un sourire, dans l'ineffable que peut dégager un corps de femme.

Le devenir de la femme handicapée repose sur une vision qui doit absolument évoluer. Années après années, les femmes ont dû se battre pour faire admettre que le fait d'être née femme n'était pas une tare. Aujourd'hui nous devons nous battre pour faire admettre que le fait d'être femme en situation de handicap n'est pas une double tare ! Un travail important d'information reste à faire pour permettre à la femme handicapée de se vivre comme une citoyenne à part entière. Car le handicap révèle à l'autre une image abîmée, que l'on a envie de nier, que l'on refuse de voir. La femme handicapée vit trop souvent sa singularité comme mauvaise, laide. Elle se sent rejetée, surtout par l'autre sexe. Comment séduire quand on est aveugle, sourde, en fauteuil roulant ? Trop souvent les femmes handicapées restent enfermées chez elles. Pourquoi ? Manque de moyens financiers, difficultés de mobilité, d'accessibilité, peur des autres ? La femme handicapée reproduit à son insu le schéma classique de la femme dévalorisée qui doit se cacher. Certaines (notamment les déficientes visuelles) finissent par se désintéresser de leur corps, ne prenant plus soin d'elles-mêmes. Elles prennent du poids, ne se maquillent plus, ne se préoccupent plus de leurs vêtements, mangent avec leurs doigts… Elles abandonnent leur féminité.

D'autres au contraire vont prendre grand soin de leur corps, de leur allure, de leur « look ».

Dans les deux cas interviennent des facteurs psychologiques. Le premier groupe représenterait des femmes « abandonnées » à leur état dépressif. La vie pour elles est devenue trop lourde à porter. Les hommes, on le constate, sont moins stigmatisés que les femmes par leur physique. L'homme handicapé trouvera plus facilement une femme qui s'occupera de lui alors que l'inverse sera plus improbable. Pourquoi cela ? Peut-être parce que la femme est souvent prête à donner de son temps, de son affection, par amour maternel… Être femme et être mère oblige à combattre, à lutter afin d'être reconnue. Pour la mère et pour l'épouse, le corps a son importance, mais il n'est pas premier, la lutte se situe à un autre niveau. La déchéance que représente encore le handicap dans bien des esprits se transforme en grandeur au nom de l'amour qu'elles ressentent.

Qu'est-ce que la féminité ?

La féminité serait ce qu'une femme donne à voir, un jeu de « caché/ montré » apte à déjouer le risque d'éveil de l'angoisse de castration masculine, tout en suggérant suffisamment de féminin pour susciter le désir de l'autre sexe. Les destins pulsionnels garderaient chez la femme, bien que sous le primat du génital, une plus grande intimité, une proximité avec le corporel, on pourrait dire avec l'instinctuel, avec mise en jeu plus immédiate des relais hormonaux, et cela à tous les âges de la vie. Le corps de la femme lui rappelle sans cesse sa féminité. Le handicap ne détruit pas la femme car elle est femme avant tout et son handicap peut devenir un charme supplémentaire et un atout de séduction. C'est la féminité qui se donne à voir, qui se dresse, défense inconsciente destinée à traiter les angoisses des deux sexes. Cela donne à l'identité féminine un aspect complexe : si la féminité est une affaire de surface, de regard à référence phallique, le féminin est une histoire de creux, de zones érogènes génitales, anales, buccales, de pulsions qui consistent à prendre tout ce qui est enviable venant du père et de la mère. On distingue mal ce qui est de l'ordre du féminin et ce qui est de l'ordre du maternel dans la construction de la fille.

La femme en situation de handicap cache et montre, elle séduit et elle fait peur car l'homme se sent interpellé au plus profond de lui-même (« Que va-t-elle me prendre ? Que va-t-elle me montrer ? »). Il est donc plus facile de la cacher, de la violenter, de l'éliminer afin qu'elle se taise, qu'elle ne montre plus ce manque qui angoisse et remet en question la virilité masculine.

Le regard de l'autre est renvoyé, comme je l'ai dit, à l'angoisse du manque, de l'absence de pénis, et dans le même temps la marque du handicap redouble cette angoisse. La femme est alors porteuse de l'angoisse des manques conjugués. Homme et femme sont effrayés par la marque inscrite sur le corps de l'autre ; la peur de la différence réveille l'absolue nécessité de se protéger ; nous assistons ainsi au rejet, à la double discrimination : être femme et être handicapée !

18 - Quelle étrangeté, le handicap au féminin !

Mai 2013

[Transcription d'un exposé oral]

Tout d'abord, je voudrais me présenter en quelques mots, parce que je crois que mon histoire et mon trajet font que j'ai cette place aujourd'hui ici. Je voudrais également remercier les organisatrices et les organisateurs de m'avoir invitée. Je ne suis pas du tout une spécialiste du care, je suis psychanalyste et donc mes références sont plutôt Freud, Lacan, Mélanie Klein, Winnicott, Bion, etc.

Je suis moi-même en situation de handicap. J'ai une maladie génétique. J'ai perdu la vue progressivement et, aujourd'hui, je suis complètement aveugle. J'ai vécu ce long parcours d'être une personne dite « normale » et qui arrive, aujourd'hui, à une situation singulière. J'ai créé une association qui s'appelle Femmes pour le dire, Femmes pour agir : elle accueille des femmes et des hommes en situation de handicap, quelles que soient leurs singularités. Ce qui m'importe énormément c'est qu'au fond, chaque handicap est singulier mais, même si chaque handicap est singulier, j'ai eu envie d'avoir cette ouverture, que nous puissions accueillir, comme je vous l'ai dit tout à l'heure, toute forme de symptomatologie. Je crois que, la plupart du temps, la représentation du handicap est : quelqu'un qui est handicapé moteur, en fauteuil roulant ; la référence est l'APF, l'UNAPEI[11] ou d'autres grosses associations. Nous sommes la seule association, en France, réunissant des femmes en situation de handicap quelles que soient leurs différences. Si j'ai eu le désir de créer cette association c'est parce que je me suis aperçue que la personne, la femme en situation de handicap, vit « des discriminations » encore plus importantes que l'homme en situation de handicap.

Une des choses que je voudrais commencer par dire c'est que, au niveau de la représentation de la société, de la représentation de chacune et chacun d'entre nous, le handicap ce n'est pas quelque chose qui va vers l'ordre du positif. Si nous reprenons des écrits anciens – je ne le ferai pas – dès l'époque grecque, les personnes en situation de handicap sont vécues comme des monstres, comme laids, comme désagréables, sales et que nous avons envie de laisser de côté. Un travail a été fait depuis de nombreuses années pour que la représentation du handicap ne reste pas

[11] APF, association des paralysés de France. UNAPEI, Union nationale des associations de parents, de personnes handicapées mentales et de leurs amis. *(Ndlr)*

sous cette forme de monstruosité, de dégoût et de rejet. Alors, à l'heure d'aujourd'hui, je dirais que le handicap n'est plus perçu, par l'ensemble de la société, de cette manière-là. Il est perçu autrement. C'est-à-dire que la personne en situation de handicap est, aujourd'hui, perçue comme « quelqu'un qui dérange ». Elle dérange parce que notre singularité va obliger à modifier les normes, va entraîner l'obligation que l'environnement change, va demander à toutes et à tous d'avoir un autre regard sur la différence.

Je voudrais également souligner que la différence, la singularité, c'est une source de richesse. C'est une source de richesse parce que je pense que ce n'est pas drôle d'être tous pareils et d'avoir une même manière de voir la vie. Le handicap dérange mais, en même temps, il est riche. Je pense que, lorsque nous discutons avec les personnes en situation de handicap, avec leurs familles, avec les conjoints, les amis, nous nous apercevons que cette richesse fait partie du partage et de l'échange. Je crois que cela est extrêmement important, parce que cela nous amènera vers le terme de citoyenneté, de solidarité et, je dirais, d'égalité.

Le premier colloque qu'a organisé Femmes pour le dire, Femmes pour agir s'est déroulé en 2003, à l'Hôtel de Ville de Paris. Notre marraine était notre chère et regrettée, mon amie Lucie Aubrac. Lucie Aubrac grande résistante que vous connaissez je pense, a lancé, dans son allocution : « Femmes handicapées citoyennes ». Je pense que c'est la première fois que, dans un colloque réunissant à peu près 1 000 personnes et dont 50 % étaient des femmes et des hommes en situation de handicap, ce mot de citoyenneté a été lancé. Et il a été repris, et avec quel plaisir ! Depuis 2003, nous entendons beaucoup parler de citoyens, citoyenneté, citoyens à part entière. Je pense que les mots, comme nous l'avons dit tout à l'heure, ont leur importance. Mais, que signifie être citoyen à part entière ? Est-ce parce que nous en parlons que nous allons devenir des citoyennes et des citoyens ? Est-ce parce que nous l'écrivons que les personnes handicapées sont citoyens, citoyennes ? Je ne pense absolument pas. Je pense qu'à l'heure d'aujourd'hui, ce mot de citoyenneté, qui a été pour nous, en 2003, pour notre association et pour les personnes présentes comme un électrochoc, va devenir banal et nous sommes en train de le banaliser. Il faut que nous soyons tous des citoyens.

Je vous donnerai un exemple. Ici, je suis très contente parce que j'entends parler de personnes en situation de handicap, ou de personnes handicapées. Mais, dans notre société, on ne nous appelle pas comme cela : on nous appelle « des handicapés », « les handicapés ». Les journalistes, beaucoup de personnes faisant des colloques parlent des handicapés. Eh bien non, nous sommes d'abord des personnes et, pour être citoyen, il faut être une personne. Nous nous battons, et je me bats personnellement, pour dire haut et fort que nous ne sommes ni des adjectifs qualificatifs, ni des substantifs, ni des objets. Nous ne sommes pas « des handicapés ». Il n'y a pas besoin de faire la liaison mais tout le monde la fait. Nous sommes des personnes pensantes, intelligentes, singulières qui avons le désir de vivre une vie pleine dans la société d'aujourd'hui.

Ce qui rend les choses compliquées et difficiles c'est qu'il faut aborder la problématique de deux façons. La première manière d'en parler est de dire : « la société n'accueille pas les personnes handicapées ». L'accessibilité n'existe pas – vous le savez toutes et tous – même si nous nous battons depuis des années, même si la loi de 2005 a permis quelques améliorations, nous ne pouvons pas dire que nous sommes largement accueillis lorsque nous désirons, par exemple, avoir des loisirs. Tout à l'heure, une intervenante disait que les personnes en situation de handicap choisissent, avec une grande majorité, les loisirs. Il faut savoir de quels loisirs nous parlons. Si c'est pour se retrouver à l'APF, entre personnes en situation de handicap et avoir des loisirs ensemble, pourquoi pas. Mais ce n'est pas un choix parce que le choix du loisir serait que nous puissions aller au théâtre, au cinéma, aux concerts, dans les boîtes de nuit si cela nous fait plaisir. Ce n'est pas accessible. C'est-à-dire que, choisir des loisirs entre personnes en situation de handicap, pour nous personnellement dans notre association, ce n'est pas du tout ce que nous désirons. Nous désirons être une citoyenne à part entière, ou un citoyen à part entière, dans la société d'aujourd'hui et que, tout ce que nous avons envie de faire, nous puissions le réaliser sans tomber sous le joug de la dépendance.

Nous avons fait un colloque, il y a quelques mois, qui s'intitulait « Autonomie enchaînée, autonomie déchaînée ». Je pense qu'aucun être humain n'est autonome, aucun d'entre nous n'est autonome pour une bonne raison ; et d'ailleurs, Winnicott le dit très bien : lorsque le petit enfant vient au monde il va se structurer dans le regard de la mère, dans le visage de la mère et, cette structuration qui s'établit entre la mère et l'enfant, va laisser ce lien de dépendance qui nous poursuivra toute la vie. La dépendance et l'autonomie partielle existent effectivement et nous ne pouvons pas, même si nous avons toutes nos capacités, dire que nous sommes complètement autonomes : nous sommes dépendants de notre vie affective, de nos désirs et du choix de vie que nous avons pu réaliser ou non suivant les rencontres que nous avons pu faire. Dire « autonomie, autonomie » c'est vrai qu'il faut être autonome ; moi je revendique mon autonomie, mais je me rends compte que cette autonomie-là il faudra que je la gère instant après instant parce que ce sera en fonction de l'environnement qui nous entoure. Dans cet environnement-là nous essayons de nous battre, nous les personnes en situation de handicap et avec vous, pour que nous puissions être le plus libres possible. Mais, cette liberté va entraîner le respect de l'autre.

Je pense qu'au niveau de la représentation psychique, comme je vous le disais tout à l'heure, du fait que le handicap est monstrueux, que ce sont des personnes incapables de réaliser des actes de la vie quotidienne comme les personnes non handicapées le désireraient, nous sommes obligés de nous battre pour qu'il y ait cette interaction entre le regard des personnes valides et le regard que portent les personnes en situation de handicap sur les personnes valides. Je pense que le regard que nous portons les uns sur les autres nous permettra de vivre notre liberté et de vivre notre autonomie. Quand, tout à l'heure, j'entendais qu'une institution envoie une lettre – ou plutôt la mairie – à une maman pour lui dire « votre fils n'a pas le droit de voter », mais de quel droit cette personne s'octroie « cette liberté » de prendre la décision pour quelqu'un d'autre ? C'est-à-dire que, même si ce jeune homme – j'ai compris que c'est un jeune homme d'une vingtaine d'années – a peut-être des soucis psychologiques, des soucis affectifs, qui nous dit qu'en discutant avec sa famille il ne pourra pas émettre un avis que nous devrons respecter. Je crois que, ce qui manque beaucoup dans notre société d'aujourd'hui, c'est le respect de la différence.

Nous parlons beaucoup de handicap, de rencontres. Énormément de colloques sont organisés mais je crois que, tant que nous n'aurons pas compris que la première chose est le respect de l'autre, dans sa différence, en ayant ce regard – c'est peut-être le care d'ailleurs – d'accueil, ce regard de solidarité qui fait que nous n'allons pas décider pour l'autre. Je peux vous donner une foule d'exemples qui font que la personne en situation de handicap est dépendante du bon vouloir de l'autre. Deux choses entrent en cause :

- d'une part l'indifférence. C'est terrible l'indifférence ;
- mais la compassion, le misérabilisme ce n'est pas mieux.

Nous, personnes en situation de handicap, nous ne désirons ni la compassion, ni l'indifférence. Ce que nous voudrions – et c'est pour cela que ces colloques sont importants – c'est que le regard change. Le regard va changer dans la mesure où les personnes en situation de handicap prendront leurs responsabilités. Je crois que les personnes en situations de handicap, comme les personnes valides, ont des droits et des devoirs. Il faut que ces droits, les personnes handicapées les obtiennent, que nous les gagnions. Nous ne devrions pas nous battre pour avoir nos droits : ils devraient être évidents mais ils ne le sont pas. Certains droits nous sont refusés. En revanche, ce qui est extrêmement important, c'est que les personnes en situation de handicap n'oublient pas qu'elles ont des devoirs : des devoirs de citoyens, des devoirs d'humanité, des devoirs de solidarité. Je pense que c'est lorsque nous pourrons enfin échanger sur ce thème de contact, d'ouverture et de regard, la société pourra enfin se dire : « les personnes en situation de handicap ne sont pas de trop. Elles ne nous coûtent pas cher. Elles font partie de la vie ». Et c'est en pouvant s'appuyer sur leurs capacités, sur leur imaginaire, sur leur invention, sur leurs désirs que la société avancera. Trop souvent, on nous renvoie le fait que nous coûtons cher à la société.

Par exemple, tout à l'heure nous parlions également du travail mais je voudrais vous dire que les personnes en situation de handicap ne trouvent pas de travail. Pourquoi ne trouvent-elles pas de travail ? À compétences égales, nous allons d'abord employer une personne valide ; ensuite, éventuellement, nous allons employer un homme en situation de handicap ; en troisième lieu, une femme. Si vous voulez – et je reviendrai au féminisme – environ 22 % de femmes en situation de handicap trouvent du travail, pour 46 % d'hommes en situation de handicap. Par rapport aux violences que subissent les femmes en situation de handicap, 36 % de femmes valides subissent des violences pour 72 % de femmes en situation de handicap. Cela ne dérange et ne trouble personne. Cela ne trouble personne parce que, pour la majorité encore aujourd'hui, le handicap n'est pas sexué. Nous sommes des handicapés, comme je vous le disais tout à l'heure, mais nous ne sommes pas soit des femmes, soit des hommes. Et la femme en situation de handicap a cette étrangeté qui fait que, dans notre société d'aujourd'hui, nous la regardons non pas comme une femme, mais comme quelqu'un de différent, qui a une malformation, qui a des problèmes psychiques et qui n'a pas cette capacité d'avoir le droit au plaisir.

C'est pour cela que j'avais mis comme titre « quelle étrangeté d'être femme et d'être handicapée ». C'est une étrangeté parce que, comme vous le savez – et d'ailleurs cela évolue – la femme est celle qui doit servir, qui est dans le devoir. Tout à l'heure, il y a eu des statistiques intéressantes parce que c'était vraiment caricatural de ce que représentaient les femmes et de ce que représentaient les hommes. Eh bien, pour les femmes en situation de handicap, c'est encore beaucoup plus accru. C'est-à-dire que, dans un premier temps, les petites filles aveugles, par exemple, jusqu'en 1950-1960 n'étaient pas scolarisées, tandis que les petits garçons l'étaient. Pourquoi les petites filles n'étaient-elles pas scolarisées ? Simplement parce que nous nous disions : « elles vont rester à la maison. Nous leur apprendrons à faire la vaisselle, à essuyer la vaisselle, à éplucher les légumes. Elles n'ont pas besoin d'être scolarisées ». Les femmes en situation de handicap, à l'heure d'aujourd'hui également, n'ont pas de maternités accessibles pour pouvoir accoucher lorsqu'elles sont soit de petite taille, soit lorsqu'elles sont handicapées motrices, soit si elles sont aveugles. Une seule maternité existe à Paris : elle permettra à ces femmes, peut-être, d'avoir un meilleur confort. Cela ne trouble personne ! Tout à l'heure, quelqu'un parlait de nos candidats[12]. Nous avons écrit, en tant que Femmes pour le dire, Femmes pour agir, nous avons une réponse de Marine Le Pen – ce qui ne nous a pas forcément fait très plaisir mais c'était comme cela, nous l'avons quand même acceptée – et une réponse de Laurence Arnault, je crois. Autrement, aucun candidat ne s'est donné la peine de se pencher sur cette problématique du handicap qui est quelque chose d'extrêmement important et qui représente, quand même – je ne vous donnerai pas de chiffre – un nombre important de personnes. C'est-à-dire que nous ne sommes vraiment pas vécus comme des citoyens.

Le mot citoyenneté j'aimerais que nous l'employions comme personnes ayant le droit de vivre comme tout le monde, faisant partie d'une société qui leur donne des droits, qui leur permette d'exercer leurs droits et leurs devoirs et qu'on ne nous regarde pas comme des objets soit exotiques, soit archaïques et qu'on nous permette de vivre notre vie. Par exemple, quand je suis avec mon chien guide, si je veux prendre un taxi, même si une loi est passée pour dire qu'il est obligé de me prendre, six taxis sur dix refusent de me prendre avec mon chien guide parce que je suis une personne handicapée qui mettra, avec ce chien, des poils dans leurs taxis. Si je suis, par exemple, avec mon chien guide, on parlera au chien et on ne va pas me parler à moi. C'est-à-dire que, ce qui passe dans la société, c'est que la personne en situation de handicap ne représente pas ce que nous pouvons appeler un individu à part entière, un citoyen à part entière qui pourra s'exprimer, qui est intelligent. Dès que nous sommes en face d'une différence, le mécanisme qui se met en route dans notre

---

[12] À l'élection présidentielle, *Ndlr.*

imaginaire, dans notre affectif également, est de se dire : « cette personne-là est différente de moi, elle va donc me déranger ».

L'autre chose que je voudrais souligner c'est que je ne suis pas d'accord non plus à ce qu'on dise : « aujourd'hui je suis valide, peut-être que demain je serai en situation de handicap, donc il faut faire attention ». Non ! Il existe des personnes qui sont valides, des personnes qui ont des singularités. Toutes et tous nous pouvons en avoir certaines. Mais il ne faut pas oublier que le handicap est quelque chose qui marque soit le corps, soit la vie psychique ; que cette singularité d'une différence nous a été donnée par la vie, par l'humanité de la vie ; qu'avec cette différence-là, chacun d'entre nous est porteur d'une souffrance. Il ne faut jamais oublier que la différence, quelle qu'elle soit, est une souffrance. Cette souffrance, nous allons essayer de la vivre au quotidien sans en faire quelque chose de compassionnel. C'est-à-dire, si nous regardons les personnes en situation de handicap comme des personnes à qui vraiment il manque quelque chose, nous ne pourrons jamais vivre comme des citoyens. Parce que ce n'est pas cela la représentation du handicap. Effectivement, nous avons une différence. Cette différence est inscrite dans notre corps, dans notre vie psychique. Cette différence va entraîner que nous obligeons – et c'est bien d'obliger – l'autre à se remettre en question, à se mouvoir autrement et à se dire : « peut-être qu'à côté de moi j'ai quelqu'un qui a cette singularité, cette particularité, comment allons-nous la vivre ensemble ? » Je dirai que la citoyenneté est un vivre ensemble qui permettra de modifier les règles, les lois, et qui nous permettra par ce vivre ensemble de créer une humanité et que, dans cette humanité, nous pourrons inscrire le mot citoyenneté en lettres majuscules. Mais, citoyenneté cela veut dire : je fais partie du monde, je suis citoyen du monde ; je fais partie d'une communauté en marche pour plus d'égalité, pour plus de fraternité et pour plus d'amitié.

Pour nous, ce ne sont pas des mots utopiques. Ce n'est pas pour vous dire de belles choses. Je crois que le handicap, à l'heure d'aujourd'hui, nous en parlons beaucoup. Nous en parlons même trop. Il faudrait en parler moins peut-être et vivre plus la différence au quotidien, avec les personnes que nous côtoyons. Quand vous voyez des injustices, il ne faut pas simplement les regarder mais que, chacun d'entre nous se lève et dise : « je n'accepte pas cette injustice ». Quand, dans la rue, je vois qu'on me refuse un taxi, j'aurais envie que les personnes à côté de moi et qui sourient ou qui me disent « ma pauvre dame » – je n'ai pas du tout envie qu'on me dise « ma pauvre dame » – relèvent le numéro d'immatriculation du taxi, me le donnent et que je puisse porter plainte. Quand nous voyons que, dans un magasin, on refuse quelqu'un en fauteuil roulant, que tous les citoyens présents puissent dire : « non. Pourquoi refusez-vous cette personne ? Elle a le droit de faire ses courses ». C'est-à-dire que la citoyenneté, pour moi, c'est tout le temps, c'est à chaque instant de la vie, à chaque rencontre, à chaque position que nous prenons.

Cette citoyenneté nous permettra de changer le regard sur nos différences. Je suis aveugle, je ne vous vois pas. Je ne vous vois pas mais je vous sens et je vous regarde. Il faut aussi pouvoir saisir que la personne aveugle – j'en parle parce que c'est ce que je connais le mieux – vous regarde. Je n'ai absolument pas la sensation d'être aveugle en vous parlant parce que je ne vois pas qu'avec mes yeux : je vois avec mon visage, je vois avec ma bouche, je vois avec mes mots, je vois avec mes mains. C'est-à-dire qu'il faut changer la représentation du handicap aveugle, des personnes qui sont sourdes. Il ne faut pas rester sur des stéréotypes. Le grand travail que nous avons à faire est de pouvoir penser que la personne à côté de nous est notre égale dans la différence et que nous sommes ensemble pour pouvoir changer toute cette espèce d'amalgame que nous faisons tout le temps en disant : « les personnes handicapées sont inférieures. Elles n'ont pas le droit à ceci ou bien elles doivent être reconnaissantes ». Nous ne voulons pas de reconnaissance. Comme je vous le disais tout à l'heure, nous ne voulons pas être intégrés, nous ne voulons pas d'inclusion parce que nous sommes déjà inclus, déjà intégrés et je ne vois pas pourquoi il faudrait être reconnaissante, ou reconnaissant, parce qu'on nous tend la main. Dans la citoyenneté, il est normal de tendre la main à l'autre ; le partage est normal. Dans notre association et les personnes avec qui je travaille, nous voudrions vraiment changer la représentation antique du handicap, les écrits qui peuvent être faits sur le handicap et qu'on arrête de vouloir nous assujettir aux représentations des valides. C'est cela notre grand combat : regardez-nous comme des citoyens à part entière mais en mettant le mot citoyen en majuscules, à part entière également. Ce n'est pas pour nous faire plaisir, c'est parce que nous sommes des êtres humains qui avons une capacité, une intelligence, une envie de partage et tout simplement une envie de vivre ensemble.

19 - Une double discrimination

Octobre 2005

À l'aube du XXIe siècle, n'est-il pas légitime de poser le problème (car problème il y a) de la représentation de la femme dans notre société, et plus particulièrement de la femme en situation de handicap ? Quelles images se profilent dans notre imaginaire ?

Je ne vais pas revenir sur la longue histoire de la femme à travers les âges. Je dirai seulement que la femme est encore marquée par une culture qui en fait un être inférieur, capable seulement d'enfanter, d'accomplir les tâches ménagères, en étant soumise à l'homme, cela va de soi… Doucement mais farouchement la femme est sortie de cette image implacable qui véhicule le manque, la faiblesse, la soumission. Des actes ont été posés, des lois ont été promulguées, des femmes sont mortes de crier trop fort leur égalité avec le sexe opposé. Mais que signifie l'égalité, que veut dire « même chance pour tous », « à travail égal, salaire égal » ? Lorsqu'il s'agit d'une femme en situation de handicap, c'est bien pire encore ! La femme handicapée vit une double discrimination : celle d'être femme, à laquelle s'ajoute celle d'être handicapée.

Vous ne me croyez pas ? Il ne s'agit ni de plainte, ni de récrimination, ni de pleurnicheries ! Il s'agit de la réalité que vivent les femmes handicapées, aujourd'hui, à côté de vous. On parle abondamment de discrimination en ce moment, mais avez-vous songé à ce que représente pour une femme de se voir rejetée pour un emploi, parce qu'elle est femme ET handicapée ? Avez-vous pensé à la souffrance que vit une femme de petite taille lorsqu'elle va consulter un gynécologue et qu'il n'y a rien d'adapté dans le service de gynécologie pas plus que dans la maternité, rien d'adapté à sa taille ? Avez-vous vu le regard de l'autre posé sur la femme handicapée qui « ose » être enceinte ? Elle va donner au monde un être difforme, c'est certain ! Dites-moi, une femme fait-elle un enfant seule ? Il est rarement question de l'homme dans ces représentations. L'idée reçue depuis des siècles faisant de la femme un être fragile, moins intelligent, plus vulnérable que son compagnon est multipliée par cent, par mille, lorsqu'il s'agit d'une femme handicapée. Regardons les statistiques : il y a beaucoup moins de femmes handicapées au travail que d'hommes handicapés. Que l'on ne me dise pas qu'elles ont moins de formation. De fait, on accorde plus de stages de formation aux hommes qu'aux femmes…

Même si cela commence à changer, mais vraiment très lentement, la parité n'est toujours pas atteinte tant dans le monde politique que dans le monde associatif. Dans de nombreuses associations de personnes handicapées ou non, on constate que le sexe masculin est dominant. Le poste de Président est bien souvent dévolu à Monsieur. Lorsqu'une femme prend la parole et veut exprimer quelque chose touchant à la population féminine, on sent immédiatement comme un certain agacement à peine tolérant !

Je ne m'étendrai pas plus sur ce point, car chacune, et chacun aussi, sait trop bien hélas la véracité de ces remarques. Pour lutter contre la double discrimination, la femme handicapée a besoin de rencontres, d'échanges, de réflexions avec d'autres, afin qu'ensemble nous puissions changer le regard de l'Autre ; afin que l'égalité hommes-femmes soit une réalité tangible et non un faire-semblant. Notre civilisation fonctionne sur ce fantasme inconscient véhiculé depuis des siècles : l'absence de signe sexuel visible sur le corps de la femme. Dans ce manque imaginaire se sont engouffrées toutes les représentations négatives au sujet du sexe dit faible. Il est temps de laisser au vestiaire – ou au paradis terrestre – ces représentations vétustes, et de regarder en face la réalité du féminin et du masculin qui sont deux identités permettant la création et qui font la richesse de notre monde, dans la différence et dans la complétude. C'est ainsi que nous vivrons ensemble plus de justice et plus d'égalité.

C'est le rôle essentiel de l'association **« Femmes pour le dire, Femmes pour agir »**, créée en 2003, et qui organise cette année son deuxième forum national, le 16 novembre prochain, sur le thème : « Femmes handicapées : la vie devant elles ».

20 - Petit historique de l'association F.D.F.A.

juin 2007

Le désir de lutter contre la double discrimination que vivent les femmes handicapées a été le moteur de la création de notre association.

Depuis quelques années, j'avais constaté que les femmes déficientes visuelles avaient beaucoup de difficultés à sortir de chez elles. Cela s'expliquait par des problèmes d'accessibilité, certes, mais surtout par le manque de confiance en elles, par la peur devant l'effort terrible qu'elles devaient accomplir pour oser se laisser regarder. En tant que femmes et handicapées, elles ressentaient le poids de cette double discrimination. Déficiente visuelle moi-même, l'idée m'est alors venue d'organiser des forums d'une journée pour ces femmes sur des thèmes variés tels que : la féminité, la maternité, le sport au féminin, l'image de soi, la violence, le travail, etc.

L'année 2003 avait été déclarée « année européenne des personnes handicapées ». J'ai eu envie d'ouvrir le cercle des personnes déficientes visuelles et d'organiser un forum pour des femmes ayant des handicaps différents. J'ai constitué un petit groupe de six femmes, les unes valides, les autres handicapées, qui a commencé à réfléchir à ce projet. Nous n'avions alors aucun moyen financier ou logistique ! Et pourtant ce projet a abouti au forum « Femmes handicapées citoyennes » parrainé par Lucie Aubrac, qui a rassemblé près d'un millier de personnes à l'Hôtel de Ville de Paris le 25 novembre 2003 (nous avons dû refuser des inscriptions faute de place !). Nous étions alors six bénévoles, une quarantaine d'autres nous ont rejointes pour mener à bien ce projet et, entre autres, pour trouver des sponsors et des dons. Il nous a paru en même temps nécessaire de nous doter d'une structure d'appui et c'est pour cela que nous avons créé en avril 2003 l'association « Femmes pour le dire, Femmes pour agir ».

Nous voulions que les femmes handicapées prennent la parole et prennent leur place de citoyennes à part entière. Le forum fut un succès, nous prouvant par là qu'il répondait à une réelle attente et à un besoin pressant. Par la suite, l'association n'a cessé de grandir pour parvenir aujourd'hui à 200 cotisants. Les bénévoles représentent 30 % des effectifs.

Notre association se propose, dans le respect et l'écoute, de favoriser l'expression et l'insertion de toute femme handicapée, quel que soit son handicap. Bien entendu, nous regroupons une majorité de femmes, mais nos amis masculins ne sont pas exclus, tant comme bénévoles que comme adhérents. Le conseil d'administration compte 18 membres, femmes et hommes, handicapés et valides, d'origine ethnique variée, de divers milieux sociaux, et bien sûr regroupant des handicaps très divers : sensoriels (malvoyants, malentendants, sourds ou aveugles), moteurs, grands brûlés, épileptiques, polyarthritiques, handicapés psychiques ou mentaux, diabétiques, atteints de maladies génétiques ou acquises, de maladies rares, etc.

C'est cette diversité sociale, physique, professionnelle, générationnelle, qui fait la richesse et la force de F.D.F.A., nos différences amenant les uns et les autres à « regarder autrement ».

Nous voulons être reconnues, travailler, participer pleinement à la vie de la Cité. L'association propose diverses activités afin de permettre à ses membres de sortir de leur solitude, de partager, d'échanger et surtout de combattre la double discrimination dont sont victimes les femmes handicapées.

Cinq commissions ont été créées pour cela :

- la commission « groupes de parole »
- la commission esthétique et maquillage
- la commission Création Loisirs
- la commission convivialité et rencontre
- la commission Recherche sur le Handicap

Il faut y ajouter une sixième commission : la recherche de subventions ! car pour répondre au mieux aux besoins de chacune et de chacun, pour organiser des activités et des manifestations comme en 2005 un forum national sur le thème : « Femmes handicapées, la vie devant elles » parrainé par Simone Veil, et en 2007 le troisième forum : « Femme Création Handicap » parrainé par Nicoletta, nous avons besoin d'argent !

En terminant, signalons que nous avons créé un site Internet : www.femmespourledire.asso.fr qui a été mis en place par des bénévoles et est géré par une adhérente. Par cet intermédiaire, nous recevons de nombreux courriers nous demandant des informations, des conseils, ou nous remerciant pour notre activité. Des institutions de plus en plus nombreuses comme des associations, des maternités, des collectivités locales, des médias… sont intéressées par notre travail et nous sollicitent.

Pause : Légion d'Honneur

12 octobre 2012

Alain PIOT
L'association "Femmes pour le Dire, Femmes pour Agir"
La Région Ile de France
ont le plaisir de vous inviter à fêter la remise des insignes de Chevalier de la Légion d'Honneur
par Françoise HERITIER
anthropologue, professeure honoraire au Collège de France
à Maudy PIOT
psychanalyste, présidente fondatrice de "Femmes pour le Dire, Femmes pour Agir"
le 12 octobre 2012 à 18 heures, 33 rue Barbet de Jouy, 75007 Paris, salon Pierre-Charles Krieg
Cette distinction honore toutes les femmes et particulièrement les femmes handicapées.
Elle reconnaît l'importance de la lutte contre toutes les discriminations et pour la pleine citoyenneté des femmes et des hommes différents.
Après la cérémonie officielle nous nous retrouverons autour d'un buffet convivial avec la nouvelle "Chevalière"

Discours de Françoise Héritier :

Monsieur le Président du Conseil régional,

Madame la Ministre,

Mesdames et Messieurs, chers amis,

Nous sommes réunis ici pour rendre à Maudy Piot l'hommage qu'elle mérite en lui accordant la reconnaissance de la République que sont les insignes de la Légion d'Honneur. Nul, Maudy, ne les mérite plus que vous.

Nous nous connaissons depuis peu, nous étant rencontrées à la faveur d'un colloque de couleur et de teneur psychanalytiques, discipline qui n'est pourtant pas la mienne, puis retrouvées plus longuement dans des rencontres féministes et lors d'un colloque organisé par l'association Femmes pour le dire, femmes pour agir. Vous avez créé cette association, dont vous êtes présidente, en 2003, poussée à le faire par Anne Hidalgo, avec l'appui, en tant que marraine, de Lucie Aubrac. Avec ces fondatrice et marraine, l'association partait sous de très bons auspices. Et c'est sans nul doute le travail de longue durée qui a vu éclore cette association remarquable que l'octroi de la Légion d'Honneur vient récompenser.

Association remarquable parce qu'elle unit étroitement deux grands thèmes militants de la lutte contre les discriminations : celle envers les femmes, celle envers le handicap sous toutes ses formes. Le premier Forum que vous avez organisé au titre de cette association nouvelle s'intitulait d'ailleurs : « Femmes handicapées citoyennes ». Vous présentiez, en plus de cette originalité constitutive de votre projet, une autre singularité : celle de vouloir que s'expriment les femmes handicapées elles-mêmes, qui parleraient de leur situation, alors que ce sont généralement des personnes valides qui parlent en leur nom. Vous m'avez confié à quel point ce simple fait avait pu être considéré comme une révolution et, parce que cela dérangeait, susciter maintes oppositions y compris dans le milieu des associations qui travaillent sur différentes formes du handicap. Vous tirez de cette expérience qui dérangeait les esprits une conclusion que vous formulez ainsi : le handicap est rejeté (mis sur le côté, écarté du champ de vision, traité avec indifférence, avec condescendance, avec peur, voire avec mépris) par les valides, comme les femmes le sont par les hommes, comme le genre féminin est dominé par la suprématie du genre masculin. Formule qui rejoint la formule anthropologique que j'ai énoncée de la 'valence différentielle des sexes', où le principe hiérarchique est traduit en termes d'antériorité et d'aînesse, et implique la subordination de ceux qui se trouvent placés en situation de cadets, privés non seulement de l'accès au pouvoir, mais aussi de l'accès à la simple prise de parole ou du droit élémentaire de disposer librement de ce qui advient à leur propre corps. Dans ces logiques hiérarchiques où 'valide' est à 'handicapé' ce que 'homme' est à 'femme', il va de soi que l'écart normatif extrême, sur lequel s'appuie la légitimité implicite à parler, agir, faire, est celui qui oppose une position masculine valide à une position féminine handicapée.

Vous avez ressenti cet écart dans votre vie, vous l'avez ressenti dans votre chair. Mais vous n'y avez jamais été engloutie. Peut-être parce que vous êtes fondamentalement une rebelle, sensible à toutes les formes d'injustice, peut-être aussi parce que vous avez trouvé sur votre route des appuis chaleureux et solides, de votre grand-mère maternelle à votre mari et à vos enfants, de quelques grandes personnes comme Julien Aimy à la pratique active de vos différents métiers d'infirmière puis de kinésithérapeute et enfin de psychanalyste.

Vous avez vécu cet écart très fortement pourtant dans l'enfance à cause du rejet familial, particulièrement de la part de votre père, grand bourgeois catalan, diplomate, qui ne supportait pas votre déficience visuelle, non diagnostiquée alors mais considérée comme une 'tare'. L'enfant maladroite et turbulente, qui se cognait partout, ne lui faisait pas honneur. C'est ainsi que vous avez été remise définitivement à 7 ans par votre mère à votre grand-mère maternelle qui vous a élevée en vous prodiguant toute la tendresse possible, mais dans l'hostilité absolue à l'égard de son gendre, celui qu'elle appelait 'l'individu', créant chez vous un clivage difficile. Elle est morte quand vous aviez 17 ans, âge exact où vous apprenez à l'Hôtel-Dieu que vous êtes atteinte de rétinite pigmentaire, mettant ainsi un nom sur votre mal, et que vous serez - pronostic fait brutalement par le médecin - définitivement aveugle à 30 ans.

Vous avez rejeté ce pronostic de toutes vos forces et vous l'avez fait mentir : la cécité vous a atteinte à 50 ans ! Mais après cette longue souffrance de l'enfance, souffrance de se sentir différente, dont vous sortiez par le 'surmoi héroïque' de la compétition avec les autres et avec vous-même, et d'une adolescence triste et renfermée qui se conclut sur ce diagnostic, sur la mort de la grand-mère protectrice et l'entrée dans la vie étudiante sans aucun secours des parents, vous allez entrer dans une période de construction où, de renoncements comme celui que vous avez dû faire de la médecine, vous faites des victoires : vos études d'infirmière, de kinésithérapie, votre mémoire de D.E.A., votre psychanalyse, vos combats militants pour l'avortement et pour la cause des femmes, votre rencontre avec votre mari, votre lutte pour avoir des enfants, l'arrivée de ceux-ci, Manoël et Joanna, qui vous donnent tant de joie. Vous avez fait, je pense, la plus belle réponse que l'on puisse faire à une inspectrice de l'administration qui vous posait la question : « Pourquoi voulez-vous tellement un enfant ? », « Madame, pour l'aimer ».

Vous n'avez pas voulu être « une jeune fille aveugle ». Vous avez connu les brimades, les évitements, les sarcasmes, les refus, les taxis qui ne veulent pas prendre les aveugles avec leurs chiens. Vous savez que, dans ce domaine, il n'y a pas de petits combats. Le refus de vous soumettre s'est transformé en ce courage particulier qui consiste à regarder bien en face la singularité rejetée. Quand vous êtes entrée dans cette démarche mentale, vous avez commencé à militer dans des associations comme la Fédération des aveugles de France, et vous vous apercevez alors qu'elles étaient dirigées par des hommes et, me direz-vous lors d'une de nos rencontres, que les femmes aveugles y étaient « moches, mal habillées, non maquillées », ce qui pourtant, n'allait pas de soi. Vous allez donc vouloir « niveler par le haut » et ne pas considérer comme anodin ou futile le désir d'avoir bonne apparence et la fierté de soi. On apprend aux handicapés à se cacher, à se faire tout petits, à vivre dans la déréliction. Vous dîtes qu'il faut, au contraire, leur apprendre à se battre pour exister, à ne jamais rien abandonner de leurs désirs, à ne jamais rien considérer comme acquis ou allant de soi. Des ateliers de maquillage, de maintien, de tenue, sont aussi importants pour vous et pour celles qui les fréquentent, que des groupes de parole, afin de lutter contre les formes les plus sournoises et les plus habituelles de la discrimination.

Votre association accueille toutes les symptomatologies. Vous voudriez maintenant obtenir du gouvernement que la notion de handicap soit considérée comme une notion 'transversale', et traitée au niveau de chaque ministère. Vous n'avez pas été entendue jusqu'ici mais je ne doute pas qu'un jour vous le serez, puisque vous ne lâchez jamais prise. Pourquoi donc, d'ailleurs ? eh bien !, je pense aussi, qu'au-delà de votre caractère et de votre histoire privée, il y a cette conviction que vous portez, en vous et au-delà de vous, toutes « les batailles obscures de chacune ». Vous voulez être le porte-parole de toutes celles qui n'ont pas eu, comme vous l'avez eue, la chance de faire des études ou d'avoir, tel un tribun, la parole facile.

Vous avez écrit un beau livre, fait de courts textes et d'émouvants poèmes, Mes yeux s'en sont allés, pour faire comprendre aux lecteurs le drame qu'est la perte progressive et programmée de la vue. Mais, vous le dîtes et on vous croit : « on peut perdre la vue mais pas le regard ». Et on peut garder le goût, l'appétence pour la vie. Vous en êtes la preuve incarnée. Et même si cela peut paraître paradoxal de formuler les choses ainsi, c'est l'incandescence, le feu, la passion que vous mettez dans votre vie et dans vos combats qui apportent à tous les autres qui en ont tant besoin, la lumière. Merci Maudy.

Voici venu le moment de prononcer les paroles cérémonielles obligées : **Madame Maudy Piot, au nom du Président de la République et en vertu des pouvoirs qui nous sont conférés, nous vous faisons chevalier de la Légion d'Honneur.**

Françoise Héritier

Professeur honoraire au Collège de France

Les perdant la vue

21 -L'imposture du handicap

Juin 2016

Entendu près de la machine à café (ou au bistro du coin) :

• « Vous êtes aveugle ? Ce n'est pas vrai ! Vous avez un regard clair, de beaux yeux bleus, vous me regardez en face... »

• « Les handicapés sont des imposteurs, ils mentent. »

• « Vous nous dites que vous perdez la vue et vous ne vous cognez pas dans les meubles, vous ramassez plus vite que moi un stylo tombé à terre. »

• « Comment prendre au sérieux les *handicapés* ? Comment les croire ? Ils ne sont pas comme nous les *valides*. Ils utilisent leur handicap... »

Les handicapés n'existent pas

Disons tout de suite que *les handicapés* n'existent pas. Il y a des personnes singulières, différentes, que l'on nomme handicapées. Nous sommes des personnes à part entière, des *personnes* handicapées, nous ne sommes ni des objets, ni des adjectifs qualificatifs. C'est étonnant ce besoin de réduire l'Autre à une représentation négative ou dévalorisante.

Le handicap révèle chez l'Autre une angoisse fondamentale liée à la différence, à l'imprévu, au *hors-norme.* Le handicap bouleverse, agresse, blesse. Il est l'inconcevable que l'on doit ranger dans les oubliettes du mépris, les tiroirs du déni, les poubelles de l'insupportable.

Vous allez me dire : « Tout cela a bien changé ! Depuis la loi de 2005, que de progrès, que d'avancées spectaculaires, que d'ouvertures... »

Oui mais… qui parle ? Les personnes handicapées ou… les autres ?

Le handicap dérange fondamentalement. Il établit une différence qui questionne, qui désigne le manque d'accessibilité dans tous les domaines. Il est le prix à payer pour l'égalité. Parlons donc d'égalité, celle qui est sur le fronton de nos mairies, mot fort et riche certes, mais qui s'applique très rarement aux personnes handicapées et encore moins aux *femmes* handicapées. Comment vivre notre citoyenneté quand les bureaux de vote ne permettent pas aux personnes aveugles de voter ? Et d'ailleurs qui cela intéresse-t-il ? Le peuple des personnes handicapées est pris en otage entre le statut d'êtres dérangeants, sans importance, sans visage et celui du remarquable-mais... Ce *mais* terrible qui excuse tout, qui renvoie à la frustration, au manque, à la culpabilité, qu'une société construit au détriment des personnes handicapées, puis au déni encore et toujours que ces dernières opposent à la réalité en guise de défense. La personne handicapée est ballotée entre plusieurs représentations dont on l'affuble, celle de la *pauvrette* (avec l'*assent de Pagnol* !), de la misérable (merci Victor Hugo), de la déficiente intellectuelle (pour lui parler on s'adresse à son mari ou… à son chien-guide), de l'incapable (les Anglais disent bien ***disabled*** *people*), de la contagieuse (dans le métro on s'éloigne), ou bien tout au contraire de la personne héroïque (qui a gravi le Kilimandjaro sur une jambe), de la surdouée (romancière écrivant sans mains), de l'exceptionnelle (en couverture de Paris-Match), de la mère-courage avec deux enfants et un fauteuil roulant... J'associe volontairement handicapée et femme, c'est tellement plus *vendeur*.

Ces multiples représentations arrangent tout le monde. Cela va permettre à certains d'accomplir leur B.A.[13], à d'autres de profiter des talents de ces handicapé(e)s pour leur faire monter les marches du podium des réussites, ce qui, souvent, permet de déprécier les autres au pied du monument, celles qui n'ont pas été *performantes* !

L'emprisonnement du corps abîmé, de l'esprit *fou*, engendre une diminution de certaines capacités qui rendent la personne handicapée prétendument dépendante, in-capable Nous n'allons pas nier que le handicap est une force d'étonnement, de dérangement des habitudes, de questionnement. Il est donc plus facile, plus rassurant d'enfermer la personne handicapée dans le désir dominant de la personne valide. Il est plus facile d'*aider* que *d'accompagner* l'Autre. Il est préférable d'attirer la pitié, le mépris, de donner le ton au misérabilisme, cela conforte les personnes dites valides dans leur domination, leur pouvoir et leur savoir, mais aussi leur permet d'être charitables, de laver dans un acte « de bonne action » leur propre culpabilité qu'engendre la rencontre de la différence.

[13] Pour les plus jeunes : Bonne Action.

Entre la négation et la sublimation

La personne handicapée est un être humain, totalement égal à l'autre dit valide. Pourquoi ces clivages, pourquoi regarder la personne handicapée comme inférieure, pourquoi ne pas nous croire sur parole, pourquoi le doute de l'authenticité, du fragile comme du héros ?

Je suis une femme handicapée, je suis une citoyenne et mon handicap n'est pas mon identité.

Je me rappelle qu'il y a un certain nombre d'années, j'avais postulé à une école de psychanalyse pour pouvoir intégrer la formation de cette illustre institution. J'ai suivi au préalable les étapes requises. J'ai rencontré plusieurs analystes comme il se doit. Je n'ai pas été acceptée sous le prétexte que je perdais la vue et que cela pourrait gêner les patients... Ces honorables psychanalystes avaient été traumatisés sans doute par ma perte visuelle qui, je le pense vraiment, leur avait fait peur... Ou encore par mon autonomie et ma capacité d'écoute, et surtout ma mémoire développée (car à l'époque je n'avais pas d'ordinateur pour prendre des notes). Ils m'ont enfermée dans leur représentation, dans leur habitus. Ma façon différente d'appréhender les patients les a décontenancés. Ils ont préféré refuser plutôt que de changer leur manière de *voir* et de penser. À cette époque, ma demande s'est heurtée à l'angoisse et aux fantasmes d'un autre regard, d'une autre approche, d'une autre écoute.

Peur d'une vulnérabilité imaginaire. Le handicap disqualifie celui qui en est porteur.

Je suis psychanalyste, j'ai travaillé de nombreuses années, mais j'ai dû toujours prouver que j'avais les connaissances requises, que je savais faire. Ma parole était menace de vérité.

Mais l'inverse se produisait : j'étais une super-star analysante puisque j'étais aveugle ! J'avais une écoute tellement supérieure ! Un don de marabout ! Mais la personne réelle, la psychanalyste qui exerce son métier, la voit-on ? Ou bien disparaît-elle sous l'amas des incapacités ? Aujourd'hui cela a changé, des psychologues ou psychanalystes aveugles ou perdant la vue pratiquent cette profession.

Cet exemple veut montrer que le handicap engendre des représentations soit négativisées, soit positivées à l'extrême.

Pourquoi la personne handicapée serait-elle *mauvaise* ou *exceptionnelle* ? Pourquoi notre parole est-elle mise en doute, pourquoi notre intelligence est-elle condamnée à la suspicion ?

La question qui me taraude en tant que femme handicapée est celle de l'identité, de mon identité remise en cause. Je suis experte en certains domaines, bien sûr, sur le handicap et plus particulièrement sur la cécité. Pourquoi mon discours suscite-t-il un tel malaise ?

Quand j'ai présenté mon DEA sur le thème « Des perdant la vue »[14] je me suis entendu dire : « Ce n'est pas possible que vous écriviez sur un sujet qui vous concerne, vous allez manquer d'objectivité » (comme le voulait une tradition universitaire qui n'est plus partagée par tous mais qui perdure malgré tout). Ce sont au fond toujours les mêmes arguments que je rencontre. Être handicapée et parler en tant que *sujet*, occupant une place singulière, me confronte soit au doute, soit à l'admiration. Il est difficile pour l'autre bien-portant de me regarder comme une personne citoyenne dans les normes de la vie, ni faussaire, ni admirable.

Lorsque j'affirme que je n'aime pas les mots *inclusion, intégration* concernant les personnes handicapées, pourquoi me considère-t-on comme inapte à comprendre ce que tout le monde affirme ? en somme je serais une déficiente mentale !

On me dit que je suis incluse (ou que je dois être incluse) dans une société. Est-ce que ces mots ont pour objet de me faire croire qu'on s'intéresse à moi ? Qu'il s'agit là d'un grand pas en avant ? N'est-ce pas tout simplement de la démagogie ?

Je suis citoyenne d'un pays, en l'occurrence la France. J'ai droit au même statut que les autres, que *tous* les citoyens. Pourquoi m'annoncer aujourd'hui que j'y suis incluse ? Étais-je jusqu'alors exclue ? Est-ce que les enfants, les adultes handicapés que l'on inclut aujourd'hui étaient marginaux ? Ces beaux discours écrits par des personnes valides ne me conviennent pas. Je ne veux pas être incluse, intégrée, je le suis déjà ! Ce que je veux avec toutes les personnes singulières c'est pouvoir vivre une vie Citoyenne pleine et entière. Je ne veux pas me laisser enfermer dans un discours qui rassure, qui déculpabilise la société. Je ne veux pas de cadeau, ce que je désire c'est une vraie ouverture, un autre regard sur les différences, d'autres pratiques en définitive.

Je parle ici en tant que personne ayant perdu la vue progressivement à la suite d'une maladie génétique. Je n'ai jamais vu comme l'on *doit* voir. J'ai

---

[14] Le titre du mémoire sera finalement *Entre l'œil et le regard.* Publié en décembre 2020 (avec une préface de Simone Korff-Sausse, psychanalyste) *Ndlr.*

perdu la vue progressivement jour après jour et j'ai dû inventer un regard nouveau. J'ai perdu la vue, mais pas le regard. On regarde avec tout son corps. Je pense très rarement que je suis aveugle. Ma singularité me demande de créer, d'inventer, de regarder la vie autrement. Pas comme se le figurent les personnes dites voyantes. Je parle en même temps en tant que psychanalyste, ma formation et mon métier, qui m'ont permis d'entendre, d'écouter de nombreuses personnes porteuses d'une différence.

La singularité de cette différence nous oblige à être autrement capables de réaliser les actes de la vie quotidienne. Le handicap interpelle les autres dans leur identité. Il est plus compliqué de s'identifier à l'Autre différent si l'on s'accroche à des représentations, à des savoirs rassurants face à la peur, à l'angoisse que suscite cet être « étrange », « monstrueux » parfois, « insupportable » toujours, qui oblige à sortir des sentiers battus, de la connaissance commune, des stéréotypes courants. Mais alors, pensent les valides en manque de bonne conscience, pourquoi se poser des questions sur l'adaptation des lieux, l'accessibilité des sites Internet, la vision ou l'audition des films dans les salles publiques ? Pourquoi être dérangés par ces personnes handicapées qui, en fin de compte, se débrouillent plutôt bien toutes seules ? Nous faisons pour le mieux pensent-ils !

Chaque singularité, chaque forme de handicap engendre une approche différente, particulière. Je ne veux pas écrire pour les autres personnes dites handicapées. Chacune est porteuse d'une richesse unique, inimaginable, source de force, de souffrance, qu'il faut apprendre à gérer, à apprivoiser. Il me plait de dire à la suite de Tobie Nathan que chaque rencontre est source de richesse. Il ajoute : « Toi, différent, que peux-tu me donner que je n'ai pas, je partage avec toi ce que je suis ». Ce même Tobie Nathan déclare : « Le concept d'assimilation vient d'un monde qui n'existe plus ».[15]

[15] Sur France Inter le 11 septembre 2015. Tobie Nathan est ethnopsychiatre et ancien diplomate.

Femmes pour le Dire, Femmes pour Agir

En 2003, j'ai créé l'association « Femmes pour le Dire, Femmes pour Agir », qui accueille des personnes handicapées quelle que soit leur singularité, leur différence. Je n'en pouvais plus de la représentation négative, compassionnelle que véhiculait notre société à propos des personnes handicapées et plus particulièrement des femmes handicapées. La majorité des responsables des associations de personnes handicapées étaient des hommes, nous avions très peu la parole. La femme handicapée vivait une double peine, celle d'être femme et celle d'être handicapée.

J'ai donc décidé avec l'appui de Lucie Aubrac, et d'un groupe d'amies et d'amis de mettre en place un forum sur le thème : « Femmes handicapées Citoyennes ».

Mon amie Lucie m'avait dit : « Vous les femmes handicapées vous êtes des citoyennes avant tout, avant d'être handicapées ». J'ai tout de suite ajouté : « le handicap n'est pas notre identité ».

Ce 25 novembre 2003 j'accueillais plus de mille personnes à l'Hôtel de Ville de Paris. Des tables rondes étaient organisées sur des thèmes féminins, tels que *Maternité et handicap*, *Emploi et handicap,* etc. J'avais décidé que toutes les participantes à ces tables rondes seraient des femmes et, de plus, des femmes handicapées.

Je voulais aussi qu'interviennent des personnalités connues afin de placer d'emblée le forum à un haut niveau. Femmes handicapées, nous ne voulions pas d'une nourriture intellectuelle au rabais ![16] Nous avons ainsi entendu outre Lucie Aubrac notre marraine de 90 ans, Yvonne Kniebiehler, historienne, Nicole Diéderich, sociologue, Julia Kristeva, psychanalyste, etc. La journée du 25 novembre 2003 fut un vrai succès. Je précise qu'on trouvait bien entendu dans l'assistance des hommes, valides ou handicapés ; des femmes valides…

Nous avons eu des critiques évidemment, mais notre association existait ; 250 personnes avaient adhéré, femmes, hommes, handicapés, valides, de tous âges. Nous avions pris la parole et nous tenions à la garder. En ce temps-là, la parole était détenue par les grandes associations qui avaient à leur tête des hommes ! Ce sont ces associations qui ont eu le plus de mal

---

[16] Je garde toujours cette même ligne. À chacune de nos rencontres j'invite des personnes de grande qualité, connues pour leur ouverture, pour leur engagement, pour leur solidarité.

à nous reconnaître, et de plus, à nous soutenir. Aujourd'hui, il y a de réels progrès mais ce n'est pas suffisant.

L'association « Femmes pour le Dire, Femmes pour Agir » lutte contre toutes les formes de discrimination et plus particulièrement contre la double discrimination qu'entraîne le fait d'être femme et d'être handicapée. Nous disons haut et fort que nous sommes des Citoyennes à part entière, que le handicap n'est pas notre identité, il est dû au hasard de la vie. Il a fallu du temps, de la persuasion, un combat de tous les jours, pour que FDFA soit reconnue, entendue, écoutée.

Les femmes handicapées sont les grandes oubliées de notre société, sur le plan de l'emploi, du salaire, de la santé. Sait-on qu'une femme handicapée ne voit un(e) gynécologue en moyenne que tous les 20 ans ? La femme handicapée est plus que l'homme handicapé réduite à son seul handicap. Son identité de femme est niée ou occultée. Par exemple lorsqu'une femme handicapée est enceinte c'est le plus souvent vécu par l'entourage comme une calamité. Lorsqu'un homme handicapé annonce qu'il va avoir un enfant, on le félicite ! Dans les représentations stéréotypées, c'est *évidemment* la femme qui transmet le handicap !

La parole des femmes singulières a beaucoup de mal à se faire entendre. Elle est d'emblée disqualifiée. Ce que nous disons n'est pas *vrai*. Ainsi, je me bats depuis plusieurs années auprès des instances politiques, institutionnelles, associatives, pour faire connaître les violences que vivent les femmes handicapées. Dans un premier temps je me suis heurtée à une fin de non-recevoir tant de la part des associations féministes que des hommes et femmes politiques. La majorité des personnes auxquelles je parlais des violences subies par les femmes handicapées ne me croyaient pas. J'étais une hystérique, je racontais des histoires...

J'ai dû beaucoup travailler, convaincre, pour que l'on m'écoute. Au début, je prenais la parole de force dans les réunions ou colloques. Puis je fus connue et on me donnait le micro en me disant « sois brève... ». J'étais dans l'assistance, jamais à la tribune. Je sentais que dans le public j'avais des supporters, ce qui m'a beaucoup stimulée. J'ai vécu des moments douloureux et difficiles car je devinais l'hostilité, l'agressivité. Je dirais que je me sentais coupable de ma différence. Je dérangeais et l'on me renvoyait une image dépréciée qu'on me demandait d'intérioriser. J'étais la seule femme handicapée la plupart du temps dans ces assemblées. J'ai compris que le handicap engendre soit rejet, intolérance, mise à l'épreuve des paroles prononcées, soit admiration béate ou étonnement.

Je ne voulais rien de tout cela. Je ne voulais pas lâcher le combat. Je voulais être une citoyenne à part entière qui avait des messages à partager.

C'est par la connaissance et la reconnaissance de nos différences que s'est ouvert ce monde fermé des personnes dites valides, c'est par le partage et la solidarité que les portes se sont au moins entrebâillées. C'est par une lutte constante que le HCEf/h[17] m'a ouvert son assemblée, que la MIPROF[18] m'a encouragée à prendre la parole... Je le répète : les femmes handicapées sont les grandes oubliées de la société, elles dérangent. Mais aujourd'hui elles parlent haut et fort, elles ne veulent plus se soumettre, elles sont sur l'agora.

Tous ces combats, toutes ces rencontres, mon métier de psychanalyste, la présidence de l'association *Femmes pour le Dire, Femmes pour Agir* m'ont permis de mettre en place avec les adhérentes de FDFA, un numéro d'appel : *Écoute violences femmes handicapées,*

le 01 40 47 06 06.

Nous avons fait des recherches, j'ai écouté de nombreuses femmes handicapées, nous avons organisé un forum sur le thème : *Violences envers les femmes, le* ***non*** *des femmes handicapées* en 2009[19]. Nous avions rédigé un questionnaire remis à chaque participante à l'issue de la journée. Lors du dépouillement, les chiffres nous ont glacés. 4 femmes handicapées sur 5 vivaient des violences !

La commission européenne a corroboré ces chiffres : 80 % de femmes handicapées sont victimes de violences. Bien sûr on ne nous a pas crues ! « Elles disent n'importe quoi ! Ce n'est pas possible, ça se saurait... » Et pourtant 4 femmes handicapées sur 5 vivent des violences, physiques, psychologiques, institutionnelles, alimentaires, médicamenteuses, financières. « Mais comment est-ce possible ? On ne peut pas vous croire ». Comment la parole des *handicapées* pourrait-elle être vraie ? Ce qui est intéressant, c'est que même les associations de personnes handicapées ne nous croyaient pas. Seules les associations féministes nous ont fait crédit.

---

[17] Haut Conseil à l'Égalité femmes/hommes.

[18] Mission interministérielle pour la protection des femmes victimes de violences et la lutte contre la traite des êtres humains

[19] Publié sous ce titre la même année à L'Harmattan.

La parole des femmes handicapées est trop souvent mise en cause. Quand une femme handicapée aveugle veut aller porter plainte au commissariat on peut entendre : « Mais cette pauvre dame, elle ne voit pas, elle n'est pas belle, elle fait pitié, personne ne peut la frapper, elle doit se tromper ! »

La femme handicapée déclenche des sentiments mêlés, de pitié, de compassion, ou d'agacement, d'agressivité (« folle », « menteuse », « hystérique », « mythomane »...)

La femme handicapée violentée, elle, la plupart du temps, et je le constate dans mes thérapies, se sent coupable, elle a honte de sa différence. Elle excuse son conjoint ou toute autre personne qui l'a violentée. Elle pense que son handicap peut justifier ces violences, elle pourra même dire : « Je l'ai mérité. Il s'occupe de moi, il fait les courses. Moi, je suis bonne à rien, mon handicap l'énerve... »

Malgré les obstacles rencontrés, malgré le manque de moyens financiers, l'association *Femmes pour le Dire, Femmes pour Agir* a lancé le premier numéro d'appel genré pour les femmes handicapées ; nous avons formé des écoutantes, nous sommes toujours en recherche de bénévoles pour développer nos permanences d'écoute.

C'est encore à ce moment qu'est née en moi la certitude absolue qu'il fallait partager notre expérience d'accueil des femmes handicapées vivant des violences. Huit courts métrages intitulés : « Violences du silence »[20] sont venus illustrer mon désir de faire savoir la vérité sur l'intolérable vécu par les femmes handicapées. Les mots sont trop petits, trop faibles, pas adéquats pour traduire dans leur réalité ces violences. Il fallait des images, évocatrices (et non descriptives). J'ai voulu associer à cette dénonciation des *grandes personnes,* je veux dire des personnalités connues pour que le film soit encore plus fort, pour qu'il interpelle, qu'il fasse réfléchir, que nous soyons accompagnées par des femmes qui partagent notre combat. Elles ont prêté leur voix spontanément, avec une grande solidarité.

L'écriture donne à penser, à réfléchir, à se questionner. Arrivant à la fin de ce texte, de nombreuses questions me taraudent, m'obligent à poursuivre ma réflexion. Je voudrais évoquer une attitude que j'ai fréquemment remarquée, vécue, et qui m'a toujours plongée dans l'étonnement.

---

[20] Écrit et produit par FDFA, réalisé par Catherine Cabrol. Il est édité en DVD et accessible sur notre site.

Il m'est apparu que les personnes dites valides expriment de l'incompréhension, oserai-je dire de la jalousie, de l'envie devant la réussite des personnes dites handicapées. Si je dis : « Notre film a rencontré un vrai succès ; la salle de cinéma était pleine lors de sa diffusion », on peut entendre : « Tu es sûre que la salle était vraiment pleine ? » « Crois-tu que ton écriture est bonne, tu n'y vois pas ». Si une personne handicapée psychique réalise des performances artistiques, on entend dans un murmure de pitié : « C'est bien, la pauvre au moins elle aura fait quelque chose ! »

Ces quelques exemples pour illustrer l'envie, la jalousie que l'on sent pointer de la part des personnes valides face à la singularité qui peut émouvoir mais qui en aucun cas ne doit permettre la Citoyenneté pleine et entière de la personne handicapée. Vraiment nous ne sommes pas sur un pied d'égalité.

Certaines femmes handicapées sont rejetées de leur milieu familial du fait de leur réussite, ce qui est pour le moins paradoxal ! On peut se demander si leur famille ne peut vivre la réussite, l'aboutissement d'un travail citoyen, sans être parasitée par la cécité, par la surdité, par la difformité qui viennent télescoper la réussite en entraînant la honte au lieu de l'émerveillement, le dénigrement au lieu de la valorisation.

Il faut que le handicap reste à sa place, qu'il ne se fasse pas remarquer et que surtout il ne soit pas performant. Il doit rester dans ses limites, dans le regard d'assisté et surtout ne pas crier haut et fort sa liberté, son autonomie, son indépendance.

Je m'interroge au terme de ce court témoignage : suis-je à mon tour dans la plainte, la récrimination ? Ai-je besoin de susciter la compassion, ou l'admiration ? Ne suis-pas entrée dans le jeu que je dénonce et auquel me pousse une société qui est obsédée par la norme et qui en fait par ses moyens de communication de plus en plus sophistiqués une dictature ? Sortir de la norme, c'est sortir du bois comme un gibier prêt à être tiré à vue…

N'est-ce pas cela aussi qui donne l'excitation du partage, de la persuasion, de la certitude que les choses changeront avec nous les personnes singulières, mais avec cette richesse inestimable des différences qui est le cadeau le plus merveilleux que l'on se donne dans un vivre ensemble solidaire.

22 - À la tombée du jour : Aspects psycho-affectifs des déficients visuels

Juin 2004

Le terme « déficient visuel » regroupe de nombreuses pathologies ; il inclut aussi bien les aveugles de naissance que ceux qui le sont devenus par accident, ainsi que les amblyopes plus couramment dénommés « malvoyants ».

Je ne vais pas ici m'attarder sur la notion d'aveugle dont la définition est simple : celui qui ne voit pas… mais je vais centrer mon propos sur ceux que je nomme les « perdant la vue », sujets mal-voyants à des titres et à des degrés divers. Nous retrouvons d'ailleurs des points communs entre ceux qui voient mal et ceux qui ne voient pas, sachant également que chaque sujet réagit de manière singulière en fonction de son histoire personnelle.

Pourquoi employer cette expression « perdant la vue » ? Depuis plusieurs années, je me confronte à cette histoire unique de la perte de vue au quotidien, dans la rencontre avec des patients porteurs de déficiences visuelles diverses, et au travers de ma propre expérience, de mon vécu.

Qu'est-ce qu'un sujet « perdant la vue » ? J'évite le terme de malvoyant, pourtant plus courant et socialement plus intégré, à cause de l'adjectif « mal » qu'il comporte. De quel mal s'agirait-il ? Qu'aurions-nous fait de mal ? Ces trois lettres renvoient à une représentation négative : opposé du bien, le mot désigne la faute, sous-entend la culpabilité. « C'est mal ce que tu as fait » disent les parents à leur enfant qui vient de commettre une bêtise. Est-ce mal de perdre la vue ?

Les mythes porteurs des fantasmes de l'humanité entretiennent cette présomption du mal. Prenons le mythe d'Œdipe : après avoir commis la faute terrible de tuer son père et d'épouser sa mère, il se crève les yeux. On aurait pu imaginer qu'il se punisse en se coupant les mains, en se castrant, que sais-je ; non ! il se crève les yeux, il perd la vision des choses de ce monde, il s'exclut du monde des voyants.

Le mot « mal » renvoie à la faute, au péché, à l'interdit. Mal voir serait une punition des dieux, une dette à payer pour une infamie, et ainsi de suite.

Le perdant la vue, terme que je préfère, est celui qui perd la vue jour après jour, qui traverse des périodes de stabilisation ou au contraire des moments où sa perte de vue s'accélère. C'est celui qui, dans la lumière retrouvée, va bien percevoir un objet et qui, l'instant suivant, ne le distinguera plus. Il est tributaire de la luminosité, de sa fatigue, de son stress, de ses émotions, de multiples facteurs qui influent sur sa perception. Le perdant la vue ne sait jamais ce qu'il va percevoir, il est dans la pénombre de la nuit et, l'instant d'après, il découvre émerveillé ce qu'il croyait avoir perdu à jamais.

Chaque perdant la vue est unique, chaque pas vers la perte est unique ; chacun vit cette douloureuse aventure de manière personnelle en relation avec son histoire, son environnement.

Et pourtant ces histoires uniques dans leurs vécus recouvrent des données communes. Tous les perdant la vue se heurtent au manque de voir, à la perte, à un état dépressif plus ou moins prononcé, à une blessure narcissique inévitable.

La perte visuelle abîme l'image de soi. Certains vont recourir au déni, d'autres au caché de la perte. Le sujet vit une angoisse plus ou moins violente, car perdre la vue modifie les repères, l'inattendu de la perception bouleverse l'identité, et le regard de l'autre est parfois ressenti comme persécuteur.

La vue qui décline comme le soleil au couchant renvoie à des angoisses archaïques. Les traces des pertes vécues dans l'enfance sont brutalement réveillées, quel que soit l'âge du sujet. Un bouleversement de l'économie psychique se produit. Perdre la vue est une expérience douloureuse qui bouleverse toute la vie.

Comment rendre compte de ce qui arrive ? Comment trouver les mots pour décrire ce que l'on perçoit, ce que l'on distingue ? Comment décrire ce brouillard qui par moment environne celui qui est sur le chemin de la perte ? L'autre ne comprend pas ; c'est si difficile de dire avec des mots ce qui reste de perception visuelle. Comment expliquer qu'avec un certain éclairage on ne voit rien du tout, mais qu'avec une lampe différente on distingue certaines choses ? Comment répondre à cette remarque : « Mais voyons, à quoi sert de gaspiller de l'électricité puisque tu ne vois pas ? »

Le perdant la vue renvoie aux autres : parents, enfants, amis, la complexité de sa perte et de son angoisse.

Il est confronté à la perte objective d'une certaine vision, il est obligé de vivre avec un manque, et pas n'importe lequel : celui de la vue. La vision donnée, ou vision perceptive, renvoie au réel de la perte. On voit moins bien, on ne perçoit plus le visage de ceux qui nous entourent, on ne voit plus les marches ou les trottoirs ! Toutes ces pertes fragmentaires en réveillent d'autres plus anciennes, elles renvoient à la perte symbolique de la castration.

La société ne fait pas de cadeau au perdant la vue. Il lui rappelle qu'il est porteur d'une anomalie, de quelque chose qui le rend différent. La société le confronte aux difficultés d'accessibilité, le prive d'informations, lui rappelle à chaque instant ses limites. Il a besoin de l'aide de l'autre ; il se sent menacé dans son intégrité, confronté qu'il est journellement à sa perte. Il se sent impuissant, différent. Tous ces sentiments le rendent dépressif. Il doit lutter pour rester dans la mouvance de ceux qui l'entourent.

Alors, pour rester dans le monde des valides, il va cacher sa perte, il va nier ce qui lui arrive, il va « faire semblant ».

Pour continuer à vivre, il doit se battre, saisir sa différence comme une chance qui enrichit le monde qui l'entoure. Sa singularité est une richesse, il donne un goût d'exception, une autre valeur à la vie. Il doit s'imposer comme un citoyen à part entière, source de richesse et de différence pour les autres. Le perdant la vue traverse des moments de fatigue, de déprime, d'impuissance, de rejet, d'angoisse, de perte de confiance en lui. Il essaie d'être héroïque, de se dépasser, de nier, de cacher, de lutter. Comme tout le monde, dira-t-on. La marque du perdant la vue est cette perte visible-invisible qui l'accompagne au quotidien et qui modifie sa vie fondamentalement. Il est celui que le manque habite, celui qui regarde la vie avec des regards nouveaux, celui qui apprivoise la perte et vit longuement avec.

23 - Le regard est visage
Le visage est regard

10-11 mai 2006

Je commencerai par citer Freud dans les « Trois essais sur la sexualité »[21]. « Il fait plus clair quand quelqu'un parle », nous dit Freud en faisant allusion à l'histoire de ce petit garçon qui ne trouve pas le sommeil ; il est dans le noir de sa chambre, il est inquiet ; il crie à sa tante qui est dans une autre pièce : « Tante, parle-moi ». « Pourquoi ? » rétorque sa tante, et l'enfant de répondre : « Il fait plus clair quand quelqu'un parle ». Réponse sublime et tellement juste. Pour qui va-t-il faire plus clair ?

Effectivement, pour les personnes qui vivent dans l'ombre de la nuit, pour les perdant la vue, les aveugles, ainsi que pour celles et ceux qui voient, pour chacun d'entre nous, la parole est le véhicule qui permet de mettre en mots ce qui n'est pas « vu » par les yeux. « On peut perdre la vue, on ne perd jamais le regard »[22]. De cela je suis persuadée tant par mon expérience personnelle que par l'écoute de mes patients.

Ce qui se joue dans l'interaction mère-bébé, dans cet échange entre la mère et l'enfant, n'est pas uniquement d'ordre cognitif, il ne s'agit pas uniquement de l'œil comme organe cognitif, mais du regard. Le regard est au niveau de l'affectif, des sensations, de l'amour. Voir et regarder sont deux choses différentes. Dans le langage courant, la plupart du temps, on utilise indifféremment l'un ou l'autre terme sans se poser de question. L'information que donne le voir passe par le cerveau qui, bien conditionné, doit nous apporter une information du type de la reconnaissance : ceci est une table, cela est un chien. Voir est un acte évident, banal, quasi instantané (et pourtant tellement complexe). Voir n'est jamais un acte isolé, il se rattache toujours aux autres fonctions de l'organisme, mais aussi du psychisme. Le regard ne renvoie pas à une perception, mais à une relation à l'autre et à soi-même. Voir est un acte cognitif et regarder est un acte affectif.

---

[21] Freud, Sigmund, *Trois essais sur la sexualité,* première édition allemande en1905, Traduction française Gallimard, Paris 1923.

[22] Maudy Piot, *Mes yeux s'en sont allés, variations sur le thème des perdant la vue,* éditions L'Harmattan, Paris 2004

J'aime rappeler que le regard et la vision se construisent dans le visage de la mère. Le petit enfant se structure dans le visage de sa mère. On dit que ce premier regard est le miroir de l'enfant. C'est par ce regard d'amour et de tendresse que va s'installer la binocularité. Ce n'est pas parce qu'une maman n'a pas de vision que son enfant ne pourra pas se structurer dans un regard tout à fait construit. C'est ce qui passe de l'amour maternel de la maman aux traits souriants qui va permettre de construire le regard de l'enfant. Le regard est guidé soit par un son, soit par une odeur, soit par une masse corporelle, soit par l'intuition, par tout ce qui peut être ressenti.

En tant que thérapeute, j'ai rencontré un certain nombre de femmes perdant la vue ou aveugles qui désiraient avoir un enfant. Ces femmes parlent de leur histoire, de leurs fantasmes, semblables ou très proches de ce que racontent des mamans dites « voyantes ». Des fantasmes venaient recouvrir leur histoire personnelle de perdant la vue ou de déficientes visuelles, marquant leur angoisse de donner naissance à un être tout nouveau qu'on ne connaît pas encore. Au niveau du réel, les mamans déficientes visuelles se questionnent à un moment donné, lorsque la représentation imaginaire de leur bébé est suffisamment construite, sur la représentation visuelle de leur enfant par rapport à elles-mêmes. L'angoisse qui tenaille ces mamans, la peur qui les habite peuvent se résumer ainsi : « Je ne vais pas voir mon enfant, et mon enfant ne va pas me voir ». Comment les choses vont-elles se passer ? Ici commence le travail de l'analyse.

Revenons à Winnicott : « Qu'est-ce que voit l'enfant quand il regarde le visage de sa mère ? Lui-même ! »[23] C'est primordial de travailler cela avec les personnes déficientes visuelles, de leur faire saisir que ce n'est pas l'organe œil qui va permettre à leur enfant de se structurer, de devenir un petit d'homme ; ce n'est pas cette vision de chair, mais ce sera le regard qui se construit, se constitue au fur et à mesure que s'échappent jour après jour les objets de la vie transmis dans ce regard. Regard de tendresse, regard d'émotion.

Le regard n'est pas une donnée, il se construit par étapes, par expériences, par rencontres. Ce qui est important, c'est que le regard de la maman déficiente visuelle qui désire un enfant soit déjà là. Le regard, c'est elle dans son entité, dans sa complétude.

---

[23] Voir Winnicott, Donald, *Le bébé et sa mère*, Payot 1992.

Si l'on ne voit qu'avec les yeux, on regarde avec tout son corps, avec tous ses sens. Pourquoi être admiratif devant la maman déficiente visuelle qui touche son bébé ? C'est normal, cela fait partie de son regard. Les mamans voyantes doivent aussi toucher leur bébé ; heureusement, ce n'est pas réservé qu'aux mamans dont la vue s'en est allée. Le toucher n'est pas une exclusivité des mamans aveugles ; je ne voudrais pas que l'on pense que les mères aveugles ont quelque chose de plus que les autres !

Lorsque j'ai en thérapie une maman déficiente visuelle qui travaille sur la mise en vie de son enfant, ce n'est plus la crainte de ne pas le voir, ce n'est plus la peur de ne pas savoir comment faire, qui dominent, c'est tout un potentiel de création, d'invention, d'imagination qui font de ces mamans – et de ces pères – des personnes singulières tout à fait responsables, tout à fait aptes à recevoir ce bébé et à l'accompagner dans les actes de la vie quotidienne. Ce sont les personnes voyantes qui ont peur, qui développent des fantasmes de catastrophes, de mort, à propos de ce nouveau-né. Les parents aveugles inventent, trouvent ce dont l'enfant a besoin, sans faire tomber le bébé – fantasme des voyants – sans mettre la tétine dans l'œil – encore un autre fantasme ! – ou encore trouvent naturellement la bouche du bébé ! Comme si, pour les voyants, seul l'œil organe pouvait réussir ces gestes banals.

Comment comprendre, comment interpréter les réflexions que certaines mamans déficientes visuelles entendent ? Une jeune maman me racontait récemment qu'après son accouchement une infirmière lui avait dit : « Ah bon ! ce n'est pas un singe que vous avez mis au monde… » Qui peut se permettre de faire une telle réflexion ? Pourquoi cette infirmière a-t-elle pu dire cela ? Que s'est-il passé en elle, quelle angoisse l'a saisie face à une maman aveugle ?

Pourquoi, lorsque l'on est atteint d'un déficit, que l'on est porteur d'un handicap, que l'on a une trace dans le corps, le fantasme de l'autre est-il immédiatement que l'on va mettre au monde un monstre ? Dans l'imaginaire courant, une femme valide ne peut mettre au monde qu'un enfant valide, même si, nous l'avons vu, toutes les probabilités sont possibles. D'où vient ce fantasme qui fait dire à quelqu'un dans le métro, devant une femme enceinte, aveugle ou porteuse d'un autre handicap : « Ah, vous ne trouvez pas que votre handicap suffit ? Vous n'allez pas nous donner un enfant handicapé en plus : » (authentique). Que se trame-t-il derrière ces phrases terribles ? Ou encore : « Comment allez-vous l'élever ? Comment allez-vous le faire manger ? Comment allez-vous le soigner ? Et à l'école… » Je n'en finirais plus de raconter de telles anecdotes. Pourquoi des travailleurs sociaux s'octroient-ils le droit de venir surveiller des mamans aveugles chez elles afin de vérifier comment elles s'occupent de leurs enfants ? Est-ce parce qu'on est porteur d'un déficit (je n'aime pas ce mot-là), parce qu'on est singulier, qu'immédiatement un fantasme destructeur envahit l'autre ? Si un couple singulier demande une assistance, une aide ponctuelle car il en ressent le besoin, c'est différent. Il y a demande, consentement. Mais pourquoi une femme en situation de handicap serait-elle suspecte ? Ces mères sont vécues comme des femmes destructrices : « Elles vont faire tomber le bébé, il peut mourir, elles risquent de lui mettre la tétine dans l'œil et de le rendre aveugle, elles ne vont pas voir qu'il a pris un couteau, il va se blesser, elles ne verront pas qu'il est au bord du trottoir, il va se faire écraser !... » Toutes ces inquiétudes ne tiennent pas compte du regard maternel, elles sont fondées sur le voir cognitif.

Une femme enceinte est porteuse de vie, elle va engendrer un enfant porteur d'espérance, d'une force de désir. Une mère handicapée, porteuse de vie en elle-même, entraîne chez l'autre des fantasmes destructeurs. La singularité serait-elle signe de fragilité, de vulnérabilité ? Julia Kristeva parle de *vulnérabilité* ; la personne handicapée serait-elle plus vulnérable et cet état susciterait-il une angoisse indicible chez l'autre, comme s'il se définissait responsable de ce qui pourrait arriver ?

Une maman perdant la vue me racontait en séance qu'elle désirait beaucoup un enfant. Elle fut enceinte, c'était la joie ! Ses parents lui répétaient sans cesse : « Comment vas-tu faire, tu vas le blesser, il sera mal… Tu vas nous obliger à le garder, on ne peut te faire confiance ». Cette jeune mère a fait une fausse couche vers le troisième ou quatrième mois. Elle me raconte alors la joie de ses parents, leur soulagement : « Eh bien ma petite tu n'auras plus de soucis, tu ne viendras pas nous solliciter et pleurnicher pour que l'on s'occupe de ton bébé. C'est mieux que tu l'aies perdu, tu n'aurais pas été capable de l'élever ». La jeune femme se demande pourquoi on assimile sa mal-vision à une incapacité d'aimer un enfant, de s'occuper de lui.

Elle eut une réaction extraordinaire : elle demanda de voir, oui de voir, ce qu'elle avait perdu. Elle demanda de toucher ce qu'elle venait de perdre. Je me pose la question : est-ce qu'une mère voyante a déjà demandé une telle chose ? Je ne sais pas. Cette expérience de vie m'a beaucoup marquée. Cette mère m'a fait partager cela dans l'après-coup de la thérapie. Elle m'a dit : « Je ne me représentais pas ce qu'était un bébé de quatre mois ; j'ai eu besoin de le toucher, j'ai eu besoin de le regarder avec ma peau, de m'en imprégner. J'ai perdu cet enfant, j'avais besoin de me le représenter. Je peux maintenant m'en souvenir, me l'imaginer parce que mes doigts l'ont touché. Il est perdu comme enfant à vivre, mais il n'est pas perdu dans ma mémoire. Ce qui était important pour elle, c'était de pouvoir parler à l'enfant qu'elle espérait avoir un jour de cet autre enfant resté inscrit dans sa mémoire.

C'est par la représentation, par l'imaginaire, par la vie fantasmatique, que se construit le « porter » de la femme enceinte : on porte l'enfant. Pour une mère déficiente visuelle, porter son enfant est quelque chose de spécifique. Je ne veux pas aborder les divers fantasmes qui traversent l'imaginaire de toute femme enceinte (qui ne s'est imaginé que son enfant serait difforme, très laid ou très beau, trop grand ou trop petit, etc.) Ce dont je veux parler, c'est de cette fantastique émotion pour une mère aveugle de porter l'enfant en elle, dans ce corps qu'elle ne connaît que par le regard du toucher. On dit que les mamans aveugles sentent bouger leur bébé bien avant les autres mamans. Si les mères aveugles sentent bouger leur bébé avant les autres, ce n'est pas parce qu'elles ont des dons particuliers, mais parce qu'elles ont une autre écoute. La sphère visuelle est moins sollicitée pour voir, mais elle peut servir à une autre écoute. Quand on perd la vue, quand la perte s'installe, la privation du sens est une réalité. Il y a une frustration de la chose perdue, l'absence du voir existe bien ; mais c'est là où se joue cet autre regard dont nous parlions. Ce n'est pas par un effort volontaire que la maman aveugle « regarde » avec tout son corps, cela se fait ! Comment le dire avec des mots ? La maman aveugle n'a pas un don en plus, mais elle regarde autrement, écoute autrement ; elle s'est libérée du « voir à tout prix ». Certaines mères aveugles ont une charge affective de vie tellement lourde, une histoire si prégnante, qu'elles ne peuvent ni entendre ni écouter autrement.

Ce que je dis là s'appuie sur l'histoire de mamans en thérapie, c'est mon écoute de psychanalyste. Et elles ont vécu l'expérience analytique.

La situation de handicap entraîne des fonctionnements différents chez la personne handicapée et chez l'autre. À notre insu, nous provoquons chez l'autre valide, ou chez l'autre voyant, des réactions d'angoisse parce que notre différence dérange. Elle dérange parce que nous sommes hors normes. Nous n'avons pas choisi d'être hors normes. Untel a un handicap physique, il est sourd, aveugle, perdant la vue, handicapé moteur, de petite taille ; untel a des difficultés psychiques… Nous renvoyons à l'autre cette singularité qui, immédiatement, met l'autre en danger. Le danger ne vient pas de la personne handicapée, il vient de l'environnement, de ce qui, autour de nous, n'a pas été conçu pour que l'on vive, tout simplement. Nous pourrions parler d'accessibilité : l'environnement n'a pas été pensé pour qu'une maman aveugle enceinte puisse vivre pleinement sa grossesse. À l'Institut de Puériculture de Paris, tout est prévu, aménagé et les mamans aveugles se trouvent dans un environnement adapté. Tout est alors possible, sans difficultés. Une maman peut venir en consultation avec son chien-guide, et pour son accouchement, le chien est là, dans la chambre. Comme je l'ai écrit dans mon livre : on ne peut laisser ses yeux à la porte ! Les chambres sont adaptées, les patientes sont délivrées de l'angoisse supplémentaire : quelle embûche vais-je rencontrer si je sors de ma chambre ? Pourvu qu'il n'y ait pas un escalier par là où je risquerais de tomber… On fait visiter la chambre à la maman aveugle, on lui donne toutes les indications pour qu'elle se sente en sécurité. Accompagnée, elle découvre avec ses mains, ses doigts, avec son corps, ce nouvel environnement. C'est bien l'environnement qui nous rend différents, qui nous rend handicapés. Quand l'environnement est pensé autrement, notre singularité est une richesse qui transforme nos différences en pluriel.

On peut mesurer le déficit, on peut le mettre en fiches, on peut le montrer du doigt. Au-delà de ce déficit physique il y a autre chose qui se construit. Voilà pourquoi Winnicott est un précurseur lorsqu'il nous dit – et il ne s'adressait pas à des mamans aveugles – ce que voit l'enfant quand il regarde le visage de sa mère, c'est lui-même. L'enfant, en contemplant ce visage d'amour de sa mère se structure, se sent entier, se rencontre avec lui-même. La maman n'a pas besoin d'avoir des yeux, l'enfant plonge son regard dans l'autre, c'est tout le visage qui est regard et l'enfant le sait. Le petit bébé sent que la mère est présente. Prenons le cas du bébé qui *jette* la main vers sa mère, cette mère qui l'a senti, qui l'a porté dans son ventre, dans son corps, qui le modèle avec ses mains, le caresse, le sent. L'enfant ne veut pas perdre ce lien, sa main est trait d'union. Il regarde l'observateur, mais il jette la main vers maman. Ce lien se construit dans l'échange corporel, dans l'échange du regard.

Je parlais il y a un instant du travail qui s'opère dans le cabinet du psychanalyste, des mots donnés, des expériences partagées, des transformations opérées. Les mamans aveugles ou perdant la vue qui se réunissent à l'École de Puériculture vivent sous un autre mode ce partage de paroles, de mots échangés, mots de peur, d'angoisse, de lumière. Ces mamans sont écoutées et entendues, c'est pour cela qu'il fait plus clair quand quelqu'un parle !

Il faut parler, il faut pouvoir dire ses émotions, ses angoisses, ses refus, ses rejets, ses fantasmes. Entendre, c'est le rôle du psychanalyste dans l'antre de son cabinet, dans le ventre clinique de son bureau si je puis dire. Cette rencontre est exceptionnelle : il n'est pas donné à tout le monde de prendre le temps de s'allonger, de dire en mots ce qui n'est pas clair en soi, d'en saisir le sens en essayant de comprendre la trace de son histoire.

Le handicap est ce hasard qui entraîne évidemment de la privation, de la frustration. Il ne peut être banalisé ; il est là, l'environnement non accessible nous le rappelle sans cesse. Nous sommes des personnes citoyennes avant d'être « des handicapées ».

Une maman handicapée qui est enceinte est avant tout une mère qui attend son enfant. Une mère qui se prépare à l'accueillir. Sa différence est cette singularité, source de richesse, qui permet à l'autre de regarder autrement.

Pour conclure, je redirai que le visage de la mère est le premier miroir pour l'enfant, qu'il reste ancré dans la vie psychique de l'enfant. Puis ce regard sera remplacé par le regard de l'autre et l'enfant se construira par le regard des autres. Nous aussi nous restons très dépendants du regard des autres.

Mais n'oublions pas que le regard est visage, que le visage est regard.

24 - À la rencontre de l'ombre

ONA[24] colloque de Charleroi, 21 novembre 2003

Le poids du « mal »

Je remercie les organisateurs de ce colloque qui m'ont invitée à réfléchir avec vous sur notre aventure de « perdant la vue ». Depuis plusieurs années je me confronte à cette histoire unique de la perte de vue au quotidien. Je ne vais pas parler des différentes pathologies qui font de nous un sujet malvoyant, un sujet marqué par une différence qui est arrivée lentement la plupart du temps, mais parfois aussi brutalement. Je vais poser la question : Qu'est-ce qu'un sujet « perdant la vue » ? Je pourrais employer le terme de « malvoyant », plus courant et socialement intégré. Je ne le fais pas en particulier pour la raison suivante : dans ce terme il y a le mot ***mal***. De quel ***mal*** s'agit-il donc ? Qu'avons-nous fait de ***mal*** ? Ce petit mot de trois lettres, si souvent prononcé, renvoie à une représentation négative. Il est l'opposé du ***bien***. Il désigne la ***faute***. Il sous-entend la ***culpabilité***. « C'est mal, ce que tu as fait », disent les parents à leur enfant qui vient de commettre une bêtise. Est-ce ***mal*** de perdre la vue ?

[.........]

Je voudrais illustrer le poids du mot ***mal*** par un cas clinique :

Madame G. est âgée d'une trentaine d'années. Elle vient consulter pour une perte visuelle qui lui crée de graves problèmes dans sa vie professionnelle et affective. Elle ne s'autorise pas à prendre du plaisir. Elle se sent toujours coupable de quelque chose. Madame G. est déprimée, et pourtant elle voudrait s'en sortir. C'est comme un poids très lourd qui pèse sur elle. Elle se sent coupable de ne pas voir comme tout le monde, elle en a honte.

Au cours de sa thérapie, un souvenir lui revient en mémoire. Elle raconte : « Le jour de ma communion privée, il s'est passé quelque chose

---

24 O.N.A. : Œuvre Nationale des Aveugles, Belgique.

que j'avais complètement oublié. À l'époque, je voyais déjà mal et cela agaçait ma mère. La famille se demandait pourquoi j'avais cette ***tare***… Nous étions à table et j'entends mon oncle dire : Ce n'est pas étonnant que G. soit malvoyante, elle paie la faute de grand-mère ; il faut bien que quelqu'un lave le mal qui a été fait dans cette famille. Je me souviens que je me suis sentie coupable sans bien comprendre de quoi. J'ai eu honte ! » La grand-mère de Madame G. était « fille-mère ».

Voilà brièvement illustré le poids des mots ! Cette patiente se sentait toujours coupable de quelque chose. Elle devait payer une dette éternelle ! Le jour où ce souvenir a émergé, elle a été très perturbée. Nous avons poursuivi le travail analytique et Madame G. a retrouvé une autre façon de vivre.

Perdre la vue n'est ni honteux ni mauvais, c'est un état de fait qu'il faut regarder en face pour pouvoir vivre avec.

Chaque personne, chaque perdant la vue est unique, chaque avancée dans la perte est unique, chacun vit cette douloureuse aventure d'une manière personnelle en relation avec son histoire, son environnement. Mais pourtant, cette histoire unique dans son vécu recouvre des données communes.

Tous les perdant la vue se heurtent au manque de voir, à la perte, à un état dépressif plus ou moins prononcé, à une blessure narcissique inévitable. La perte visuelle abîme l'image de soi. Certains vont recourir au ***déni***, d'autres au ***caché*** de la perte.

Le perdant la vue vit une angoisse plus ou moins violente, due encore une fois à sa perte visuelle. Perdre la vue est une expérience douloureuse qui réveille des angoisses archaïques. Toute la vie est bouleversée. Comment rendre compte de ce qui arrive ? Comment trouver les mots pour décrire ce que l'on perçoit, ce que l'on distingue ? Comment décrire ce brouillard qui par moment nous environne ? L'autre ne comprend pas ; c'est si difficile de dire avec des mots ce qui nous reste ! Comment, par exemple, expliquer qu'avec un certain éclairage on ne voit rien du tout, mais qu'avec une lampe différente on distingue certaines choses. Comment répondre à la remarque : « Mais voyons à quoi ça sert de gaspiller de la lumière puisque tu ne vois pas ! » Le perdant la vue renvoie à l'autre (parents, enfants, amis…) la complexité de sa perte, de son angoisse. Etre perdant la vue engendre une modification des repères. La rencontre avec l'autre devient problématique.

L'angoisse

Parlons tout d'abord de l'angoisse qui envahit les perdant la vue. Elle renvoie au manque, à la perte. Le perdant la vue est confronté à la perte objective d'une certaine vision, il est obligé de vivre avec un manque. La vision donnée, ou vision perceptive, renvoie au réel de la perte : on voit moins bien, on ne perçoit plus les visages de ceux qui nous entourent, on ne distingue plus les aliments dans notre assiette, on ne voit plus les marches, les trottoirs, etc. Toutes ces pertes en réveillent d'autres plus anciennes, elles renvoient à la perte symbolique de la castration. Sans s'en rendre compte, le sujet perdant la vue se bat avec des pertes journalières qui le confrontent à son manque, à ses pertes archaïques.

Il est renvoyé à une image narcissique abîmée. La société ne lui fait pas de cadeaux : il est porteur d'une anomalie, de quelque chose qui le rend différent, il doit se confronter aux difficultés d'accessibilité, il ne peut plus recevoir les informations comme les autres, il est sans cesse renvoyé à ses propres limites. Il a besoin de l'aide de l'autre ; il se sent menacé dans son intégrité, confronté qu'il est journellement à sa perte. Il se sent impuissant, différent.

25 - Réflexions

Février 2005

Il y a des jours, il y a des heures, où la singularité, la différence jouent le rôle de détonateurs. En ce moment, nous entendons parler un peu partout du handicap, des mesures prises à son sujet, de la réforme de la loi de 1975. Et chacun y va de sa complainte, de son sourire, de sa satisfaction, ou de son indignation ! Et nous, personnes concernées, que disons-nous ? Je ne vais pas faire ici l'analyse de la nouvelle loi ni reprendre les réactions des uns et des autres. Je voudrais simplement vous faire partager ce que nous pouvons ressentir, nous qui faisons partie des « personnes en situation de handicap ».

Avant d'être handicapés, nous sommes des femmes et des hommes citoyens, partie prenante de la vie de notre pays ; nous sommes des citoyens à part entière, nous participons à la vie économique de notre pays, nous consommons, nous travaillons, nous cherchons un emploi, nous pouvons être malades, invalides, que sais-je encore, mais avant tout nous sommes des citoyens.

Il n'est pas juste de nous réduire à notre seule condition de personnes handicapées. Il n'est pas normal que nous nous considérions nous-mêmes, que nous nous vivions d'abord comme handicapés, avant de nous vivre comme femmes ou hommes au sein d'une société aux multiples couleurs. Couleurs d'exclus, couleurs d'intégrés, couleurs de pauvres, couleurs de riches, couleurs de femmes, d'hommes, d'enfants, couleurs de villes, de campagnes, de cités, etc. Nous avons des droits, comme tous les citoyens, droits à la vie, à l'étude, à l'enseignement, au travail, au loisir, à la santé, aux rires et aux larmes. Nous sommes citoyens avec nos limites et nos richesses, nos différences et nos ressemblances, nous sommes des vivants qui respirons le même air, la même pollution que les autres.

Cessons de nous considérer comme handicapés d'abord ; nous sommes des femmes et des hommes avant tout ! Il est vrai que notre différence s'inscrit comme un stigmate, comme un signe qui fait ombre ou clarté.

Différence qui est source de richesse, d'inattendu, de questions, d'échanges. L'environnement nous rend handicapés par le manque d'aménagements, par les oublis de nos singularités. Il ne s'agit pas de nier que le handicap est une souffrance, un combat au quotidien, mais nous devons apprendre à utiliser nos capacités, notre imaginaire, nos astuces, pour prendre possession de cet environnement et l'apprivoiser. Rien ne s'acquiert facilement, tout se conquiert. C'est à nous de prendre notre indépendance, d'énoncer notre citoyenneté et de la crier, montrant que même si nous sommes aveugles, perdant la vue, nous restons des êtres remplis de capacités, de richesses, et qu'il n'est plus possible de nous oublier. La cité se construira avec nous ! Nous ne sommes pas des mendiants, nous avons des droits, et c'est à nous de les faire respecter. Notre différence n'est pas un moins, mais un plus, qui sert la société tout entière. Nos yeux s'en sont allés, notre vision s'estompe au gré du vent, mais notre regard est toujours présent, notre intelligence est vigilante, notre force vitale trépigne, notre désir de réussir ne faiblit pas. Nous sommes emplis de richesses, alors nous avons des droits, ils doivent être respectés.

Tous ses sentiments le rendent dépressif et il doit lutter pour rester dans la mouvance de ceux qui l'entourent. Pour rester dans le monde des valides, il va cacher sa perte, il va nier ce qui lui arrive, il va « faire semblant ». Mais tout cela n'est que façade, le perdant la vue est confronté à la réalité, notre société n'a pas besoin de lui. Pour continuer à vivre, il doit se battre, saisir sa différence comme une chance qui enrichit le monde qui l'entoure. Sa singularité est une richesse, il donne un goût d'exception, une autre valeur de vivre ; il doit s'imposer comme un citoyen à part entière, source de richesse et de différence pour les autres. Le perdant la vue traverse des moments de déprime, de fatigue, d'impuissance, il doit lutter pour rester un actif dans notre monde. Il apporte sa différence.

Je voudrais insister sur le fait que la personne à qui l'on vient de diagnostiquer une D.M.L.A.[25] se trouve en même temps être quelqu'un qui n'a plus vingt ans ! Sa condition sociale a changé, cette personne est parfois seule, ses enfants sont partis, ont quitté le domicile familial. La retraite est toute proche ou bien déjà là, ce qui entraîne une modification du mode de vie. Certains quittent la ville pour s'établir à la campagne.

---

25 Dégénérescence Maculaire Liée à l'Âge. *Ndlr*

C'est une période de bouleversement tant psychique que social. Et ce sont ces bouleversements qui entraînent souvent un état d'angoisse, d'anxiété, de perte de repères. Le sujet passe du monde de l'activité professionnelle, souvent très actif, au temps où les jours sont plus longs, où le soleil se couche plus tôt. Le remaniement de sa vie temporelle entraîne un remaniement psychique qui s'opère à l'insu du sujet.

J'ai remarqué que, parfois, certaines personnes déclarent une D.M.L.A. à l'occasion de la mise à la retraite, au décès d'un proche, à la disparition du conjoint, etc. La perte du confort d'antan, l'éloignement des enfants, une nouvelle vie – pas toujours désirée – entraînent une autre perte, celle du voir. L'organe œil devient moins performant ; il a vieilli lui aussi ! Il a perdu de sa ferveur !

La nuit approche, la pulsion de mort se fait plus présente et l'envie de se battre diminue. Quand nous écoutons ces sujets atteints de D.M.L.A., nous nous rendons compte que l'angoisse est présente comme une vrille qui pénètre dans leur intimité. Cette angoisse sournoise, renforcée par la crainte de perdre encore plus de vue, rend la personne âgée plus vulnérable, maladroite, inquiète.

L'émergence à la vie retrouvée

Que se passe-t-il lorsque ces personnes âgées viennent rencontrer un psychanalyste au moment où le miroir de la vue se brouille ? La plupart d'entre elles ont eu une vie active, bien remplie. Elles ont bien surmonté les aléas de la vie. Et brutalement, en quelques semaines, elles sont atteintes par une perte de vue importante, elles voient flou, ne peuvent plus lire, se déplacent difficilement, leur autonomie et leur indépendance leur sont ravies.

Sous transfert dans une relation analytique, ces analysants, au plus près de leur vue spéculaire, émergent de leur état d'angoisse.

Ces sujets, atteints de D.M.L.A. ou d'autres affections qui ne suppriment pas totalement la vue, gardent une certaine autonomie avec la possibilité de se déplacer, de s'aider d'une canne blanche pour se protéger des dangers de la circulation. Mais ils ne peuvent plus lire ni écrire, ni regarder la télévision. Ils ne voient plus leurs doigts au bout de leurs mains, ne distinguent plus le visage des autres ; ils voient leur visage « en morceaux » dans le miroir. Certains, grâce à des aides optiques, récupèrent la lecture. Une rééducation en basse vision leur permet d'être performants dans de nombreuses tâches de la vie quotidienne.

Mon métier de psychanalyste m'oblige à aborder la question de la castration. Je ne puis faire l'impasse, d'autant que la perte du voir renvoie à une autre perte, à un autre manque. Déjà Freud notait dans *L'inquiétante étrangeté* : « L'angoisse de perdre la vue, l'angoisse de devenir aveugle, est bien souvent un substitut de l'angoisse de castration » (p. 231).

L'angoisse qui envahit les sujets âgés qui perdent brutalement une grande partie de leur vision provoque un traumatisme qui a quelque chose à voir avec le « corps morcelé » dont parle Lacan.

Je voudrais vous faire partager trois flashes cliniques :

1 – Madame B., 85 ans, est atteinte d'une D.M.L.A. depuis environ un an. Sa vue diminue, elle ne voit plus ses doigts ni les aliments dans son assiette. Elle ne peut presque plus lire, est éblouie par la lumière du jour et ne perçoit presque rien dans l'obscurité. Cette perte de vision s'est installée en quelques mois.

Madame B. a toujours été une femme active, elle a élevé sept garçons, a été mariée trois fois, et trois fois veuve. Elle a vécu la guerre comme infirmière, est allée au Vietnam, etc. « J'ai toujours tout surmonté, les choses les plus horribles, l'angoisse des bombardements, l'horreur de la guerre, la peur que mes fils soient pris par les Allemands. Je me suis remise de la mort de mon père que j'adorais. L'angoisse et le rejet, j'ai connu. J'ai un fils handicapé, mais je m'en suis toujours sortie. J'ai toujours lutté, je me sentais forte. Aujourd'hui je perds la vue, et je viens vous voir ; je ne peux pas surmonter l'angoisse qui m'habite, j'ai peur de devenir aveugle, j'ai honte de me cogner, je hurle de ne pouvoir lire. À mon âge j'ai envie de pleurer, il me manque quelque chose. **On perd tout quand on perd la vue**, cela m'angoisse tellement. Je n'ai plus envie de vivre ».

2 – Monsieur D., âgé de 74 ans, a également une DMLA.

Il pleure tout le temps, il ne veut plus rien faire, dit qu'il ne voit plus rien, qu'il est dans le brouillard. Tout ce qu'il regarde est noyé dans la brume.

Il n'a plus aucune envie, il se replie, il broie du noir, la vie n'a plus de sens. Il tremble d'angoisse : « J'ai peur de la nuit, je n'ai plus rien ». Il s'agite beaucoup, fait des mouvements saccadés, veut partir au bout d'un quart d'heure ; il ne peut rester en place, bouge la tête de droite à gauche : il semble chercher à voir.

Monsieur D. était un homme actif, ingénieur brillant ; il a beaucoup voyagé ; il est marié.

Dès le premier entretien, il me raconte : « J'ai tellement peur de devenir aveugle ! Vous savez, j'ai connu des situations plus terribles et je les ai surmontées, mais là, je ne puis pas. À 14 ans, ma mère étant juive, nous sommes allés nous cacher dans le Midi, j'en ai eu de l'angoisse ! Un jour j'ai dû m'enfuir et j'ai eu l'idée de monter dans un train plein d'Allemands au lieu de me cacher. Ils m'ont donné des bonbons et je suis arrivé à bon port. J'étais circoncis et je tremblais de peur qu'ils me découvrent. J'ai fait la guerre d'Algérie et je m'en suis sorti. Mais aujourd'hui c'est terrible ce qui m'arrive, je n'ai jamais vécu quelque chose d'aussi douloureux et d'aussi angoissant. J'ai envie de m'asseoir et d'attendre la mort. Je ne dors plus pour être sûr de ne pas tout perdre, pour qu'on ne m'enlève pas le peu de vue qui me reste. Je ne peux plus rien faire, je ne peux plus manger tout seul, ni me laver… »

En réalité, Monsieur D. peut tout à fait faire sa toilette et assurer ses soins physiques, mais l'angoisse le paralyse et le met en état de nourrisson qui attend tout de l'autre. Il dit : *« quand on perd la vue, on n'est plus rien, on n'existe plus »*. Il y a quinze jours, il a commencé sa séance en disant : « Quand on perd la vue, on perd tout, on perd son sexe, on n'est plus un homme, on n'a plus rien ».

3 – Madame R., 95 ans, a une DMLA. Le matin, elle ne veut plus ouvrir les yeux pour ne pas savoir qu'elle ne voit presque plus. Elle ne veut pas vivre chaque matin cette réalité de la perte. Elle voudrait vivre les yeux fermés, pour oublier sa perte. « C'est une angoisse terrible chaque matin. Vous savez, j'ai perdu trois enfants, une petite fille de trois ans, un fils de vingt ans d'un cancer, et ma fille d'un accident. J'ai divorcé. Et tout cela je l'ai surmonté. Mais perdre la vue, je ne peux pas, l'angoisse me serre de partout. J'ai mal, je refuse de perdre mes yeux. On m'enlève tout. Je pleure, je pleure, je ne peux plus lire, je suis vieille, je dois mourir ; je voulais vivre encore, mais aujourd'hui où l'on me prend mes yeux, je voudrais mourir ».

Comment entendre cette angoisse qui s'inscrit là, insurmontable ? « Tout sauf perdre la vue ! », peut-on entendre dans ce cri de détresse : « Je ne veux pas mourir, je ne peux pas mourir ».

Le perdant la vue, voyant en sursis, perd-il le désir de regarder et ne sombre-t-il pas dans une dépression catastrophique liée à une perte du lien spéculaire ?

Ces sujets âgés ont eu un parcours où l'angoisse était à la croisée des chemins, angoisse qu'ils ont pu surmonter, selon leurs dires, et qui aujourd'hui les oblige à venir parler à l'Autre.

Sous transfert, ces sujets émergent peu à peu de l'état d'angoisse qui les submergeait et étouffait leur désir. Serait-ce la proximité de la mort, ou l'atteinte visuelle elle-même en résonance avec la castration, ou encore la conjonction des deux, qui met au travail ces patients avec une fougue étonnante ?

Chacun d'entre eux, dans la rencontre avec un analyste, dans le transfert et la parole, va réinvestir son désir d'être un vivant :

- Madame B. prend sa canne blanche et va deux soirs par semaine écouter des conférences à Sciences Po. Le goût de vivre l'a saisie, elle est devenue désirante.
- Monsieur D. sort de la maison de repos où il s'enkystait, joue aux échecs et au bridge avec des jeux adaptés en caractères agrandis, qu'il a su découvrir.
- Madame R. se maquille et reçoit à nouveau ses petits-enfants et joue avec eux, elle invente son désir.

Grâce au transfert, les sujets vont réaménager leur désir de vivre. Ce travail leur permet de dissocier la vue et la vie. Ils peuvent surmonter *l'inquiétante étrangeté* provoquée par leur maladie.

En conclusion nous dirions que, certes, le transfert ne va pas guérir ces personnes de leur atteinte organique, mais qu'il leur permettra de penser autrement leur vie, de s'organiser autrement et surtout d'étonner leur entourage par leur dynamisme retrouvé.

26- Solitude apprivoisée

Article pour la revue « Voir demain » (non daté)

> *« La solitude m'a toujours accompagnée, de près ou de loin, comme elle accompagne tous ceux qui, seuls, tentent de voir et d'entendre, là où d'aucuns ne font que regarder et écouter. Amie inestimable, ennemie mortelle – solitude qui ressource, solitude qui détruit, elle nous pousse à atteindre et à dépasser nos limites. »* (Françoise Dolto)

Je voudrais par ces quelques lignes faire la distinction entre la solitude qui se réfère à l'isolement, à cette terrible sensation d'être seul, perdu, au sentiment d'angoisse, et d'autre part la solitude apprivoisée qui se range du côté du bien-être, de la sensation de plénitude d'un désir de vie.

Le mot solitude évoque quelque chose de l'ordre du positif dans un premier mouvement, une réalité qui permet de choisir un moment de sa vie, de participer à la grande solitude collective du « connais-toi toi-même ».

Être isolé est de l'ordre du négatif, de l'exclusion, de la perte de la présence d'autrui. Je suis seul et désespéré d'être coupé de l'autre.

Quand on est un perdant la vue ou un aveugle, nous vivons ces deux extrêmes : solitude apprivoisée et isolement subi.

« Je cherche des amis, apprivoise-moi » nous dit Saint Exupéry. La solitude a deux visages, elle peut être une terrible ennemie c'est l'isolement qui nous plonge dans l'angoisse, le manque de l'autre, dans le désespoir ; mais si on l'apprivoise, la solitude peut devenir une amie infiniment précieuse.

Comment sortir de l'isolement et faire de la solitude un authentique moyen de communication avec soi-même et avec autrui ? L'expérience de la solitude peut être vécue et se transformer au cours de notre vie, comment cet être seul, isolé, perdu parmi les autres peut-il passer de cet isolement à la solitude apprivoisée qui permet la rencontre avec l'Autre ? Quand on est privé du « voir », le premier visage de la solitude nous accapare, nous fait descendre dans le puits profond de l'isolement. La vision permet parfois de se raccrocher à l'environnement, à un semblant de vie. Je ne crois pas que les personnes aveugles ou perdant la vue vivent plus dans l'isolement que les autres. Il y a des situations où l'on peut ressentir un moment d'isolement profond et terrible : seul dans la rue au milieu de la foule, ayant perdu son chemin par exemple. Mais je pense que les personnes aveugles vivent une plus grande solitude apprivoisée, dans la mesure où il y a eu un passage de l'être seul à l'être communiquant, à l'être parlant.

Notre singularité exige de nous cette capacité à être dans la solitude apprivoisée qui nous donne la connaissance de la communication verbale. On ne va plus voir mais nous allons regarder et entendre l'Autre.

27 - Les yeux ont inventé la nuit

Septembre 2008

« Et penser qu'elle (la nuit) n'existerait pas sans ces instruments ténus, les yeux. »

Jorge Luis Borgès[26]

Je suis une personne, un être vivant. Quoi de plus normal ? Une personne avec son physique, son regard, ses aspirations, ses désirs, ses réussites, ses échecs. Une femme citoyenne aspirant à l'égalité des chances pour tous. Mais voilà : je suis « handicapée ». Ainsi étiquetée, suis-je toujours une femme à part entière ? Il m'arrive d'en douter à entendre la manière dont on parle des « handicapés » : « les handicapés » pour lesquels on fait tant de choses ; « les handicapés » qui ne travaillent pas ; « les handicapés » qui coûtent cher à la société.

Pourquoi sommes-nous ainsi réduits à un substantif ? Pourquoi un tel raccourci ? Pour que nous gênions moins ? Pour nous ignorer, nous cacher, nous oublier ? Cet adjectif substantivé fait de nous des choses : nous n'existons plus vraiment. Inutile donc de remonter à l'Antiquité pour illustrer les manières de faire disparaître « les handicapés ».

Participe passé

Aurait-on oublié que le mot « handicapé » est le participe passé d'un verbe qui commande un complément d'agent ? On est handicapé par ceci ou par cela. On peut également l'utiliser comme adjectif qualificatif : « les personnes handicapées ». Dans l'expression « être handicapé par », c'est le participe passé du verbe « handicaper » ; dans « personne handicapée », un participe adjectivé ; dans « les handicapés », un adjectif substantivé. Loin d'être innocent, ce glissement vers le raccourci « les handicapés » cache une violence non dite mais tellement présente. Dans les médias, par exemple, nous n'existons qu'à travers cette expression. Nous sommes

[26] Borgès, Jorge Luis. *Histoire de la nuit, Œuvres complètes II*, Paris, NRF Gallimard, La Pléiade, p. 631.

identifiés à elle. Or je veux être une femme avec des droits et des devoirs, ne pas être réduite à un exercice de conjugaison.

Un fantasme, largement partagé, fait d'une personne singulière un collectif : « les handicapés ». Il lui donne une identité négligeable, voire méprisable, même si elle attire parfois de la compassion. Les mots, chuchotés ou criés, portent le poids des représentations ancrées dans l'imaginaire ; ils hurlent la vérité de celui qui les prononce.

Voici une anecdote symptomatique de cette réalité. Il y a quelques mois, je me suis rendue à une vente de charité. Encore un mot lourd de sens ! Ambiance sympathique ; locaux agréables, accessibles et vastes. J'ai alors demandé au curé de la paroisse s'il accepterait de nous prêter ou louer ses locaux pour une rencontre associative. « Mais madame, les handicapés, ça salit ! », m'a-t-il répondu. Sa réaction m'a littéralement paralysée. J'avais oublié : « Les handicapés, ça bave, ça salit, ça sent mauvais, ça mange avec les doigts ! » Une colère sourde, accompagnée d'une grande détresse, m'a saisie. Cependant, de telles situations décuplent mon envie de lutter pour faire évoluer le regard, pour extirper de telles images, pour éradiquer ces archaïsmes.

Considère-t-on encore notre infortune comme la marque du péché originel, d'une faute que l'imaginaire de l'humanité nous confère ? Nous voit-on toujours comme des « mauvais », des monstres habités par des démons ? [27]

Le regard

Je vais ici parler du regard, du regard de l'Autre sur le handicap, sur les personnes « singulières ». Le regard est pour moi une chose essentielle dans la rencontre avec les autres, dans la vie au quotidien.

Savez-vous que je suis aujourd'hui aveugle, que l'ombre de la nuit grise ou blanche est mon univers quotidien ? [28] Jour après jour, j'ai perdu la vue, les visages se sont peu à peu enfouis dans la brume. Les grands yeux

---

[27] Voir par exemple Henri-Jacques Stiker. Corps infirmes et sociétés, 3e éd., Dunod, 2005, p. 89 et s.

[28] Selon les mots de Jorge Luis Borgès

de mes enfants se sont figés pour toujours dans mon souvenir ? Les chemins de la vie sont devenus une source de rencontres, imprévues comme la saveur salée d'une vague mouvante ou sucrée comme le miel. J'ai qualifié mon état de « perdant la vue »[29]. Oui, je fais partie de cette grande famille des malvoyants.

Perdre la vue, minute après minute à la manière du soleil qui se couche silencieux au fond de l'océan, est une aventure extraordinaire. Extraordinaire par la somme de frustrations qui en découle ; extraordinaire par les découvertes tout au long des jours de pluie, de brouillard mais aussi de soleil chaud et amical.

Le handicap visuel, au sens de malvoyance, constitue une situation très spécifique. Il engendre mal-être, angoisse, rejet, de la part des autres. Quand on croise un aveugle, on sait à peu près à quoi s'en tenir : il ne voit pas, on peut lui tirer la langue il n'en saura rien. Mais l'on ne sait jamais ce que voit un « perdant la vue » : il perçoit certaines choses, il peut donc tromper son monde. C'est peut-être un simulateur, un paresseux, un voyeuriste.

Le « perdant la vue » ne sait jamais ce qu'il va percevoir ; il chemine dans l'ombre de la nuit, dans la lumière du soleil levant. Il attend tout de la luminosité sereine. Il est subitement aveugle lorsque la clarté du ciel devient éblouissante ou brumeuse. Il perd ses repères dans le chemin éclairé de réverbération. Il retrouve un éclat de vue dans la petite rue sombre, mais il bute sur le vélo ou la moto placés là, objets inertes mais tellement douloureux pour le corps qui vient les heurter. Comment comprendre cette femme qui marche rapidement dans l'ombre des maisons et s'arrête au tournant de la rue, éblouie par l'éclat du soleil. Elle tâtonne. Elle ressemble à un papillon de nuit perdu dans la grande clarté du monde.

Je suis la seule dans ma famille à être atteinte de rétinite pigmentaire, maladie génétique, de forme récessive[30], c'est-à-dire que mon père et ma

---

[29] Piot, Maudy, 2004. *Mes yeux s'en sont allés. Variations sur le thème des perdant la vue*, Paris, L'Harmattan. (En version ordinaire, ou agrandie, ou sur CD audio, lu par une comédienne, *ndlr*).

[30] La suite des années démentira cette affirmation, son frère aîné et sa sœur cadette se révèleront atteints de rétinopathie, mais bien plus tardivement que Maudy. *Ndlr*

mère m'ont transmis chacun un mauvais gène. Mes frères et sœurs, eux, ont hérité soit de deux bons gènes, soit d'un bon et d'un mauvais, mais la maladie ne s'est pas déclarée. Mon père médecin avait honte d'avoir une fille porteuse d'une « tare ». Pour le reste de la famille, j'étais une menteuse, je faisais des histoires. Dès mon plus jeune âge, je voyais mal, je me cognais, je me heurtais aux passants. À l'école, alors que je demandais à être au premier rang pour « voir » le tableau, la maîtresse me rétorquait : « Puisque tu le demandes, tu iras au dernier rang ! »

Souffrant terriblement de ma différence, je me suis construite par le combat quotidien : faire toujours plus, ne jamais me plaindre, être bonne élève. Puisque j'étais une menteuse, je le serai vraiment : j'ai nié mon handicap ; il n'existait pas. Je faisais tout comme tout le monde, notamment du vélo sur les routes de mon cher pays catalan et, malgré maints accidents, je continuais. Un jour, j'ai buté sur une petite remorque remplie de pommes, tirée par un homme à bicyclette. Tous les fruits ont roulé dans le caniveau. Quelle honte, quelle souffrance !

Sur toutes les photos de mon enfance, j'ai les yeux cachés par mon bras car le soleil me faisait mal. On me priait sans cesse d'enlever ce bras replié sur mes yeux : « Tu as pourtant de si beaux yeux bleus ! », me disait-on. Mais cette protection retirée, la luminosité m'était si douloureuse qu'immédiatement je dissimulais à nouveau mon visage.

Les jugements des autres m'enlevaient la parole, le désarroi me rendait muette : je ne savais pas expliquer. Souvent grondée, humiliée, je ne montrais rien. Je restais silencieuse, ne désirant qu'une chose : être plus performante que les autres. Aussi je lisais beaucoup et j'étais une petite fille active, impétueuse, posant beaucoup de questions. Tout pour agacer les adultes, mal à l'aise face à cette perte que personne n'osait nommer !

Alors j'ai décidé que je n'avais rien. Un soir d'été, j'ai conclu que tout cela n'était que des balivernes et j'ai vécu de cette manière de nombreuses années en cachant mon handicap. Je ne savais même plus que j'y voyais mal, différemment. Je m'adaptais et je disais que j'étais distraite afin de justifier mes maladresses : un verre renversé, un aliment mis à côté de l'assiette, un passant cogné.

La rétinite pigmentaire est une maladie caractérisée par une diminution du champ visuel qui s'amenuise peu à peu jusqu'à disparaître définitivement. Je perdais donc la vue insensiblement. À ces différentes étapes, je me faisais violence, car je voulais que personne ne sache. J'y suis longtemps parvenue, sans pouvoir toutefois faire les études dont je rêvais et devenir médecin comme mon père.

À dix-huit ans, lors d'une consultation publique, le professeur O. m'a annoncé sans ménagement : « Vous serez aveugle à trente ans, il n'y a rien à faire ; on ne sait pas soigner la rétinite pigmentaire ». Ce jour-là une force a surgi en moi et je me suis juré que je ne serais pas aveugle à trente ans : je me battrai, je trouverai des palliatifs, j'inventerai des moyens de suppléance. Mais mes efforts pour compenser et passer inaperçue, pour accomplir mon travail d'infirmière, n'empêchaient pas ma vue de s'en aller. Je voyais de plus en plus mal. Rien n'y faisait, mon champ de vision se rétrécissait et la dépression s'installait. On m'appelait « la taupe ». Comment expliquer aux autres ce chemin bordé d'épines ? Comment leur faire comprendre cette terrible angoisse de la vue perdue ? À cette époque, aucune association de soutien. Pas d'Internet. Une solitude couleur d'amande amère m'enveloppait. J'ai décidé de quitter mon métier d'infirmière qui me passionnait, ma vue rendant son exercice difficile et dangereux. Puis j'ai entrepris des études de kinésithérapeute et engagé un travail sur moi-même. Long travail qui m'a amenée à un nouveau changement professionnel.

Être porteur d'une différence n'est jamais chose aisée dans une société qui rêve de normes. Tous semblables ! Tout ce qui peut faire tache dans un monde défini, contrôlé, doit s'effacer. La personne singulière vient bousculer les repères fixes, le « faire semblant » social, les pseudo-certitudes. Le handicap, brûlure dans la chair, ne s'oublie jamais, il est là comme un fer rouge dérangeant les habitudes. Il est rappel à l'ordre. C'est un cri qui résonne dans le silence des convenances. Il vient bousculer les rangs bien ordonnés du conformisme.

La reconnaissance

À cet égard, un texte de Paul Ricœur sur la reconnaissance m'a beaucoup interpellée[31]. Reconnaissance : voilà le maître-mot. Toutes les femmes

[31] Ricœur, Paul. 2004. *Parcours de la reconnaissance*, Paris, Gallimard, Folio essais

désirent être reconnues comme personnes à part entière, comme citoyennes, comme femmes, comme mères. L'enjeu est le suivant : être reconnu comme une personne citoyenne, une personne à part entière lorsqu'est inscrite dans votre corps une marque, une trace indélébile, qui signe une particularité, qui vous signale aux autres, qui par ce signe distinctif vous fait remarquer lorsque, malgré eux, les autres vous « dévisagent », parfois avec pitié, indifférence, froideur ou compassion.

Dans « reconnaissance », il y a « connaissance », du latin *conascere* ou *conoscere* qui signifie « naître avec ». Les significations de ce terme sont nombreuses. Paul Ricœur s'emploie à montrer que le passage de l'un à l'autre s'opère par des écarts imperceptibles qui, présents dans le non-dit, font apparaître une polysémie réglée, organisée autour de trois significations principales : l'identification, la reconnaissance de soi, et la reconnaissance mutuelle. Reconnaître, c'est identifier ou distinguer. Je reconnais un lieu, un objet, une personne perdue de vue. La reconnaissance va de pair avec le risque de la méprise qui consiste à prendre une chose ou une personne pour ce qu'elle n'est pas. Autrement dit, le risque de la méconnaissance est, dans l'ordre de ma relation à autrui, du malentendu. Si reconnaître une chose c'est l'identifier par ses caractères génériques ou spécifiques, reconnaître une personne c'est prêter attention à ses traits individuels.

Le malentendu est au cœur de ce que vivent les personnes handicapées que l'on ne reconnaît pas. Sans doute parce que l'identification d'une personne « abîmée » est impossible. Les fantasmes, qui envahissent ceux qui voient la difformité, les maintiennent dans la méconnaissance : la reconnaissance ne peut avoir lieu, l'autre ne peut bénéficier de la reconnaissance mutuelle, reconnaissance de l'autre dans son irréductible différence. Le risque n'est plus celui de la méprise mais du mépris. Là encore, pour ne pas s'identifier à celui qui donne à voir ses manques, le sujet prend la voie du mépris, défense qui lui permet de passer son chemin.

Nietzsche est revenu avec pertinence sur cette étymologie du mot connaissance pour critiquer la connaissance rationaliste du savoir. Pour lui, connaître, ce n'est pas asservir l'objet connu, mais entrer en osmose avec lui. De son point de vue, la reconnaissance serait l'acte consistant à reconnaître la dignité de l'objet perçu et à éviter ainsi son viol rationaliste. Pour Hegel, c'est la reconnaissance de l'autre qui est centrale dans sa dialectique du maître et de l'esclave[32]. La relation à soi et la relation à l'autre dans l'échange s'opposent à la soumission. L'esclave s'identifie au maître. Il veut être son égal et, pour cela, il est prêt à risquer sa vie. C'est une manière de s'élever au-dessus de sa condition. Cependant, le maître laisse toujours la vie à l'esclave qui demeure ainsi en état d'infériorité. Symboliquement, il lui vole sa mort, donc il ne le reconnaît pas. Quant au maître, il ne saurait être reconnu par quelqu'un qu'il méprise. Selon Hegel, « toute conscience humaine a besoin de la reconnaissance par une autre conscience pour exister en tant que telle ».

Avec Jacques Lacan, nous pouvons affirmer que l'enfant a besoin de se reconnaître dans le miroir pour s'affirmer en tant qu'être humain, aussi la reconnaissance passe par le regard de l'autre. Pas n'importe quel regard : celui de l'amour. Donald Winnicott a souligné combien le bébé se structure dans le regard bienveillant de sa mère. Que voit-il quand il la regarde ? Lui-même. C'est dire que seul l'amour de reconnaissance[33] permet l'identification : S'identifier à l'Autre pour le reconnaître dans sa différence.

Plus encore que les autres, les personnes en situation de handicap ont besoin de reconnaissance pour trouver leur place. À cet égard, je rapporte ici les paroles d'une de mes patientes, elle-même handicapée, qui répète souvent durant les séances : « Le handicap, ça dérange. Ça dérange que je veuille m'habiller avec goût, que je veuille sortir. Le handicap, ça dérange : les autres ont peur que je renverse un vase de fleurs, que je cogne leur belle table. Le handicap, ça dérange : les autres ne veulent pas que je me serve moi-même, de peur que je ne salisse leur nappe blanche. Le handicap, ça dérange : je les retarde dans leur promenade. Le handicap, ça dérange : je n'ai pas le droit de désirer un enfant, je n'ai pas le droit d'être maman. Quand on y voit mal, on n'a pas le droit de prendre des risques avec un bébé : si je le faisais tomber, si je lui mettais la tétine dans l'œil. « Vous pourriez lui crever les yeux », m'a dit l'assistante sociale. Je suis handicapée, il faut que je me mette cela dans ma tête, une fois pour toutes. Je dérange tout le temps. Comment faire pour être comme les autres ? Je voudrais tellement être reconnue comme une femme autrement capable. Comme une femme avec ma

---

[32] Hegel, Georg W.F. 2006. *Phénoménologie de l'esprit*, Paris, Jean Vrin

[33] Winnicott, Donald. 1989. « La théorie de la relation parent-nourrisson », in *De la pédiatrie à la psychanalyse*, Paris, Payot

dignité, ma personnalité, mes capacités. Être reconnue, parce que moi je me reconnais comme une femme digne, capable de vivre. En racontant son quotidien, cette femme « se reconnaissait » elle-même. Elle aspirait à une « reconnaissance mutuelle ».

Voilà le point essentiel dans la problématique du handicap. Pour faire reconnaître nos compétences, nous avons besoin d'un autre qui reconnaisse notre identité. Nous avons besoin de l'écoute de l'Autre. Nous avons besoin que l'Autre nous reconnaisse dans notre identité. Nous avons besoin d'un témoin. Nous pouvons savoir que nous sommes compétents et performants, mais il nous faut encore la reconnaissance du regard de l'Autre. Nous voulons simplement être reconnus comme des personnes capables de faire autrement tous les actes de la vie.

Nombre d'obstacles, de difficultés procèdent d'une image déformée de la personne handicapée qui engendre peur et angoisse de la destruction et de la mort. Le manque s'inscrit dans l'incompréhensible, dans le reste dont on ne veut pas. On imagine que c'est exclusivement du côté des bien-portants que résident les promesses de vie et les besoins de reconnaissance. Du côté de la personne handicapée se tiendraient la passivité, l'incapacité et l'impuissance.

Une chose est d'exister dans le regard d'autrui qui me reconnaît dans ma différence, une autre est d'exister dans la capacité. La reconnaissance dans le regard de l'autre, rassurante, peut se révéler illusoire. Exister dans la renommée est parfois le cadeau empoisonné que l'on donne aux personnes handicapées comme d'autres « semblants de reconnaissance ». On ne désire pas une reconnaissance vide, comme le remarque justement Paul Ricœur, mais celle de nos aptitudes, de notre utilité et de notre spécificité.

Chacun de nous appartient à des réseaux de réussites pluriels : un bon musicien n'est pas forcément un bon cycliste ; un bon cuisinier n'est pas forcément un bon chanteur. On est grand ou petit. L'important, c'est l'altérité, la pluralité : « Il n'y a pas d'état de l'humanité qui ne soit pluralité, écrit Hannah Arendt. Pluralité des genres, des cultures, des religions. Il n'y a pas de chance de parvenir jamais à une humanité unanime »[34]. L'être humain ne se constitue qu'en fonction d'un désir portant

[34] Cité par Paul Ricœur, entretien paru dans *L'Humanité* du 24 mars 2004.

sur un autre désir, celui de la reconnaissance. L'interrogation de la reconnaissance ne surgit que lorsque l'incertitude émerge sur ce qu'il y a lieu de reconnaître. Je le redis, comment se faire reconnaître comme personne quand une trace, une cicatrice marquent notre corps ; quand un appareillage, une canne blanche, un chien-guide, un fauteuil ou des béquilles nous exposent comme déformés, monstrueux, ignobles ? Cela oblige à lutter sans relâche pour faire reconnaître la valeur de notre singularité par d'autres singularités.

Handicapé ou non, chacun désire être aimé pour lui-même. Chacun veut être aimé parce qu'il est lui. Le discours de la reconnaissance se marie tantôt bien, tantôt mal avec les revendications identitaires. Chacune de nos identités particulières, individuelle ou collective, appelle une reconnaissance, non parce que porteuse de telle valeur reconnaissable, mais en tant que telle : ce qui est reconnu, c'est le fait de demander une reconnaissance. Le sujet individuel veut être aimé parce qu'il est lui, et pour nulle autre raison : selon la belle formule de Montaigne à propos de son amitié avec La Boétie : « Parce que c'était lui ; parce que c'était moi ». Comme les autres, une personne en situation de handicap aspire à être reconnue parce que reconnaissable, admise au droit à être à la fois identique et différente.

Mais comment reconnaître le statut de chacun dans l'égalité des chances pour tous ? Vaste problème : être tous égaux et différents. Le droit à la différence ne devrait-il pas se limiter à un égal respect pour chacun et à un simple droit à *l'indifférence* ? Chacun de nous a besoin de voir sa singularité reconnue, respectée. La personne handicapée a elle aussi le devoir de reconnaître l'autre dit « bien portant » dans ses singularités, dans ses préoccupations, différentes des siennes.

En écrivant ce texte, une foule de propos marqués par l'incompréhension de la différence me viennent à l'esprit : « Mais regarde, c'est devant toi ! ». « Fais donc attention, tu ne vois pas qu'il y a un poteau ? Tu peux le sentir, non ? » « Mets tes mains en avant, tu trouveras ». « Débrouille-toi, je n'ai pas envie de te donner l'information ou si tu râles, je m'en vais » ; etc. Ces mots prononcés, souvent sans réfléchir, sont des flèches reçues en plein cœur. Cela étant, l'émetteur peut-il et doit-il toujours mesurer la rudesse de ses paroles ? Une certaine spontanéité n'est-elle pas une manière de reconnaître l'autre comme sujet à part entière ? Où se trouvent les limites entre la reconnaissance de la différence et la reconnaissance mutuelle de nos limites ?

J'ai souffert dans la profondeur de mon être de telles remarques. J'ai eu envie de mourir. Je me sentais réduite à rien, mon aptitude à compenser était mise en défaut, un sentiment de dépendance surgissait comme une bête dévorante, glaçant tout sur son passage. J'ai eu envie de pleurer, de hurler, faute de comprendre mes interlocuteurs avec leurs propres limites, leurs préoccupations, leur vie tout simplement. C'est vrai, trop souvent, nous avons tendance à « obliger » l'autre. Or, vouloir être une citoyenne à part entière suppose la reconnaissance mutuelle.

« Je te demande de refuser ce que je t'offre, parce que ce n'est pas ça » (Lacan)

Comme je l'ai dit, les infortunes de la vision qui s'en va ; le désir d'en savoir plus sur moi ; ma lutte acharnée pour vivre comme si je voyais ; mon combat au quotidien pour rester du côté des voyants ; mon refus de la nuit, des frustrations, du manque et de la perte ; l'angoisse de tout perdre, d'être exclue de ce monde qui rejette ceux qui ne sont pas dans la norme, tout cela m'a contrainte à frapper à la porte d'un psychanalyste. Cette rencontre avec l'Autre m'a permis de parcourir autrement les chemins de ma vie, de regarder autrement, de m'aimer différemment.

La grande aventure commençait et je ne peux résister ici à l'envie de partager quelques réflexions inspirées de ma pratique et de mes références lacaniennes ; de re-visiter le concept de reconnaissance ; de m'attarder sur le stade du miroir et surtout de tenter de montrer que l'on n'est jamais ce que l'autre attend ou désire.

La reconnaissance, dont je viens de parler, a quelque chose à voir avec le stade du miroir. Le petit d'homme se reconnaît dans le miroir à condition que, simultanément, un autre le reconnaisse et le nomme : jubilation de son image reconnue. Cette reconnaissance n'est possible que grâce à la parole de sa mère (ou de son substitut). L'être humain se construit et se développe à partir de son manque. C'est l'imaginaire et le symbolique qui lui permettent de s'identifier en tant que « je ». Il s'observe ainsi dans le miroir, se retournant pour regarder l'environnement reflété. Cette identification imaginaire correspond à la transformation qui se produit chez un sujet lorsqu'il assume son image.

L'enfant porté par sa mère se tourne vers elle comme pour lui demander d'authentifier sa découverte. C'est par cette reconnaissance que d'un « C'est toi » peut naître un « C'est moi ». Car ce n'est jamais avec ses propres yeux que l'enfant se voit mais toujours avec ceux de la personne qui l'aime ou le déteste. Si le stade du miroir est l'aventure originelle par laquelle il fait l'expérience qu'il est homme, c'est dans l'image de l'autre qu'il se reconnaît. C'est en tant qu'autre qu'il se vit tout d'abord et s'éprouve.

La personne handicapée peut être ce miroir dans lequel l'autre se regarde. Cette image brouillée, déformée, difforme, où il ne se reconnaît pas, est source d'angoisse, de négation et de rejet. Cependant, n'occultons pas la capacité de leurre de l'image : « Le sujet, lui, se voit redoublé, se vit comme constitué par l'image reflétée, momentanée, précaire, de la maîtrise, s'imagine homme seulement de ce qu'il s'imagine », dit Jacques Lacan[35].

Ces quelques remarques montrent combien il est difficile de reconnaître l'autre comme différent, de parvenir à vivre une identification non morcelante, de trouver la juste mesure pour « se distinguer » de soi et de l'autre. L'histoire de l'enfant dans le miroir est toujours inscrite dans notre mémoire, trace immémoriale de la mère regardée, regardant. Tout au long de l'existence, nous reproduisons cette première rencontre-reconnaissance. Cette réalité psychologique est plus prégnante encore pour nous, qui vivons le handicap au quotidien.

Enfants et adultes cherchent à se situer socialement en se comparant à l'autre, en s'imposant à lui, en le dominant. On reconnaît ici l'instance de l'imaginaire de la relation duelle, de la confusion entre soi et l'autre, l'ambivalence et l'agressivité structurale de l'être humain. Le moi c'est l'image du miroir en sa structure inversée.
Le sujet se confond avec son image et la même captation imaginaire du double se manifeste dans ses rapports à ses semblables. Il s'aliène dans

[35] Lacan, Jacques. 1973. *Séminaire, Livre 11. Les quatre concepts fondamentaux de la psychanalyse*, Paris, Seuil, pp. 185 et s.

l'image qu'il veut donner de lui et il ignore son aliénation dont résulte la méconnaissance. Il en est de même pour son désir : il ne pourra le repérer que dans l'objet du désir de l'autre. Cette relation à l'autre est altérée par une réalité primordiale : l'être humain est un « prématuré spécifique » qui nécessite la reconnaissance par l'autre pour exister. Toujours aliéné au symbolique, à l'imaginaire, son aliénation lui permet de se constituer comme « je ». Nous existons à condition que l'autre nous regarde, nous parle ou soit présent. Jacques Lacan montre que nous nous construisons par la reconnaissance par l'autre et, paradoxalement, que nous nous constituons vraiment au moment où nous nous passons de lui. Parvenus à nous constituer en tant que personnes différentes, hors norme, nous n'avons plus besoin de chercher la reconnaissance de l'autre.

On a beaucoup de mal à nous reconnaître comme personnes handicapées ou à s'identifier à nous car notre manque ou notre difformité font peur. Le processus de reconnaissance s'en trouve entravé, car le moi narcissique de celui qui nous regarde se trouble et défaille.

Comment donner à comprendre les phénomènes de projection que connaissent les bien-portants ? Je me bats avec ces mots pour qu'ils ne trahissent pas ma pensée, qu'ils soient clairs, directs, qu'ils portent le sens que je voudrais tant leur donner. Je reprends donc. L'autre voudrait assujettir l'autre à son manque, mais il est lui-même assujetti au manque de l'autre. L'imaginaire s'empare alors de ce manque supposé : il veut combler à tout prix la perte de la personne « en manque de… ». Il s'identifie au « pauvre handicapé », lui montre sa compassion, le prend en pitié. Si l'agressivité est parfois si violente à son égard, le désir de le faire disparaître si fort, c'est que le handicap renvoie brutalement à la fragilité de chacun. La personne qui en est affectée n'est plus reconnaissable, d'où le dégoût, la haine et l'exclusion, que l'on déguise en compassion.

L'objet handicap nous « divise » et, de ce fait, nous ne sommes plus dans la reconnaissance de l'autre. À titre illustratif, je pense à cet instant à la légende de Martin, évêque de Tours au IVe siècle, le saint au grand cœur. Au cours de l'hiver 338, aux portes d'Amiens, alors jeune militaire à cheval, il rencontre un pauvre en guenilles qui lui demande l'aumône. Martin, qui n'a pas d'argent sur lui, tire son épée, tranche son manteau par son milieu et lui en donne la moitié. S'imaginant que ce vagabond a froid, il lui offre la moitié de son vêtement. Bel exemple de charité, de compassion et d'amour du prochain ! Mais cet homme misérable avait-il envie d'un manteau ? Ne désirait-il pas plutôt manger une soupe chaude ou faire un bout de chemin sur le cheval de Martin ? Cet exemple symbolise bien la projection de l'autre sur la personne différente. Immédiatement le manque, la différence de l'autre envahissent l'imaginaire de celui qui regarde cette détresse. Il faut réparer cette horrible injustice ! Il n'y a aucune place pour la reconnaissance du manque, pour la liberté de l'autre qui a droit au désir de vouloir autre chose. Le manque est immédiatement comblé sans tenir compte du sujet. Martin se reconnaît dans l'homme qu'il rencontre, mais ne le reconnaît pas dans sa différence : il imagine que, comme lui, il a froid.

La compassion se fonde sur l'illusion que nous pourrions être compris par autrui, et que autrui nous aimerait comme nous l'aimerions. Les valeurs chrétiennes, aussi nobles soient-elles, ne permettent pas la liberté, ni la possibilité de dire non. Je cite encore les propos de Jacques Lacan : « Je te demande de refuser ce que je t'offre, parce que ce n'est pas ça »[36] ; « L'amour, je vous l'ai dit toujours et nous le retrouvons nécessité par tous les bouts, c'est donner ce qu'on n'a pas et on ne peut aimer qu'à se faire comme n'ayant pas, même si l'on a. L'amour comme réponse implique le domaine du non-savoir »[37]. Et Myriam Revault d'Allonnes d'ajouter dans *L'homme compassionnel* : « On ne plaint jamais dans autrui que les maux dont on se croit paré. L'imagination nous met à la place du misérable beaucoup plus facilement qu'à celle de l'homme heureux. Ce que je veux, c'est le bien des autres, pourvu qu'il soit à l'image du mien »[38]. On s'identifie le plus souvent à un trait de l'autre, soit à un trait imaginaire, soit à un signifiant, et il est difficile de reconnaître sans vouloir maîtriser, sans englober l'autre dans une sorte d'identification. On élude souvent la réalité sur laquelle il prend appui.

L'exemple de saint Martin symbolise ce que vivent les personnes en situation de handicap et que je m'applique à dénoncer. À cause de leur déficience, elles sont contraintes d'accepter ce que l'autre leur donne à partir de ses projections, de le remercier et de lui exprimer de la reconnaissance pour le service rendu et surtout de mettre de côté leur désir. De cette manière, celui qui donne pense combler son propre manque.

---

[36] Lacan, Jacques. 1975. *Séminaire Livre 20. Encore*, Paris, Seuil, p. 101.
[37] Lacan, Jacques. 1991. *Séminaire Livre 8. Le transfert*, Paris, Seuil, p. 415.
[38] Revault d'Allonnes, Myriam. 2008. *L'homme compassionnel*, Paris, Seuil.

Je songe encore à une situation qu'ont vécue nombre de personnes ayant des difficultés visuelles. Sur le bord d'un trottoir, une femme aveugle s'apprête à traverser la rue. Elle sait où elle veut aller. À ce moment, un passant la saisit par le bras et, en moins de temps qu'il ne faut pour le dire, « la traverse »... Elle ne sait plus où elle est : la voilà perdue, sans ses repères habituels. Le passant, lui, est heureux, il a comblé le manque de cette aveugle, il est devenu ses yeux. Sait-il, ce passant, ce qui me manque ? Sont-ce mes yeux ? Peut-être l'aveugle attendait-elle quelqu'un ? Peut-être voulait-elle se diriger ailleurs ? Peut-être souhaitait-elle héler un taxi ?

Non, l'autre n'a pas forcément ce qui nous manque. Pourtant, nombreux sont ceux qui transposent leurs propres besoins et leurs désirs sur les personnes en situation de handicap. Ils sont enclins à leur répondre ainsi : « Tu ne vois pas, je te donne mes yeux » ; « Tu n'entends pas, je te donne mes oreilles »... Or, ils désirent peut-être autre chose.

Voici un dernier exemple. Une personne, que je considère comme une amie, vient de temps en temps travailler avec moi, lire des documents dont j'ai besoin et ranger des papiers. Un jour, elle me dit en arrivant : « J'aurais mieux fait de rester chez moi, j'aurais été beaucoup mieux ». J'en suis restée interdite mais, à y réfléchir, je pense qu'elle a laissé échapper sa culpabilité et sa violence latente face à mon manque visuel qu'elle transforme ordinairement en compassion et en désir de réparation. Cette situation m'évoque la remarque subversive de Jacques Lacan : « L'amour c'est donner ce que l'on n'a pas à un autre qui n'en veut pas ». Donner ce que l'on n'a pas, c'est-à-dire à partir de son manque, à quelqu'un qui n'en veut pas parce que l'on n'a pas l'idée de ce qui lui manque. Tout le contraire de ce que l'on imagine généralement : l'amour consisterait à donner ce que l'on a à quelqu'un qui ne l'a pas ; tout serait alors dans la maîtrise, dans l'assujettissement.

Tandis que donner ce que l'on n'a pas à celui qui n'en veut pas, c'est bien autre chose. C'est un vrai don. Donner ce que l'on n'a pas, c'est-à-dire à partir de son manque, de sa division, de là où l'on désire, à quelqu'un qui n'en veut pas parce que l'on n'a pas l'idée de ce qui lui manque, c'est un don gratuit. Je voudrais que les bien-portants consentent enfin à entendre ce que nous souhaitons. Nous voulons sortir du ghetto de la bienfaisance, de la réparation, de la compassion. Nous n'acceptons plus d'être réduits au besoin de l'autre de nous intégrer, de nous assimiler. Car la reconnaissance ne signifie pas « Je te donne parce je possède ce que tu n'as pas », mais « Je te donne ce qui me manque ».

En conclusion je dirai : Les yeux ont inventé la nuit. Ricœur a inventé la reconnaissance mutuelle. Lacan a déclaré : l'amour c'est donner ce que l'on n'a pas. Et l'auteur de cet article vous donne ce qu'elle n'a pas !

28 - « Je ne vois que d'un point, mais, dans mon existence, je suis regardé de partout » [39]

Avril 2008

Cette citation de Lacan veut introduire mon propos. Elle est le « ramassé » du difficile à écrire, à dire, elle rassemble dans cette phrase lapidaire toutes nos interrogations, nos doutes, elle nous oblige à penser.

Que signifie « je ne vois que d'un point » ? Lacan interroge le regard. Moi, ici je voudrais interroger la portée symbolique de « je ne vois que d'un point » en le rapportant au handicap. L'absence de conformité physique ou mentale se nomme différence, handicap. Cette déformation est perçue, vue par les yeux, saisie par l'œil, et l'information remonte au cerveau ; alors la machine infernale se met en marche. Toutes les angoisses, toutes les peurs font effraction dans l'imaginaire. Et « le pauvre handicapé » est condamné à être réduit à celui qui gêne, qui dérange, qui coûte cher... Celui qu'il vaut mieux éliminer pour garder un regard serein.

Ne dites pas que j'exagère !...

C'est terriblement réducteur : le sujet est condamné à ne voir que d'un point. Figure minuscule, lieu figé… Le sujet est réduit à l'immobilisme, condamné à porter des œillères. Mais, par contre, « il est regardé de partout ». L'ensemble du monde converge sur lui, il ne peut rien cacher, rien dissimuler.

L'inverse est également vrai. L'autre, inconnu, qui voit de partout, se concentre sur le point visible, ici le handicap. De partout il ne voit que le handicap et ses représentations vont bon train.

« Dans mon existence, je suis regardé de partout… » Le mot existence introduit immédiatement une dimension englobant tout l'être, la durée dans le temps. Existence, exister, c'est la vie tout entière de la personne handicapée qui est regardée. Rien n'est laissé dans l'ombre, tout est vu, examiné, passé au crible… Le mot existence renforce cette pénibilité de la différence.

Foucault nous dit : « Il n'y a pas de handicap, de handicapés en dehors de structurations sociales et culturelles précises. Il n'y a pas d'attitude vis-à-

---

[39] Lacan, Séminaire, Livre 11.

vis du handicap en dehors d'une série de références et de structures sociétaires »[40].

Le handicap est cette singularité qui atteint le sujet en plein corps, en plein cœur et qui le réduit par le regard de la société à devenir ce point, jugé d'avance, discriminé. Le comble de son malheur c'est qu'il est vu de partout, de tous.

Il est épinglé dans sa différence, dans son imposture.

Tous peuvent voir ; tous les regards convergent vers ce point unique « le handicap ».

Responsabilité de la mère

Je voudrais dire un mot de la responsabilité de chaque mère, de chaque couple qui désire avoir un enfant.

Les couples lambda sont-ils toujours conscients de l'enjeu de mettre un enfant au monde ? Pourquoi les personnes handicapées devraient-elles être parfaites ? Pourquoi la société ne veut-elle que du beau selon une norme qui vient d'où ?

Quand nous abordons la problématique de la singularité, chacun de nous est interpellé, la responsabilité est interrogée, la liberté est remise en cause.

Mères parfaites, enfants parfaits, nous savons bien que non puisque toute mère peut mettre au monde un enfant handicapé.

Qui peut savoir à l'avance comment il réagira à l'annonce de la différence ?

Cette interrogation sur le handicap et la maternité ne peut être résolue que cas par cas. La richesse de la singularité de l'enfant différent est une source de souffrance mais aussi de découvertes nouvelles, de richesses. La vie est bousculée par cette « originalité ». Mais aujourd'hui nous pouvons dire que le plus souvent c'est l'environnement qui rend l'autre handicapé.

Il y a des handicaps plus ou moins lourds, plus ou moins graves. La décision du choix de donner la vie ou pas reste aux parents, accompagnés par l'équipe médicale.

---

[40] Cité par Henri-Jacques Stiker, « Corps infirme et société », Dunod, p. 18.

Aucun jugement ne peut intervenir, il s'agit d'un choix personnel, intime où la liberté de chacun doit être respectée en fonction de ce que chacun peut supporter, peut vivre.

Le handicap dérange, il est l'insupportable, il est ce détonateur qui empêche de croire que le monde est tout puissant, que la domination par la perfection est possible.

Le handicap vient rappeler que la force n'est pas dans la perfection mais dans le désir de vie.

Le handicap met au grand jour ce combat perpétuel de la pulsion de mort contre la pulsion de vie.

Pour essayer d'approcher ce qui se joue dans cette rencontre foudroyante entre pulsion de mort et pulsion de vie, pour entrevoir l'impensable entre le handicap et la norme ou le banal, je voudrais essayer de vous faire partager cette formidable puissance de la pulsion scopique.

Nous sommes bien d'accord que le handicap, la difformité écorchent l'œil, déstabilisent par ce que l'on a « vu ». Les yeux du bien-portant restent en suspens, figés sur la différence de l'Autre. Le regard s'arrête.

La pulsion scopique est la base du donné à voir.

Cette schize entre l'œil et le regard recoupe celle de l'imaginaire et du réel selon la logique lacanienne.

Le réel est le domaine de la pulsion qui ne se saisit que lors de sa satisfaction de la jouissance du regard ; notre mode de la perception est de l'ordre de l'imaginaire tout en étant structuré, et soutenu par le symbolique.

Lacan : « Dans notre rapport aux choses tel qu'il est constitué par la voie de la vision et ordonné dans les figures de la représentation, quelque chose glisse, part, se transmet d'étage en étage, pour y être toujours à quelque degré, élidé – c'est ça qui s'appelle le regard »[41].

Le symbolique fonctionne comme une barrière entre l'imaginaire et le réel tout en les articulant ; la structuration symbolique disjoint l'imaginaire du réel et se réduit à la relation du sujet au signifiant.

La perception est de l'ordre de l'imaginaire. Cette donnée peut-elle nous permettre de poser cette question : « ce que je vois, est-ce vraiment ce qu'il y a à voir ? »

---

[41] Lacan, Séminaire, livre 11, p.70.

La psychanalyse nous apprend que le champ visuel est compris dans les trois registres dégagés par Lacan : l'imaginaire du miroir, la symbolique de la perceptive, et le réel de la topologie où se trouve référé le rapport du sujet à l'objet. L'imaginaire du miroir, c'est le monde de la perception, de ce que je vois. La réalité est faite de l'imaginaire, est déterminée par le symbolique.

Chaque mère a une représentation de son enfant à naître. La représentation imaginaire, l'enfant symbolique, ne sera pas l'enfant réel qui viendra au monde.

La mère a rêvé son enfant, c'est ce travail psychique qui va lui permettre d'accueillir l'enfant réel bien vivant. L'enfant est touché par le regard de la mère, il est capté, regardé.

L'annonce d'une malformation va cheminer lentement. Au premier instant la mère regarde son enfant imaginaire ; peu à peu l'enfant réel va apparaître. L'autre, l'inconnu, voit l'enfant réel et son regard se détourne.

La jouissance scopique qui procure cette pulsion de vie est la jouissance de la beauté, de l'enfant imaginaire présent, reconnu dans sa perfection.

Mais la difformité, la malformation, l'absence d'un membre, un visage « pas comme il devrait être » provoquent, procurent, l'horreur. Le regard ne peut se voir que par sa disparition car toute pulsion est aussi pulsion de mort.

Le handicap est bien cette évidence de combat entre la pulsion de vie et la pulsion de mort.

Le regard de l'Autre est chargé de ce désir de mort, de disparition, il faut combattre cette horrible réalité.

Ne plus voir l'inquiétante étrangeté de l'Autre peut faire croire que la pulsion de vie domine.

Oublier la mort.

Tant de passion, tant de souffrance, tant d'amour entourent la personne singulière, le petit d'homme, que je ne pouvais esquiver ce questionnement entre pulsion de vie et pulsion de mort.

La position de l'UEA

Je voudrais dire quelques mots de la position de l'UEA[42] qui est le résultat d'une large consultation sur des questions liées à la recherche, au développement et à la pratique clinique et scientifique dans le domaine de la génétique, ainsi qu'aux facteurs environnementaux qui peuvent avoir des implications génétiques.

Les associations de personnes handicapées divergent sur le bien-fondé des applications génétiques qui visent à éliminer les affections handicapantes héréditaires ou acquises, ou à en atténuer les effets. Pour certaines associations, le handicap d'origine génétique est un phénomène naturel qui participe de la diversité du genre humain. D'autres considèrent que toutes les mesures de l'ordre du raisonnable doivent être mises en œuvre pour éliminer les affections handicapantes, qu'elles soient héréditaires ou non, ou pour en atténuer les effets. L'UEA est une ONG d'aveugles et de malvoyants dont un grand nombre est atteint de déficiences associées, physiques, intellectuelles et/ou sensorielles (surdi-cécité). Elle se doit donc de ne pas limiter sa réflexion sur les questions de génétique aux seuls facteurs de déficience visuelle.

En ce qui concerne la grossesse et la maternité, l'UEA nous propose ceci :

Certaines affections porteuses de handicap sont héréditaires ; elles peuvent être transmises aux générations suivantes. Ce risque peut être connu ou non des familles. Lorsqu'un couple se sait porteur d'une anomalie génétique transmissible à son enfant, il peut demander conseil auprès de professionnels.

L'UEA considère que : Les couples dont les enfants risquent de développer des handicaps ont droit à l'accès à des services professionnels de conseil génétique pour que soient déterminées la probabilité du risque, la nature et la gravité du handicap. S'il apparaît qu'un couple risque de mettre au monde des enfants handicapés ou susceptibles de développer un handicap, les parents ont droit à une information objective sur les implications sociales, médicales, culturelles, économiques et émotionnelles de leur décision d'avoir des enfants. Les associations de personnes partageant les mêmes caractéristiques génétiques sont probablement les mieux placées pour informer les couples à risque des implications de leurs décisions, et ce sur la base d'expériences vécues. Un couple à risque a le droit de choisir d'avoir des enfants même si un membre de la famille peut développer, ou a déjà développé, un handicap.

---

[42] Union européenne des Aveugles.

Dans certains cas, on peut procéder à des tests prénataux sur le fœtus pour déterminer si l'enfant à naître sera ou non porteur d'un handicap. Lorsqu'un fœtus présente des traits génétiques porteurs d'affections ou d'anomalies handicapantes, certains pays permettent aux parents d'interrompre la grossesse. Quelques pays proposent la fertilisation in vitro ou des techniques similaires pour qu'une maman à risque puisse mettre au monde un bébé en bonne santé plutôt qu'un enfant handicapé.

L'UEA considère que : Lorsque la loi le permet, une grossesse peut être interrompue au cas où les tests prénataux font apparaître que le fœtus est susceptible de développer un ou plusieurs handicaps graves, sous réserve que les deux parents aient reçu au préalable une information objective sur la nature et la gravité de ces handicaps ; qu'ils aient pris la mesure des conséquences sociales, médicales, culturelles, économiques et émotionnelles liées à la décision de mettre au monde un enfant dont on sait qu'il risque d'être handicapé ; qu'ils n'aient subi des pressions d'aucune sorte en faveur ou contre l'interruption de la grossesse. S'il y a désaccord entre les deux parents sur l'interruption de grossesse, la décision finale doit revenir à la femme. Lorsque la loi le permet, on peut avoir recours à la fertilisation in vitro ou à d'autres techniques du même type pour permettre à une femme de porter un bébé en bonne santé plutôt qu'un enfant susceptible de développer un handicap grave. Les tentatives de contrôle du patrimoine génétique d'une société, visant à la réduction de l'incidence ou à l'élimination des déficiences et anomalies héréditaires par le biais de méthodes telles que la stérilisation organisée, le contrôle de la reproduction ou l'avortement automatique, doivent être prohibées.

Un handicap est grave lorsqu'il n'affecte pas seulement l'apparence et lorsque les parents pensent de bonne foi qu'il peut limiter sensiblement la capacité de l'enfant ou de sa famille à s'acquitter des activités journalières.

J'ai voulu vous donner à lire un large extrait des propositions de l'UEA qui sont réalistes et éthiques. Ceci dit, la question reste entière. Que nous soyons atteinte de maladie génétique ou pas, à partir du moment où nous sommes une femme handicapée, nous sommes réduite à ce point de non-retour et la société ne va pas se gêner pour nous questionner sur nos intentions, pour nous interdire le désir d'être mère ; elle va nous montrer du doigt comme l'objet malfaisant susceptible d'engendrer le mauvais, le mal formé, le difforme.

Plusieurs cas se présentent. Imaginons : un couple jeune dont le père est handicapé ; ici le regard de la société sera moins critique car tout le monde sait que c'est la mère qui est « porteuse », c'est elle surtout qui est regardée. Le regard des autres n'aura pas la même charge de condamnation que si c'était une mère atteinte d'un handicap.

Un couple jeune dont la mère est handicapée : avec un beau ventre rond mais, hélas, accompagné soit de la canne blanche, soit de béquilles, soit installé (le ventre rond) dans un fauteuil roulant. Cela va soulever une angoisse chez l'autre, cela va rencontrer les fantasmes de toute mère. Fantasmes de difformité, de monstruosité, de meurtre. C'est uniquement de « ce point » que l'autre va condamner la mère handicapée pour avoir l'outrecuidance de désirer un enfant.

Un couple où les deux partenaires sont handicapés : là c'est trop ! Ce couple donne à voir ce que l'on voudrait cacher, supprimer, interdire.

Avant de parler du désir d'enfant, il faudrait interroger la sexualité des personnes handicapées. Comment peuvent-elles vivre leur désir de jouissance ? Comment font-elles pour rencontrer l'Autre ?

Tant de tabous, tant de non-dits (ou de trop-dits) pèsent sur la femme handicapée. L'angoisse, tornade bruyante, envahissante, vient harceler celle qui voudrait tant être aimée dans sa différence. Le doute qui s'insinue comme un malpropre vient perturber ses certitudes de femme, le doute plus virulent que la peur vient perturber ses convictions d'être désirable.

La femme qui choisit de mettre au monde un enfant se heurte tout d'abord à ses propres limites physiques ou mentales. Il va falloir qu'elle apprivoise sa peur de sa différence, que son désir soit plus fort que l'image négative que l'Autre lui renvoie.

Son désir d'être mère triomphera, elle enfantera. L'enfant dans son regard brillera.

Mais comment changer le regard de l'Autre sur la différence, comment faire saisir que la femme handicapée est autrement capable d'élever son enfant ?

Comment effacer les représentations mentales que la femme handicapée va enfanter d'un monstre ? Lorsque la norme sociale n'est plus respectée, comment faire découvrir à l'Autre que l'on peut faire autrement, que la solidarité est là pour que la vie puisse éclater dans la différence

29 - Frustration

Pour l'association Paul Guinot, septembre 2008

En réfléchissant à l'article de notre journal, le mot qui me trottait dans la tête et qui ne m'a pas quittée est celui de *frustration.*

Pourquoi être habitée par ce vilain mot qui renvoie au manque, à ce que l'on veut et dont on est privé ?

Sans doute parce que je suis affligée par les promesses non tenues, par l'absence de réalisation des chantiers en cours et qui ne se terminent pas. Une sensation de dérision, de colère, de peine, m'habite face aux privations, aux difficultés que vivent les personnes handicapées.

Les mots prononcés, divulgués, répandus par des voix sûres, enrobantes de *compréhension* me sont devenus insupportables.

Les mots engendrent des maux terribles et provoquent le malheur de ceux qui les entendent Surtout quand ils ne sont pas suivis par les actes…

Je ne vais pas ici énumérer les bienfaits des décrets de la loi de 2005, si ce sont vraiment des bienfaits donnés « à ces pauvres handicapés ».

Je ne vais pas non plus vous dispenser toutes les frustrations que vivent les personnes qui ne trouvent pas les moyens de faire partie de la vie citoyenne (salaire de misère, accessibilité non respectée, rejet des enfants lourdement handicapés, les demandeurs d'emploi perdant la vue ou aveugles qui sont dans les statistiques les derniers à trouver un emploi, etc.)

Je vais m'intéresser à ce terme de *frustration,* essayer de comprendre à quoi il renvoie et pourquoi nous le chérissons ou le haïssons autant.

Le terme de frustration est souvent entendu, dans un sens très large, comme désignant toute impossibilité pour un sujet de s'approprier ce qu'il désire…

La ***frustration*** *est un état mental d'insatisfaction caractérisé par un déséquilibre entre un désir ou une attente et sa réalisation du fait qu'il n'est pas (encore) réalisé.*

Les sources de frustration peuvent être internes ou externes. Les sources internes de frustrations mettent en jeu des déficiences personnelles, comme un manque de confiance, une peur des interactions sociales qui empêchent d'atteindre un but. Le conflit peut aussi être une source interne de frustration quand la personne frustrée souhaite atteindre un but qui interfère avec une autre personne.

Les causes externes de frustration mettent en jeu des conditions en dehors de la personne, comme une route bloquée ou un manque de ressources.

Les opportunités des personnes sont définies par la société, dans la structure de la société, par le conditionnement de l'individu, à travers la hiérarchie et le statut social.

Nous voyons bien que le phénomène de frustration est régi en premier lieu par l'histoire infantile du petit d'homme et renforcé par la sphère sociale. Le besoin et le désir sont très tôt différenciés selon Sigmund Freud. Le modèle en est l'expérience de satisfaction, moment historique de maturation de l'enfant, dont le chercheur en métapsychologie se voit contraint de faire l'hypothèse.

Lacan part de la même considération d'une expérience de satisfaction : l'enfant est dans le besoin, il a faim et en souffre. Puis, sa mère satisfait ce besoin, le comble et l'enfant n'a plus faim, d'où naissance du désir.

Mais la mère offre également à l'enfant encore *plus de plaisir*, par exemple en le caressant, le rassurant de diverses manières, ce qui amène l'enfant à découvrir la demande, qui est demande d'amour et de reconnaissance, et dont les modalités sont essentiellement inconscientes et qui renvoie au manque fondamental : on trouve au cœur de la pensée de Lacan la différenciation d'un manque symbolique - la castration -, d'un manque réel, - la privation - et d'un manque imaginaire, - la frustration.

Ce manque imaginaire en tant que manque phallique devient manque réel quand il s'agit de la non-réponse de la société à nos besoins vitaux, à nos besoins de travail, à nos besoins de communication, à nos besoins de logements décents et accessibles, etc., etc.

Le désir est dans une relation étroite avec le manque.

Plus nous serons exigeants avec nos concitoyens, plus nous pointerons le manque dans lequel on maintient un nombre tellement important de personnes, plus nous ressentirons la frustration et plus notre désir de combler ce manque grandira.

Nos désirs de personnes citoyennes sont immenses, concrets et veulent être satisfaits. Mais justement ! Que se passe-t-il quand la frustration prime ?

Si je me suis permis de rappeler ces données fondamentales c'est pour donner foi à ma démonstration. Pour bien souligner que chacun de nous est mû par le désir de combler le manque, manque d'amour bien sûr. Mais nous devons aller au-delà en désirant vivre à plein, en travaillant, en échangeant pour faire naitre le désir collectif de transformer les inégalités, les frustrations qu'elles engendrent en un formidable dynamisme de vie.

Tout manque, tout refus opposé à nos droits sont ressentis comme injustice et il est normal, presque obligatoire que nous ressentions une frustration. Frustration d'autant plus cuisante, plus violente que nous avons pu au long des années transformer nos manques en désir, désir de nous battre, désir de faire respecter les valeurs d'égalité. Si au cours de nos réflexions, de nos échanges, les droits universels des hommes sont devenus une priorité que rien ne fera vaciller, on ne peut ressentir que souffrance, frustration face aux injustices, au non-respect de l'égalité des chances.

Allons-nous lutter contre ces frustrations multiples, haïr le manque, la frustration ou la chérir en pensant que nous avons bien assez de compassion ! Nous contenter de ce que l'on nous donne ou inventer toujours plus notre désir ?

Maudy Piot, préfacière !

30 - Christine Airiau

« Une vie après l'AVC », L'Harmattan, mars 2011

Un matin froid et brumeux de décembre, Christine me demande d'un ton enjoué et sans réplique : « Tu veux bien faire la préface de mon livre ? ». Sans réfléchir, je réponds « Pourquoi pas ! » Ce sont les jours suivants que j'ai pris conscience de l'importance de la demande de mon amie. Écrire pour que chacune et chacun désire lire ce livre, le contemple autrement, s'engouffre dans l'histoire singulière d'une jeune femme de 32 ans qui, après avoir donné naissance à son second fils, quelques jours après, fait un accident vasculaire cérébral.

Vous vous imaginez l'épouvante, la terrible catastrophe, les difficultés auxquelles va être confrontée sa famille. Tout d'abord Christophe son mari qui est là présent lorsque Christine devient inerte, sans parole ; les deux enfants qui du jour au lendemain sont privés de leur maman ; les frères et sœurs ; les amis.

Avec une écriture allante et spontanée, Christine nous fait découvrir sa nouvelle vie. D'une seconde à l'autre, elle a basculé de la vie normée, tranquille, classique, dans une aventure unique, celle de la différence.

Tout devient autre, le regard que Christine porte sur elle, sur les autres, les perceptions ne sont plus celles qu'elle connaissait ; l'environnement de banal devient presque inaccessible.

Elle est pendant quelques semaines murée sans parole, elle entend, elle comprend, elle imagine, elle angoisse. Ce chemin d'une autre vie, Christine va l'appréhender avec énergie, courage, elle va se battre et elle gagnera.

Elle ressort de cet accident de vie différente, mais en gardant sa fougue, son humour, son esprit critique et son amour pour la vie.

Des séquelles marquent son corps de jeune femme, elle va les surmonter tout en respectant sa singularité.

Le handicap est cette chose qui peut vous surprendre au détour d'un chemin, c'est cet inconnu qui vient frapper à la porte de la vie, c'est cette différence qui vous épingle, qui fait que le regard de l'autre n'est plus le même.

Le handicap oblige l'Autre à sortir de sa monotonie, de ses références, de l'angoisse que suscitent l'inconnu, le désagréable.

Dans les représentations collectives, le handicap renvoie à la monstruosité, au laid, à la faute. Même si aujourd'hui il paraît que les différences sont mieux tolérées, celles et ceux qui les vivent dans leur corps savent que les premiers réflexes sont soit de la compassion, soit de la pitié ou du rejet, ou encore de l'agressivité ; l'exclusion n'est pas loin. Le handicap dérange, il entraine intolérance, indifférence.

Un enfant handicapé dans une classe est très souvent vécu comme un parasite gênant, il va retarder la classe, il fait peur, il fait tache, il fait désordre. On préfère ne pas voir, ne pas savoir. La différence dérange, oblige l'autre à se positionner, se situer autrement, le handicap oblige à sortir des sentiers battus. Dans le milieu de travail, la personne handicapée est souvent considérée comme gênante, moins rentable que les autres !

Mais on oublie que le handicap, la différence sont sources de richesses, que la diversité engendre de l'imaginaire, de la créativité ; que les personnes handicapées sont autrement capables de réaliser les actes de la vie quotidienne, que leur force et leur énergie peuvent surmonter les contraintes du quotidien.

Christine nous montre dans son livre, le combat mené, les réussites remportées. Mais c'est une évidence : ce n'est pas facile de réaliser autrement les actes de la vie. Pour cela il faut croire que la différence est une richesse pour tous, que la norme, la banalité ne font pas partie de la vie des personnes singulières.

La femme handicapée vit une double discrimination, celle d'être femme et celle d'être handicapée. Tout est plus difficile, plus compliqué pour les femmes en général, et le handicap renforce la discrimination. C'est pour cela que le livre de Christine est un bel exemple de lutte au quotidien de l'engagement dans le milieu de travail, de l'amour dans la famille.

L'association *Femmes pour le Dire, Femmes pour Agir* dont je suis la fondatrice et la présidente a besoin de femmes comme l'auteure de ce livre.

N'oubliez pas en lisant cet ouvrage que la différence est une richesse pour tous et que l'amour de la vie permet de soulever des montagnes.

31 - Annpôl Kassis

« Femmes du monde entier contre les violences »

Ed. Mercurol ; Yvelinéditions, 2016

L'aventure de la vie est ce terrible et splendide combat pour la Citoyenneté. Je suis Femme, je suis singulière, différente, porteuse d'un handicap… Mais je suis Femme avant tout. Le handicap n'est pas mon identité, il est dû au hasard de la vie. Je suis femme handicapée sans doute mais Citoyenne avant tout.

Femmes de toujours, Femmes des différences, Femmes de l'Amour, Femmes de la lutte, de la lumière et de l'ombre, Femmes de clarté, mère, épouse, mais femme avant tout.

Je suis Femme du Monde, de cette terre d'humanité, de partage, de solitude, de solidarité, de joie et de larmes. Je suis femme battante, caressante, douce, et sachant dire non. Les violences ne doivent pas exister, la spirale des violences doit cesser. Ensemble nous gagnerons la Paix, nous partagerons l'Amour, ensemble nous dirons non à l'oppression, aux discriminations, aux injustices.

Merci à Annpôl pour la beauté des mots écrits, pour la douleur exprimée, pour la force de ces textes.

32 - Gilberte Imberty

« Les personnes aveugles et malvoyantes » Tome1

Paru en décembre 2008, édit. L'Harmattan.

Que d'histoires de Vie, issues du quotidien de chacun ! Que de délicatesse dans ces lignes qui retracent l'aventure unique de chacun de ces aveugles, de ces perdant la vue ! Tout au long de leur parcours dans la nuit ou dans la pénombre, chacun fait éclater son amour de la Vie, sa force, son énergie, sa volonté d'être là, à sa place, place unique que le lecteur va découvrir, fasciné par la singularité, par le fait que chacun ici réalise son désir en étant « autrement capable ».

Les aveugles de naissance sont ceux qui sont nés privés de vision, qui n'ont jamais pu appréhender la lumière, l'horizon, qui ne savent pas comment se représenter le flocon de neige. Ils découvrent le visage de l'être aimé par le toucher, leurs doigts sentent, ils courent sur les touches du piano, ils tiennent fermement les rênes du cheval, ils fendent l'eau avec grâce…

Ceux qui ont perdu la vue par un accident ont une trace du vu dans leur mémoire, leur aptitude à reconnaître l'environnement est différente.

Vous découvrirez « les perdant la vue » qui cheminent entre l'ombre et la lumière, qui vivent au quotidien la perte imperceptible de la vision, une étrange aventure. En parcourant les pages de cet extraordinaire recueil de « victoires » vous en sortirez émerveillés par le talent de chacun.

Que la nuit et l'ombre ne soient pas vraiment des obstacles. Que le voir soit suppléé par le Regard. Comme je le dis souvent, on perd la vue mais on ne perd jamais le regard.

C'est ce regard de l'auteur, des « vainqueurs », du lecteur, qui fait de ce livre un exemple formidable de lutte et de sérénité, de combat et de victoire, de rires et de pleurs, de chansons et de musiques.

Gilberte Imberty, par sa ténacité, par son courage, sa passion, nous donne à lire, à écouter des moments de vie exceptionnels. Elle nous permet de nous arrêter un moment pour contempler l'extraordinaire désir de vie qui anime chacun.

Allons à la découverte de chacun de ces récits, imprégnons-nous de leur richesse. Le silence nous enveloppe d'émotion, de stupeur, de grâce.

33 - *« Taillepied au fil du temps, des femmes et des hommes »*

Ass. la Balade Des Livres éditeur, avril 2016

C'est une aventure merveilleuse que de participer à un jury qui doit sélectionner un projet innovant. Aussi quel étonnement de ma part lorsque j'ai reçu un appel me demandant d'être membre de celui qui devait se pencher sur le thème : « La culture facteur d'intégration sociale » organisé en 2015 par la M.N.H. J'ai failli rester sans voix… avant de donner la mienne au candidat de mon choix !

Certes aujourd'hui il y a beaucoup d'entreprises, de fondations, d'associations qui lancent des appels à projets afin de soutenir des initiatives citoyennes dynamiques dans notre société. Mais on est toujours honoré d'entrer dans le jeu et de participer ; et même de faire gagner…

Je suis aveugle après avoir été une « perdant la vue ». Cela signifie que j'ai perdu la vue progressivement, lentement, jour après jour, comme le soleil qui le soir se couche à l'horizon.

C'est étrange comme les stéréotypes restent présents à l'intérieur de nous, comme une trace indélébile qui nous donne à penser que les aveugles n'ont pas accès à la culture. Quand on ne voit pas, comment apprécier les tableaux, les sculptures, les livres ? Car la culture se limiterait à l'unique visuel. Quelle erreur ! J'aime dire que l'on peut perdre la vue mais que l'on ne perd jamais le regard.[43]

Alors pourquoi ai-je douté, avec un peu d'angoisse, de ma capacité à juger les différents projets, pourquoi suis-je rentrée dans la peau de mon handicap ? J'étais interloquée par la confiance qui m'était faite. J'ai mis en cause mon regard, ma sensibilité, ma citoyenneté.

Si je prends quelques minutes à vous conter cela, c'est pour partager avec vous ce que vous savez sans doute : c'est l'environnement qui fixe les limites entre les non-handicapés et les autres. Moi qui crie haut et fort que je suis une citoyenne à part entière, que je suis femme avant d'être handicapée, que le handicap n'est pas mon identité, qu'il est dû au hasard de la vie, j'ai été rattrapée par cet affreux cliché de *l'handicapée.*

---

[43] Maudy Piot, « Mes yeux s'en sont allés – Variations sur le thème des perdant la vue », L'Harmattan, Paris, 2012.

À vous toutes et tous qui allez lire ce livre sur Taillepied, sur le déroulé de ce magnifique projet qui a remporté le premier prix, vous comprendrez que la singularité, les différences, sont des Aventures de vie, de précieux joyaux que l'on recueille chaque jour au bord des chemins.

Je le répète mon handicap n'est pas mon identité et c'est pour cela que le fait que je sois aveugle n'avait aucune importance. Cela a été possible grâce à la citoyenneté et à la solidarité des personnes avec lesquelles j'ai travaillé, dépouillé ces fameux dossiers. Chaque lecture, chaque écoute des projets était une richesse, une découverte. L'imagination, l'inventivité rendaient difficile la sélection. On me lisait, on me décrivait ce que contenaient ces documents. J'écoutais, je me représentais et surtout je sentais ; mon corps vibrait, ma pensée allait au gré des paroles partagées, tout mon visage, tout mon corps voyait, regardait, retenait les détails ou les grandes lignes des présentations. Il me fallait mettre ensuite une note entre 0 et 10 pour sélectionner le gagnant. Moi qui avais craint, redouté la difficulté du choix, je fus étonnée de la facilité avec laquelle s'est portée ma préférence.

Le fait de ne pas voir rend plus facile la sensation, la perception. Très vite j'ai oublié, comme d'habitude, que mes yeux étaient absents !

Je voudrais dire ici un grand merci à celle qui m'a accompagnée pour sa discrétion, son efficacité, son respect. Ce fut un travail à deux intelligences, à deux sensibilités, à deux regards.

Le projet « *Taillepied au fil du temps, des femmes et des hommes* » a commencé à germer lors de l'ouverture du foyer de vie implanté sur les terres de Taillepied, petit bout de territoire de Martigné-Ferchaud, bien connu des martignolais et cher à leurs souvenirs.

J'écoutais en me représentant la magnifique initiative mise en place par les habitants, jeunes et moins jeunes, par le foyer de vie, la médiathèque « l'Envol », l'espace jeune « le Skwatt », par toutes et tous ; je réalisais ce magnifique effort de mémoire s'appuyant sur une réalité bien présente, en soupçonnant le travail ingénieux, respectueux, des animatrices et animateurs qui jour après jour récoltaient des informations nouvelles, les faisaient circuler, partager, bâtissaient cette immense fresque de solidarité liant les différences, réveillant la curiosité, consolidant le partage, ouvrant sur une histoire à finir de construire, mettant en lumière la mémoire d'antan ; je voyais évoluer devant moi ce village de Taillepied, je sentais l'odeur de la terre retournée à la recherche de souvenirs perdus, j'entendais la voix de celle ou de celui qui se remémorait sa jeunesse, les histoires racontées bâtissant la nouvelle vie et l'aventure de Taillepied ; j'entendais les cris, les rires des enfants, le plaisir des adolescentes et adolescents, la ballade des anciens venant se mêler à la musique des jeunes : toute une vie en pleine effervescence, une rumeur de nouveautés s'appuyant sur l'autre Histoire.

Ce bouillonnement d'idées, de générosité, d'écoute du rythme de chacune et de chacun, ce désir de la rencontre entre l'autrefois, l'aujourd'hui et le demain (de 1055 à 2114 !), la construction dans la différence d'un vivre ensemble, m'a fait me battre à cœur et à corps pour que vous toutes et tous vivant à Taillepied, dans ses environs, jeunes ou moins jeunes, non handicapés ou handicapés, vous puissiez vivre votre Citoyenneté dans le partage et l'amitié. Que ce prix vous apporte un regard toujours nouveau sur cette belle Histoire qui est la vôtre, la nôtre !

Femmes ▶ Travail ◀ Handicap

34 - Rapport destiné à Madame Carlotti

(Avant-propos)

Janvier 2014

Quand Madame Marie-Arlette Carlotti (ministre chargée des personnes handicapées et de la lutte contre l'exclusion) m'a demandé de produire un rapport sur les femmes handicapées, et plus particulièrement sur l'emploi, les soins médicaux concernant ces femmes, j'ai ressenti un immense espoir, une folle envie de faire partager les conditions de vie des *citoyennes singulières.*

Quel que soit le thème abordé dans ce rapport, je m'attacherai à ce que les violences, toutes les formes de violences touchant les femmes handicapées, soient abordées. On ne peut passer sous silence ce fléau nié, ignoré, oublié. Il est grand temps de mettre au jour ces violences et de mettre en action toutes les formes de lutte pour les éradiquer.[44]

L'important est que notre association « Femmes pour le Dire, Femmes pour Agir » participe à ces réflexions et à cette analyse des besoins spécifiques concernant une population laissée de côté, sans considération, sans prise en compte de sa vulnérabilité, de ses besoins et de ses demandes. La loi de 2005 a permis quelques avancées, mais vraiment insuffisantes. Les décisions prises ne sont toujours pas appliquées ; l'accessibilité n'est toujours pas aux normes. Le plus terrible c'est que ces constats de non-mise aux normes ne dérangent pas grand monde.

Au contraire nous sommes perçues, nous femmes handicapées, comme dérangeantes, agressives, désagréables. Effectivement celles et ceux qui pointent du doigt l'incompétence, la négligence et surtout l'indifférence ne sont pas aimés !

L'association « Femmes pour le Dire, Femmes pour Agir » que j'ai fondée en 2003 a pour objectifs de lutter contre toutes formes de discriminations et plus particulièrement la double discrimination que vivent les femmes handicapées : être femme ET être handicapée ; notre objectif est aussi de dire haut et fort que nous sommes des citoyennes à part entière, que le handicap n'est pas notre identité, qu'il est dû au hasard de la vie. Nous sommes des Citoyennes avant tout.[45] Je pense en toute modestie

---

[44] FDFA, Violences envers les femmes, le NON des femmes handicapées, l'Harmattan, 2010.

[45] FDFA, « Femmes handicapées, citoyennes avant tout », l'Harmattan, 2013.

que notre association est à ce jour la seule en France à se revendiquer de la cause des femmes handicapées, tous handicaps confondus.

Il est intéressant en cette année 2014 que l'on nous demande de rédiger un texte pour mettre en lumière ce que vivent les femmes handicapées au niveau de l'emploi et des soins médicaux. Tous les secteurs sont concernés : l'éducation, les loisirs, la vie quotidienne.

De plus, tout au long de ces exposés, nous aborderons la problématique des violences subies par les femmes handicapées. Je voudrais déjà rappeler que si 36 % de femmes valides subissent des violences (sous toutes les formes) ce sont 72 % de femmes handicapées qui en sont victimes. L'ONU dans un rapport récent donne même le chiffre de 80 %...

Nous allons parler du handicap et plus particulièrement du handicap touchant les femmes.

Ce terme handicap, familier à nos concitoyennes et concitoyens, est un mot presque banal, signifiant, porteur de multiples représentations.

Ce qui est intéressant aujourd'hui c'est que ce rapport demandé est écrit par des femmes porteuses d'une singularité et par des femmes ayant un enfant, une adolescente, une jeune fille, une mère en situation de handicap dans leur famille. Il y a quelques années encore c'étaient les valides qui parlaient pour nous, qui savaient pour nous, qui décidaient pour nous. Nous nous sommes battues pour prendre la parole, pour exprimer nos désirs, pour vivre autonomes.

Le handicap qu'est-ce donc ? Des définitions sont données, elles décrivent, stigmatisent les différences, les nomment, les répertorient.

Je rappelle en souriant que l'une des définitions du handicap met en valeur la force, la toute-puissance. Effectivement, lors des courses des chevaux, c'était le cheval le plus fort, le plus puissant à qui l'on mettait « un handicap » (anglais *hand in cap*), c'est-à-dire une charge supplémentaire, afin que l'égalité des chances soit respectée. C'était imposer un désavantage au concurrent le plus chanceux.

Je ne puis résister à retenir ce paradoxe : si la personne handicapée est porteuse d'une charge supplémentaire qui aujourd'hui la disqualifie aux yeux de ses paires, c'est peut être que le regard des autres est voilé, que l'on ne sait plus voir la richesse inestimable de celui qui porte une « charge » qui le rend plus fort, plus courageux, plus valeureux !

Je voudrais dire que le handicap est un mot commode pour exprimer ce qui est hors norme, hors-série, ce qui est à la marge, ce qui dérange, ce qui oblige.

Pour moi, femme handicapée, puisque c'est ainsi que l'on me nomme, je ne me reconnais pas dans ce mot. Je me vis, je me sens une femme avec ses richesses, ses besoins, ses potentialités, ses demandes et ses limites.

Mais cela ne va pas de soi, il est tellement plus commode d'être tous semblables, il est tellement plus facile que tout le monde emprunte les mêmes escaliers, que l'on parle avec les mêmes sons, que l'on lise les mêmes écrits, que l'on se déplace avec ses deux pieds.

Quels sont ces étranges phénomènes qui sont différents, qui viennent troubler notre existence, qui viennent nous questionner, nous obliger à penser autrement ?

Pourquoi cette minorité pose-t-elle des problèmes à la majorité pour réaliser ces droits pourtant théoriquement affirmés ?

La personne handicapée vient troubler les certitudes ; elle vient demander à l'imaginaire, à la créativité de se mettre en marche autrement, de répondre différemment. C'est ce plus et non pas ce moins qui vient interroger la Vie.

Cette différence, source de richesse, de souffrance aussi, qui demande invention, parole, échange va être interrogée dans ce livret. Nous allons, avec des adhérent(e)s de FDFA interroger ensemble le quotidien de ces femmes *différentes.*

Nous allons vous faire partager des situations vécues dans l'emploi, dans le milieu hospitalier ; nous ferons un clin d'œil sur les avancées en Europe. Nous partagerons nos expériences, nos recherches, nos réflexions,

Il est évident que les femmes handicapées sont avant tout des femmes à part entière avant d'être handicapées. Oui mais…

Je vous raconte une anecdote qui illustre comment on peut voir une femme handicapée.

Dans le couloir du métro parisien une jeune femme aveugle se déplace avec son chien guide.

Elle s'entend interpeller, réalise qu'il s'agit d'un contrôleur. Elle cherche son titre de transport. Quand le contrôleur arrive à sa hauteur, il lui dit :

« Excusez-moi, je croyais que c'était une vraie personne ». Il ne la contrôle pas.

Posons-nous la question de savoir qui est une « vraie personne ».

Cet incident fréquent concernant les femmes handicapées illustre avec force la déconsidération, l'invisibilité de la femme handicapée. La femme handicapée n'est donc pas une personne. Qu'est-elle donc ?

J'en profite pour redire ici que trop souvent encore on entend « les handicapés » et non « les personnes handicapées » ; cela veut-il dire que nous sommes asexuées, que nous sommes des objets ?

La représentation du handicap renvoie encore trop souvent à la monstruosité, à la peur, à l'angoisse, au rejet, au mal. Ces croyances sont encore bien présentes dans l'inconscient collectif.

La femme handicapée, quelle que soit sa singularité, est une citoyenne à part entière. Elle a des désirs, des demandes, des besoins comme tout un chacun. Ses potentialités sont diverses, variées, elle revendique son autonomie et ne veut plus être rabaissée à la condition de femme servile, incapable, bonne à rien sauf à servir, voire inutile.

Les femmes handicapées ont des droits et des devoirs comme tout citoyen. Seulement leur statut que l'on épingle comme différent leur rend la vie difficile. Elles doivent se battre au quotidien pour se faire respecter et obliger qu'on les regarde comme des personnes dignes et respectables.

Les femmes handicapées se perçoivent avant tout comme des femmes, avec les mêmes désirs et besoins que les femmes valides, voulant réussir leur vie de femme et de citoyennes, avec cette richesse qu'est leur singularité, leur *handicap*.

Leurs revendications rejoignent celles des féministes, elles ne veulent plus être soumises à la domination masculine.

Il est plus difficile aux femmes handicapées de s'intégrer dans la vie de la cité ; confinées, isolées par leur handicap, elles sont rendues invisibles et exclues de la vie sociale, culturelle, politique, associative et des processus de décision.

Ce qui est très intéressant à remarquer, c'est que la dimension du genre est absente tant dans les discours, que dans les écrits ou échanges comme nous le développerons plus loin.

Les textes législatifs encadrant la politique du handicap sont rédigés au masculin, traitent la population des personnes handicapées comme une entité globale asexuée et ne prennent absolument pas en compte les spécificités de l'appartenance de genre. Le résultat est que les femmes sont invisibles et que ce sont les hommes qui bénéficient en majorité des préconisations, dispositions et mesures adoptées. Ainsi l'obligation d'emploi de 6 % de travailleurs handicapés (au masculin… ou au neutre) ne contient aucune mention de mixité.

Les rapports, études et textes sur le handicap ne sont pas sexués, les statistiques et données chiffrées différencient très rarement femmes et hommes handicapé-e-s, ce qui rend particulièrement difficile la connaissance de la réalité de la situation des femmes handicapées

Je voudrais ici ajouter quelques mots sur ceux que l'on nomme les handicapés.

La société et celles et ceux qui la composent parlent d'une entité générale, *les handicapés*. Ce fourre-tout facile à usage des personnes valides ne correspond pas à la réalité du *handicap*.

Le monde de la différence comprend une multiplicité de singularités tant physiques que mentales ou intellectuelles. Il est plus facile de nommer un groupe, une globalité, de s'imaginer que ce groupe a les mêmes besoins, que celles et ceux qui le composent sont tous identiques. Il est plus facile pour tous de ne rien s'imaginer mais simplement d'inventer une catégorie, que dis-je une sous-catégorie d'êtres humains, dont la vulnérabilité, la monstruosité, la laideur, l'incompétence sous-entendent des besoins moindres que le reste de l'humanité.

Tous les jours les personnes handicapées sont en butte au rejet, aux humiliations, à la mise à l'écart ! Ce qui peut aller de pair avec la pitié, la compassion…

Or il se trouve que les femmes handicapées sont davantage touchées par ces discriminations.

Je ne vais pas énumérer toutes les formes de singularités. Je voudrais simplement souligner qu'une femme handicapée motrice ne vit pas, ne ressent pas sa différence de la même manière qu'une femme aveugle ou sourde. Dans le monde du travail on a pu constater que les femmes aveugles ou perdant la vue, à diplôme égal, trouvent beaucoup plus difficilement un emploi. La cécité renvoie à des représentations négatives, déclenche chez les autres de l'angoisse, de la peur. Le manque de voir engendre soit une prise de pouvoir de l'interlocut(rice)eur : « Elle ne voit pas, c'est ma chose, je puis la dominer, la tromper ». Ce n'est pas explicite. Le mot aveugle évoque chez l'autre le plus souvent un manque de capacité, une dépendance, le fait d'être bonne à pas grand-chose.

La cécité est le handicap le plus mal vécu par nos contemporains. Être privé de la vue est un mal redoutable. Dans l'imaginaire collectif, l'aveugle est celui ou celle qui se cogne, qui est sale (image traditionnelle du mendiant), qui n'est pas capable de se déplacer seul(e). Le manque d'autonomie est flagrant, comment faire confiance à une aveugle ?

Petite anecdote : Une femme aveugle est invitée chez des voisins, on lui donne l'ordre, une fois assise dans un fauteuil de ne plus bouger, elle risquerait de casser quelque chose... La personne aveugle aussi performante soit-elle, ne peut deviner les obstacles, ni savoir ce qu'il y a sur un buffet, quels sont les plats proposés. La femme aveugle est exclue de fait de l'environnement. Elle doit sans cesse apprivoiser les alentours, trouver des astuces pour être dans le coup. C'est une réalité. La femme aveugle a beaucoup de difficultés à gérer ce qu'elle ne connaît pas. Mais ce que l'on oublie, c'est la capacité des personnes aveugles à vivre autrement, à se déplacer, à sentir les objets, à reconnaître mille choses de la vie. Mais il est vrai que la vue n'est plus là, et tous les fantasmes sont possibles.

La femme en fauteuil roulant qui a perdu sa motricité est autonome à partir du moment où l'environnement est accessible ; elle a la maîtrise du regard, de la perception, elle fait partie de l'ensemble. La femme sourde est exclue si elle ne communique que par le langage des signes. Même si des efforts sont réalisés pour développer l'apprentissage de ce mode de communication dans les entreprises et en service hospitalier, cela est totalement insuffisant.

Des clichés stigmatisent les divers handicaps : la femme sourde est idiote, elle ne comprend rien ; la femme aveugle est dépendante, sale, bête, peu efficace, contagieuse...

Les personnes lourdement handicapées motrices sont souvent exclues, car on n'imagine pas qu'une femme ou un homme myopathe soient capables d'une grande intelligence et d'inventer leur mode de vie et de travail.

En ce qui concerne les personnes handicapées intellectuelles ou mentales, le rejet est massif, car les représentations de ces personnes sont restées très archaïques, teintées de peur, de violence. On préfère exclure pour de fausses raisons, plutôt que regarder autrement les différences.

Le désir que nous avons en rédigeant ce rapport est de faire comprendre que la différence, la singularité, le handicap font partie de la vie de la cité, de la vie solidaire, du partage. Que chacune et chacun est singulier, que le plus donne au moins, que le soi-disant moins est dans un échange pluriel. Que le regard de l'Autre se construit dans l'incroyable diversité.

35 - Femme, Travail, Handicap

19 novembre 2009

Un couple infernal

Je vous remercie d'être présents ce matin, cela me fait chaud au cœur de vous voir. Je ne vous vois pas avec mes yeux, mais je vous regarde.

J'ouvre notre 4e Forum national sur le thème « Femmes, travail et handicap ».

Le mot ***femme*** avec le mot ***handicap***, c'est un couple infernal !

D'abord, parce que le mot *femme* a, dans la représentation mentale et imaginaire de nos concitoyens, une connotation négative. Même si l'on veut montrer que les femmes ont les mêmes droits que tout le monde, nous sommes encore source de dérision et cela fait mal, c'est une blessure. Lorsque j'ai cherché des financements pour ce Forum et que j'énonçais le thème, on me disait : « Ah, les femmes travaillent ? » Et nous sommes au XXIe siècle !

Je voudrais que cette journée soit une journée de travail, d'imagination et que nous marquions la différence. La différence est une richesse pour notre société et pour tout un chacun.

Il ne faut plus demeurer dans cette représentation de la femme et de la personne handicapée comme des sous-produits de la société. Aujourd'hui, ce doit être terminé.

Je vais expliquer pourquoi j'ai créé l'Association *« Femmes pour le Dire, Femmes pour Agir »* et ensuite, nous accueillerons nos intervenantes.

Une chose me tient à cœur, je ne veux plus entendre : les handicapés ! Nous sommes d'abord des personnes. Si vous écoutez la radio, on vous dit toujours : *les z'handicapés* !

Quand va-t-on nous regarder comme des personnes à part entière ? Quand dira-t-on : travailleurs handicapés, personnes handicapées ?

Notre société veut que nous soyions toujours dans la norme, et quand nous ne le sommes pas, nous sommes regardés avec bizarrerie.

Je crois que le handicap représente pour beaucoup de nos concitoyens une inquiétante étrangeté.

Qui est cette personne en fauteuil roulant qui travaille et réussit bien dans son emploi ? Le handicap dérange parce qu'il renvoie à l'inquiétude, à la peur, à l'angoisse. Dès que nous ne sommes pas dans la norme commune, nous faisons peur. C'est cette peur qu'il faut que nous tentions de faire disparaître, en partageant des expériences, en échangeant avec les autres, en disant haut et fort que nous sommes citoyens et citoyennes.

« Femmes pour le Dire, Femmes pour Agir ». Qu'est-ce que c'est que cette Association qui dérange les normes établies ? Pourquoi a-t-elle été créée ? Parce que je me suis aperçue que, vraiment, les femmes en situation de handicap vivaient une double discrimination : celle d'être femme et celle d'être handicapée. Les femmes africaines nous disent qu'elles vivent, elles, une triple discrimination !

Je me suis dit que c'était insupportable et qu'il fallait réunir nos forces pour travailler ensemble, changer le regard sur les différences et dire que la femme en situation de handicap est tout à fait capable de réaliser les actes de la vie quotidienne.

Anne Hidalgo, qui viendra cet après-midi, m'a soutenue, quand j'en ai discuté avec elle. J'ai mis du temps, car je ne suis pas une féministe de la première heure.

Les hommes aussi, d'ailleurs, que nous accueillons dans notre association avec beaucoup de joie et de bonheur, nous soutiennent car nous ne faisons aucune discrimination, afin de changer les clichés négatifs des femmes en situation de handicap.

Nous avons créé notre association en 2003 et nous faisons des Forums tous les deux ans pour transmettre un message qui essaie d'être de plus en plus militant, pour que les femmes en situation de handicap, et les autres aussi, puissent vivre au grand jour en plénitude leur richesse.

Notre premier Forum s'est déroulé en 2003, notre marraine était la regrettée Lucie Aubrac. Nous étions à l'Hôtel de Ville de Paris, c'était très chaleureux et très riche.

Le second (2005) s'est déroulé dans la mairie du 13e arrondissement sur le thème : « Femmes handicapées : la vie devant elles » avec Simone Veil et Ségolène Royal.

Le troisième (2007) était à la Villette, sur le thème : « Femmes, création et handicap » avec Nicoletta.

Aujourd'hui, nous sommes dans cette mairie du 18e et je remercie les élus pour leur accueil.

En 2003, en discutant avec Anne Hidalgo, j'ai dit que j'étais étonnée que ce soient toujours les autres, les personnes valides, qui parlent pour nous. Nous sommes aussi capables d'exprimer nos besoins et nos désirs, de dire de quoi nous avons envie. Chacun de nos Forums était constitué autour de tables rondes où des personnes en situation de handicap prenaient la parole. Ce fut le cas en 2003, en 2005, en 2007, et aujourd'hui, ces personnes qui sont en situation de handicap savent ce qu'elles ont à dire, car ce sont elles qui vivent la différence, et non pas les valides, même si nous voulons travailler avec les valides. C'est nous qui connaissons nos besoins. Qu'on arrête de nous mettre dans des cases et qu'on nous interroge. Nous parlerons !

Cela commence avec les maisons départementales des personnes handicapées. Notre rêve, dans l'association, c'est que les femmes en situation de handicap se trouvent partout, qu'on ne soit pas obligé de construire une maison spécialisée pour les recevoir.

On voit le fauteuil, on voit le chien-guide, mais on ne voit pas la personne, car elle provoque un questionnement chez l'autre. Or, nous avons des droits ainsi que des devoirs. Ce n'est pas parce que nous sommes en situation de handicap que tout nous est permis et que nous devons être dans la plainte, objets de compassion, dans la récrimination. Cela ne donne pas une bonne image de la situation de handicap. Il est vrai que c'est douloureux le handicap, que la vie est difficile à vivre, qu'il y a de la souffrance physique et psychique, mais s'il faut profiter de notre différence, c'est pour dire à tous que nous sommes capables de réaliser les actes de la vie quotidienne, que nous sommes capables de travailler si l'environnement est accessible. Qu'est-ce qui nous empêche d'être autonomes ? C'est l'environnement. Si les stations de métro ne sont pas annoncées, si nous n'avons pas les moyens de nous repérer, nous, déficientes visuelles, comment être autonomes ?

Il ne suffit pas de dire : ce bâtiment est ancien, il ne pourra pas être accessible, il faut garder la beauté des bâtiments anciens, mais avoir de l'inventivité pour les rendre accessibles. C'est la lutte au quotidien qui devra faire prendre conscience de ça.

Cela ne dérange personne qu'une personne en situation de handicap ne puisse pas aller au cinéma ou ne puisse pas faire ses courses, c'est tellement entré dans les mœurs. Après tout, qu'elles restent chez elles !

Il y a 22 % de femmes en situation de handicap au travail, contre 41 % d'hommes handicapés.

Le chômage est double pour les personnes handicapées par rapport aux personnes valides : les femmes sont en situation précaire, elles ont le salaire le moins élevé. Beaucoup de femmes en situation de handicap sont proches du seuil de pauvreté. Nous avons beaucoup de travail à faire tous ensemble pour que ça n'existe plus au XXIe siècle.

C'est ça le travail de l'Association !

Nous avons des forums, des ateliers et des groupes de parole. Nous avons un atelier maquillage, car nous pensons qu'une femme en situation de handicap a le droit d'être belle, d'avoir des bijoux et d'être séduisante. Nous avons une esthéticienne qui apprend aux personnes à se maquiller sans voir, aux hommes qui ne voient pas à se raser sans se couper. C'est à nous aussi de nous prendre en mains, de dire : je désire être séduisante, être belle. Les personnes aveugles n'ont pas à manger avec leurs doigts ! Nous avons un travail à faire sur nous-mêmes, mais pour cela, nous devons être accompagnées. L'accompagnement, c'est différent de l'aide.

Une personne m'a téléphoné parce qu'elle voulait travailler pour nous, en me disant : je m'occupe des aveugles. Nous n'avons pas besoin qu'on s'occupe de nous, mais nous avons besoin d'accompagnement.

Il faut dire cela pour que le regard sur le handicap soit modifié.

Nous vous accueillons avec plaisir dans notre association. Nous avons besoin qu'elle se développe.

Nous voulons faire en sorte que les personnes handicapées soient des personnes à part entière avant d'être des personnes handicapées.

36 - Impossible rencontre

Octobre 2007

Je suis frappée d'entendre deux discours antagonistes, l'un tenu par des employeurs (chefs d'entreprise, chargés d'insertion, assistantes sociales et autres), l'autre émanant de personnes handicapées en recherche d'emploi. Ces discours ont pour sujet l'emploi, la recherche d'un poste de travail, d'un emploi stable convenant aux qualifications des personnes handicapées ainsi qu'aux attentes des employeurs.

J'ai l'impression que le langage des uns est totalement incompréhensible par les autres. La personne handicapée, en position de demandeur, et l'employeur censé l'écouter ne se rencontrent pas. L'écoutant n'entend pas ou ne peut pas entendre la parole, le désir du demandeur. S'agit-il d'une rencontre impossible ?

Nous savons tous que les entreprises doivent employer un quota de 6 % de personnes handicapées. La loi est devenue plus stricte, l'employeur ne peut pas s'y soustraire. Mais que se passe-t-il donc pour que les sociétés disent ne pas trouver de personnes handicapées (je dirais "singulières") malgré leurs recherches, leurs efforts, leur bonne volonté ? Les personnes handicapées susceptibles de travailler seraient-elles donc introuvables ? Où se cachent-elles ? Sont-elles toutes pourvues d'un emploi ? Ou sont-elles toutes incapables de répondre à l'appel ?

J'entends les lamentations des responsables du recrutement lorsqu'ils énumèrent les efforts qu'ils font – soyons justes, il y a de réels progrès – et qu'ils parviennent à cette conclusion : Nous voudrions embaucher des personnes handicapées, mais nous n'en trouvons pas ! L'incongruité de ces paroles fait monter en moi une sourde colère, un sentiment de duperie. Pourtant leur bonne volonté n'est pas en cause, ni leur désir de répondre aux exigences de la loi.

Les personnes handicapées tiennent un autre discours : « J'ai envoyé *x* CV, je n'ai jamais reçu de réponse » ; « Quand je suis arrivé avec mon fauteuil roulant, j'ai bien vu qu'il posait un problème, non pas pour l'accessibilité, mais pour autre chose... On ne m'a jamais re-convoqué » ;

« J'ai fait toutes les agences spécialisées, Cap Emploi, Ohé, des sites internet, j'ai téléphoné, mais personne n'avait besoin de moi ».

Il est vrai qu'un certain nombre de chercheurs d'emploi ont une qualification modeste. Nous savons pourquoi : ce n'est pas dû à un manque d'intelligence ou à une paresse invétérée ; nous savons les difficultés auxquelles sont confrontées les personnes handicapées : dès la vie scolaire pour avoir accès à l'éducation, à l'apprentissage, puis à l'Université... Un petit mot est dans toutes les bouches, un petit mot de rien mais qui est la clé de tant de choses, *accessibilité*, aussi bien matérielle que scolaire que professionnelle. Mais, me direz-vous, on fait ce que l'on peut ; pour recruter quelqu'un, il faut qu'il ait fait des études, qu'il soit compétent. Bien entendu, mais n'oublions jamais que la personne handicapée est une citoyenne à part entière, elle est d'abord une professionnelle avant d'être *une handicapée* ! Il n'y a aucune raison pour employer des personnes incompétentes, soit par pitié, soit pour avoir son quota légal.

Il ne s'agit pas de cela. Combien de sujets handicapés ont des qualifications, des Bac plus quelque chose, des DEA en droit ou en d'autres disciplines ; d'autres ont des CAP de secrétariat, de couture ; beaucoup ont suivi des formations professionnelles. Et malgré tout, elles ne trouvent pas de travail.

Si chacun est véridique dans sa démarche, pourquoi le fossé est-il infranchissable ? Quelle image l'employeur a-t-il de la personne handicapée ? Quelle représentation du handicap est-elle inscrite dans son inconscient ? Ma question vaut pour l'employeur, mais il faut également se la poser pour l'ensemble de ses collaborateurs, des salariés de son entreprise, car on n'intègre pas un employeur mais une entreprise, une collectivité. Et souvent les réticences viennent plus des collaborateurs que du chef d'entreprise. Sont-ils préparés à regarder la différence comme une richesse, comme un plus, plutôt que comme une charge, un moins dans la bataille de la compétition ? Je pose la question en partant du fait que le sujet handicapé est porteur d'un manque, que dans son corps est inscrite une limite (vision défectueuse, marche impossible, corps abîmé, etc.). L'autre, le bien portant, ne peut imaginer que ce sujet différent ait les mêmes possibilités intellectuelles, et même physiques selon les cas, que tout un chacun. La marque inscrite sur le corps devient signe de rejet, d'incompatibilité avec le travail proposé. L'embauche d'une personne handicapée suscite chez le responsable direct, chez les employés, de l'angoisse, une *petite peur*, un sentiment de culpabilité. La différence est insupportable, elle renvoie aux limites de chacun, aux peurs archaïques, à la monstruosité, à la mort.

Que faire avec tous ces fantasmes ? La personne handicapée est vécue a priori comme moins efficace, moins rentable, moins compétente. Les objections du recruteur sont là pour calmer son angoisse, ses peurs. Et si jamais la personne handicapée était plus performante ! Il se peut que dans la représentation du chef d'entreprise la personne handicapée soit a priori capable et qu'elle lui serve à remplir son quota. Mais pour le chargé d'embauche, il en va tout autrement. C'est lui (par exemple le DRH) qui est responsable de l'intégration, de la rentabilité. C'est lui qui devra subir les réflexions des collègues. Alors il est pris d'une sorte de frénésie : la personne handicapée devra être surdouée… ou ne pas être ! Il va exiger du travailleur handicapé beaucoup plus que ce qu'il demande habituellement au salarié lambda. Il va éplucher, réexaminer, retourner en tous sens le CV reçu. Il exige un sans-faute, il lui faut toutes les qualités à la fois, il ne doit faire aucune erreur. Dès le moment de la lecture du CV s'insinue un doute, un rejet inconscient, une angoisse lancinante.

L'image de la personne handicapée est trop souvent liée à l'incompétence, à la lenteur, au retard, aux absences, à l'inefficacité. Comme si le corps abîmé de l'autre éveillait chez le recruteur une panique inversement proportionnelle aux capacités du sujet handicapé, rendant l'embauche impossible. L'insolite de la différence prend toute la place dans la représentation du recruteur.

On pourrait imaginer de proposer au candidat une formation pour compléter ses compétences ; on pourrait imaginer une sensibilisation au handicap prodiguée par des personnes compétentes en ce domaine, et handicapées elles-mêmes. Cela réduirait une partie de l'angoisse de l'inconnu, permettrait aux membres du personnel une rencontre des personnes différentes, un échange sur les représentations du handicap. La peur de la différence ferait place au désir de partager, d'échanger, de regarder la personne handicapée comme « autrement capable » d'accomplir les tâches qui lui sont demandées.

37 - La femme, le travail et le handicap

Janvier 2011

Notre association « Femmes pour le Dire, Femmes pour Agir » a organisé le 19 novembre 2009 un forum intitulé « Femme Travail handicap »[46]. Je m'inspire ici des interventions qui ont eu lieu ce jour-là ainsi que des témoignages des participant(e)s, tout particulièrement des femmes handicapées, parlant de leur relation au travail, à l'emploi.

Il faut bien constater que si de nombreuses études ont été publiées sur le travail des femmes, les connaissances sur le vécu au travail des femmes handicapées sont peu nombreuses. Il y a là un déficit à combler. Nous avons apporté notre modeste contribution à ce chantier. Il reste beaucoup à faire.

Tous les indicateurs le confirment, le taux de chômage des personnes handicapées est deux fois plus élevé que celui des personnes valides. Mais qu'en est-il pour les femmes en situation de handicap ? Ne vivent-elles pas une double discrimination du fait d'être femmes **et** handicapées ? Pourquoi travaillent-elles ? Ou veulent-elles travailler ? Ou encore ne veulent-elles pas, pour certaines d'entre elles, travailler ? Comment s'effectue leur recherche d'emploi ? Leur recrutement ? Comment se déroule leur carrière ?

On le sait, le handicap dérange parce qu'il renvoie à l'inquiétude, à la peur, à l'angoisse. Dès l'instant où nous ne sommes pas dans la norme commune, nous faisons peur. C'est cette peur qu'il faut que nous tentions de faire disparaître en partageant des expériences, en échangeant avec les autres, en disant haut et fort que nous sommes des citoyennes à part entière, y compris bien évidemment dans les milieux de travail, les bureaux, les ateliers, les commerces, ou encore dans les entreprises que nous créons.

---

[46] Les actes du forum seront prochainement publiés aux éditions L'Harmattan sous le tire : « Femme Travail Handicap ».

Les femmes et le travail

Parlons d'abord de la situation de la femme par rapport au travail. Les temps ont changé : les femmes aujourd'hui représentent près de la moitié du monde du travail. Elles en constituaient le tiers dans les années soixante. C'est vrai en France comme partout en Europe. Chez nous, les femmes représentent 47 % de la population active (45 % dans l'Union européenne à 25). La féminisation du salariat s'est poursuivie tout au long des années qui ont suivi, y compris en temps de crise, de crise de l'emploi, avec l'installation d'un chômage massif et durable.

Mais ce qui est remarquable, je devrais dire remarquablement désespérant, c'est que la féminisation du salariat n'a pas entamé le mur des inégalités entre sexes. Comme le dit Margaret Maruani[47], « Nous nous trouvons à un tournant de l'histoire de l'emploi féminin : une période faite de progressions évidentes et de régressions impertinentes, de mouvements et de vents contraires dont on évalue mal l'issue ».

Quelques évolutions peuvent faire illusion : les écarts de salaire entre hommes et femmes se sont un peu réduits ; quelques professions masculines se sont féminisées, des femmes font des carrières réelles et réussies. Mais, « par rapport aux progrès réalisés en matière de formation et de qualification – dit encore Margaret Maruani – l'écart entre le *capital humain* des femmes et leur situation sur le marché du travail apparaît plus injuste, plus injustifiable aujourd'hui qu'hier. Les femmes sont globalement plus instruites que les hommes, mais elles demeurent notablement moins payées, toujours concentrées dans un petit nombre de professions féminisées, plus nombreuses dans le chômage et le sous-emploi ».

Les chiffres parlent d'eux-mêmes :

- 80 % des smicards sont des femmes.
- 80 % des travailleurs à temps partiel sont des femmes.
- 80 % des bas salaires sont perçus par des femmes.

Les politiques de l'emploi ne s'attaquent que très mollement à ce problème.

---

[47] Sociologue, directrice de recherches au CNRS, fondatrice du MAGE, directrice de la revue « Genre et société ».

Il faut écarter l'argument spécieux selon lequel les femmes n'auraient qu'un retard dans le temps sur les hommes qu'elles rattraperaient par la suite.

Plus instruites et plus diplômées en moyenne que les hommes lors de leur entrée sur le marché du travail, elles sont moins qualifiées et moins payées qu'eux. Elles restent aussi plus pauvres au moment où elles parviennent à l'âge de la retraite.

Les femmes handicapées et le travail

Écoutons ce témoignage d'un employeur : « J'ai fait l'expérience d'embaucher une femme qui était handicapée moteur et handicapée intellectuellement. Cela a été difficile de motiver l'équipe à accepter cette personne. Lorsqu'on l'a vue arriver en fauteuil roulant, on a dit qu'on allait l'aider. En tant qu'employeur, je voulais l'aider dans sa réinsertion. Mais paradoxalement, elle me disait qu'elle voulait qu'on la traite comme les autres, comme tout le monde. L'équipe n'a pas réussi à entrer dans ce raisonnement. Quand on est employeur, on peut se donner bonne conscience. Mais si on ne sait pas comment gérer la différence, on se plante. Nous ne sommes pas à l'aise ! »

Ce témoignage souligne toute la complexité du rapport au handicap ; il faudrait même dire du rapport à la normalité, à la norme tout simplement. On voit bien que les demandes des différents acteurs divergent, de la compassion – peut-être transitoire – de l'entourage professionnel, à la revendication de la personne embauchée d'être traitée comme si elle ne présentait pas de différences, ce qui reste ambigu, aux problèmes éthiques et à la culpabilité du chef d'entreprise qui ne sait trop comment gérer cette singularité.

Nous sommes façonnés, comme le dit très bien Pascale Molinié[48] : « Il faut renverser le modèle de l'homme performant [...] Il faut penser le modèle de l'être humain au travail à partir du handicap et non à partir du modèle abstrait d'un être humain toujours performant ».

Le handicap est sans doute une **singularité**, il n'est pas pour autant une **exception**. Si l'on considère le déroulement d'une vie humaine, de la naissance à la mort, nous vivons de multiples aléas, de multiples dépen-

---

48 Maître de conférences au CNAM, rédactrice en chef de la revue « Travailler ».

dances. Le handicap, dit encore Pascale Molinié, « peut jouer le rôle d'une loupe grossissante qui permet de voir la normalité comme elle est, et non comme on nous fait croire qu'elle devrait être ».

Il n'y a pas d'un côté le handicap dans lequel serait, je dirais *installée* la personne, et de l'autre l'inébranlable normalité de l'homme (décliné au masculin, cela va sans dire !) surdoué et surpuissant, adaptable, autonome, infatigable, etc. La normalité est toujours précaire, susceptible d'être mise à mal, vulnérable. Nous parlons ici de l'emploi des personnes handicapées, mais il faut également réfléchir aux personnes **handicapées par l'emploi**, temporairement, ou parfois définitivement.

Que veulent les femmes handicapées ?

Pour conclure ce bref exposé, je voudrais laisser la parole aux femmes handicapées elles-mêmes. Au cours de notre forum, des ateliers ont réuni des personnes en situation de handicap, des femmes surtout, qui se sont approprié la parole (alors que bien souvent on a tendance à parler pour elles). Elles ont donc parlé de leur désir de travailler. Est-il justifié lorsqu'on est porteur d'une singularité ? Pour elles, la réponse est « oui », mais pas n'importe comment. Que représente la *valeur travail* pour elles ? Elles répondent :

- Le travail permet de se projeter dans la vie, dans « la vraie vie », dans « la **vie normale** ». Le travail aide à construire son identité personnelle, amplifie la confiance en soi et en ses capacités et donne le sentiment de pouvoir dépasser ses limites. On peut montrer de quoi on est capable.
- Travailler consolide et structure **l'insertion sociale** par l'affirmation de sa place au sein de la société ; en développant un réseau social et professionnel, on refuse de se recroqueviller sur soi-même.
- Par ailleurs, être femme et handicapée cumule une « double invalidité » que seul le travail est capable d'effacer ou du moins d'atténuer : atteindre des objectifs en fin de mois comme tout autre salarié de l'entreprise, gomme le sentiment d'infériorité physique et sexuelle.

- L'activité professionnelle permet de participer au **développement économique**, d'être utile et de ne plus être perçue comme un fardeau pour la société (Travail = salaire).
- Faire évoluer les mentalités, corriger les pratiques professionnelles et les techniques pour les adapter aux autres personnes en situation de handicap, se fera plus efficacement de l'intérieur ; il est donc indispensable d'être intégrée à une entreprise pour pouvoir agir et **être utile aux autres**.
- Pour certaines, le handicap physique n'est pas forcément le plus difficile à gérer : le handicap de l'âge est parfois incontournable ; pour d'autres, le véritable handicap est leur déracinement.

Quant au **rapport à l'entreprise,** au recrutement, aux difficultés d'accès et d'intégration, à l'évolution de carrière, à la fatigabilité, elles préconisent les attitudes suivantes :

- Une entreprise qui **recrute** une personne handicapée doit adapter ses critères de sélection et ses pratiques. Elle doit lutter contre la tentation – bien française – de recruter des « clones » de ses salariés en poste (diplômes identiques, expériences professionnelles comparables, mentalité *dans le moule*, etc.). Il est difficile de s'ouvrir à la différence et de prêter attention à un CV qui présente des périodes d'inactivité ou des trajectoires pas très rectilignes.
- **L'intégration** se réussit à deux : l'entreprise **et** le salarié, parce qu'elle n'est jamais acquise d'emblée. De part et d'autre, il faut accepter les tâtonnements, les ajustements, sensibiliser la hiérarchie, communiquer pour faire tomber les barrières.
- Reprendre son activité dans la même entreprise après une maladie qui provoque un handicap ne va pas de soi. Bien souvent il faut faire le forcing, provoquer les choses, suggérer soi-même les solutions, obtenir des formations complémentaires. De son côté, l'entreprise doit s'adapter à l'Avant et l'Après ; elle doit comprendre qu'elle a affaire à la même personne mais différente et que ses critères d'appréciation doivent évoluer. D'où la nécessité d'un relais, soit auprès du service des Ressources Humaines, soit de la Médecine du Travail.
- La **fatigabilité** est un paramètre à prendre en compte et à gérer avec l'entreprise. Gérer sa vie de famille, sa vie professionnelle et

éventuellement le temps passé en soins ou en rééducation peut paraître insurmontable. Accepter de se faire aider pour trouver des solutions. Un aménagement d'horaire peut être envisagé, du matériel adapté peut être prescrit par la Médecine du Travail pour un meilleur confort et une meilleure efficacité. Pour pallier les problèmes de mémoire et de concentration, tout noter, tout planifier, avoir une organisation différente !

- Pour avoir une **évolution de carrière** comme les autres, obligation de se battre et de montrer tout le temps sa motivation, prouver ses compétences. Par ailleurs, être handicapée, avec un horaire aménagé, peut être un frein pour la carrière : accès plus difficile aux offres d'emploi, de mutation, à la formation.

Conclusion :

Quand on est une femme handicapée, tout est beaucoup plus difficile, plus compliqué.

- « Je me rappelle un entretien avec le chargé du recrutement : un long silence ; il me regardait médusé, sans voix ; j'étais là avec ma canne blanche, j'attendais...Vous êtes aveugle, cela passe, mais vous êtes une femme... Il se met à parler très vite : « Comment allez-vous faire, vous allez être fatiguée tout de suite, c'est fragile une femme, et si vous tombez ! »

- Une femme en fauteuil raconte : « l'accueil fut plutôt sympathique, mais très vite la question : Dites-moi, vous ne pouvez pas avoir d'enfant, je suppose, car dans l'entreprise il ne faudra pas vous absenter, nous allons rendre votre poste accessible, ce n'est pas pour que vous restiez chez vous... »

- Un autre : « Les handicapés c'est fragile, mais quand c'est une femme ! »

Ces réflexions expliquent pourquoi il n'y a que 22 % de femmes handicapées qui trouvent du travail pour 38 % d'hommes handicapés.

La femme handicapée vit, comme je le disais, une double discrimination, celle d'être femme et celle d'être handicapée. Les représentations ancestrales de la femme fragile, faible, sans compétence, soumise, etc. sont renforcées par la problématique de la différence. Un employeur qui se trouve en face d'une femme singulière, dynamique, compétente, diplômée est complètement désorienté. Cette femme ne rentre pas dans ses schémas habituels et conventionnels. Une femme qui dans son milieu de travail, malgré ses difficultés physiques, organise son emploi du temps de manière efficace et positive, est très souvent mise à mal par ses collègues. On lui prête de mauvaises intentions, on la traite d'arriviste, surtout si son chef est un homme. La différence dérange, remet en cause la norme dans laquelle les travailleurs bien-pensants sont enfermés. « Que vient-elle faire dans ce milieu de travail, qu'elle reste chez elle ! » La solidarité féminine ne joue pas la plupart du temps. La figure de la femme abîmée est plus intolérable que celle de l'homme. Cette femme renvoie à la destruction du corps, à la laideur, à la dépendance. Malgré les efforts déployés pour s'inscrire dans le monde du travail, la figure de la femme *anormale* n'est pas supportable, elle porte en elle la fragilité, l'inachèvement. Pour les hommes handicapés cela se vit différemment, on met beaucoup moins en cause leur fragilité, leur absence possible…

La représentation de la femme handicapée est encore entachée d'un regard défavorable, de ce mythe du caché (qu'elle reste chez elle, elle n'a pas à imposer sa différence, son désir de vie).

La domination masculine est bien présente, l'inégalité subsiste, la femme est encore aujourd'hui vue comme inférieure. Alors, si elle est handicapée !

38 - Entre - Prise

Septembre 2009

Lorsque nous franchissons la porte d'une société, c'est le plus souvent à propos de travail, travail cherché, travail trouvé.

Peut-on dire qu'il y a ***Prise*** sur le sujet qui travaille, que ce travailleur, une fois le seuil franchi, a perdu une partie de son autonomie, de sa liberté et qu'il devient la ***Prise*** – au sens d'emprisonné, bâillonné, privé de réflexion propre – de cette machine infernale qui va durant de longues (?) années rythmer sa respiration, sa vie ?

Le mot entreprise se décompose en deux termes : **entre** et **prise.**

Mon imaginaire se saisit de ces deux termes et je me demande : « Entre quoi et quoi suis-je prise ? Quelle distance sépare l'***Entre*** et la ***Prise*** ? »

Mon imagination s'évade, s'affole ; elle est marquée par les faits divers tragiques de ces derniers mois ; elle se révolte contre ce que vivent des femmes dans ***l'Entre Prise***, elle s'indigne du regard railleur, condescendant, que l'on porte sur les travailleurs handicapés.

Que de mots, de discours, de déclarations, de recommandations, de décisions qui décorent les journaux, les notes internes des entreprises, les contrats signés. Il y a des avancées, c'est certain ; mais comment se fait-il que si souvent l'***Entre Prise*** ne trouve pas le bon travailleur handicapé qui lui convient ?

Il en a fallu des efforts de part et d'autre pour que la rencontre se produise. Mais quel grain de sable empêche le rouage si bien huilé, si bien pensé, de tourner sans difficulté ?

Des deux côtés de la ***Prise***, il y a maldonne

La personne handicapée est avant tout une citoyenne, un citoyen à part entière avant d'être handicapé ; le handicap n'est pas son identité, c'est un accident de parcours, c'est le hasard de la vie...

Trop souvent la personne handicapée ne se vit pas comme citoyenne à part entière et les employeurs, les formateurs, les recruteurs eux non plus ne la regardent pas comme une citoyenne qui serait *autrement capable* de réaliser les actes de la vie quotidienne. Un petit vent de brume, des gouttelettes d'incertitude, des nuages de doute planent sur le profil du sujet handicapé. Sera-t-il capable ? Ne va-t-il pas ralentir le rythme ? Ne va-t-il pas donner une mauvaise image ? C'est dur de côtoyer tous les jours une personne différente !

Et pourtant la loi exige l'embauche d'un certain nombre de personnes handicapées.

Quel drôle de procédé que d'obliger quelqu'un à ***Prendre*** une personne qui est dans le manque de certains de ses moyens ! La faire entrer dans l'***Entre Prise***... S'il faut l'inclure, c'est qu'elle ne fait pas partie du fonctionnement banal de l'organisation ; et c'est pour cela qu'il faut une loi, une loi qui oblige mais qui n'est pas respectée... « Mais mettez-vous à ma place une seconde : Avez-vous déjà travaillé toute une journée avec une personne handicapée ? »

C'est terrible qu'une loi oblige à l'embauche de personnes différentes, qui ne font donc pas partie du commun des mortels. Cette loi est à la limite de la discrimination !

Mais comment faire ? Comment supporter la différence ? Comment calmer la peur de l'imprévu ? Comment ne pas se laisser submerger par l'angoisse ?

Tant que nous serons ***Entre*** le parfait et le laid, entre le rentable et le lent, entre différence et indifférence, entre bien et mal, entre prévu et imprévu, entre norme et singularité, nous aurons besoin de lois pour maintenir les structures, pour éviter la mise à l'écart, le rejet.

Lorsque la solidarité, l'humanité, seront à la première place, chaque sujet ne sera plus dans l'***Entre*** des valeurs, il sera sujet et non plus objet de sa vie.

En conclusion, la personne handicapée serait-elle ***Prise Entre*** sa différence visible ou invisible qui signe le handicap et l'image que les autres en reçoivent ?

L'***Entre Prise*** serait-elle bâillonnée par les préjugés, les qu'en-dira-t-on, par la peur ou l'indifférence, elle aussi prisonnière entre deux possibles : inclure sans inclure ou changer véritablement le regard sur les différences ?

La vie n'est-elle pas la conciliation des contraires ?

39 - Travail et handicap

Une situation discriminante pour les femmes

Interview de Maudy Piot par Judith André Valentin

« Femmes solidaires » *novembre 2009*

Si le handicap est aujourd'hui reconnu et mieux accepté, il ne rend pas la vie facile à ceux qui en sont porteurs. La difficulté d'intégration, notamment dans l'entreprise, est encore plus grande lorsqu'il s'agit d'une femme. Entretien avec Maudy Piot, présidente de l'association Femmes pour le dire, femmes pour agir (FDFA), qui organise le 19 novembre à Paris, le forum « Femme, travail, handicap » ; trois mots pas toujours faciles à articuler.

INTERVIEW :

Quels sont les différents types de handicap ?

Il existe des handicaps physiques, psychiques et d'autres invisibles. Je fais la distinction entre le handicap visible qui interpelle l'autre malgré lui – une personne avec une canne blanche, une trachéotomie, en fauteuil roulant ou qui mesure 70 cm – et le handicap invisible qui n'est pas flagrant mais pourtant bien réel – comme la sclérose en plaques, le cancer, la polyarthrite ankylosante, la maladie mentale.

À quels problèmes les femmes en situation de handicap se heurtent-elles au moment de l'embauche ?

À diplômes, expérience et handicap équivalents, on va plutôt embaucher l'homme parce que la femme renvoie encore, dans les fantasmes de nos sociétés, à la fragilité, à l'absentéisme. À cause des règles, de la grossesse, puis des enfants. Alors si une femme est plus fragile qu'un homme et qu'en plus elle a un handicap, va-t-elle avoir la force de travailler ? C'est vrai qu'elle va devoir aménager son temps de travail, familial ou de transport et cela demande une énergie fantastique. Mais c'est une grande source de richesse pour tous car cela oblige à développer la créativité et l'imagination. Puisque l'on n'a pas les mêmes possibilités de départ, si l'on veut mener une vie harmonieuse, on va devoir inventer, se mobiliser pour être autrement capable de réaliser les actes de la vie quotidienne.

Quel est le cœur du problème ?

Notre combat quotidien, avec FDFA, c'est de changer le regard sur nos différences. Malgré les lois, la mentalité profonde n'a pas vraiment changé. Les femmes sont toujours victimes de discrimination ; lorsqu'elles sont en situation de handicap elles vivent une double discrimination, qui devient triple si elles ont la peau noire, par exemple. On a trop souvent tendance à faire un raccourci et dire : l'aveugle, la naine... Nous ne voulons plus l'entendre. Depuis 2003, nous crions haut et fort que nous sommes des citoyennes à part entière. Le handicap n'est pas notre identité, il est dû aux hasards de la vie. Handicapé, c'est un adjectif qualificatif ou un participe passé et je ne suis ni un adjectif qualificatif, ni un participe passé. Le forum du 19 novembre sera porteur de ce message : « Nous sommes avant tout des personnes, des femmes, citoyennes, avec des compétences. Nous allons être autrement capables de réaliser notre travail ».

Qu'a apporté la loi des 6 % ?

Elle oblige les entreprises à embaucher des personnes handicapées sous peine de payer une amende. Si j'ai une compétence égale à celle de ma voisine, parce que je suis aveugle on ne devrait pas m'embaucher ? Je vais me débrouiller aussi bien qu'elle, simplement, cela va demander une accessibilité du poste, ce qui dépasse l'entendement. D'où cette loi des 6 %. Alors s'il y a de très bonnes embauches réussies de personnes handicapées, beaucoup se retrouvent au placard car, malgré la bonne volonté de la direction, les collaborateurs ne sont pas préparés à accueillir une personne en situation de handicap. Notre société n'est pas très généreuse, ni très solidaire et le handicap dérange. Par exemple, dans un restaurant d'entreprise en « self-service », une personne aveugle aura besoin d'être accompagnée par quelqu'un. Au bout d'un moment, ses collègues diront : la barbe ! De même, une personne en fauteuil ne sera pas embauchée parce que les toilettes ne sont pas accessibles et on ne va quand même pas faire des travaux pour elle !

Quelles sont les mesures qui fonctionnent ?

Même si les 6 % me dérangent, en soi c'est une bonne chose. Parce que maintenant, les entreprises s'intéressent à la situation de handicap. Nouveauté depuis dix ou quinze ans : dans quasiment toutes les grandes entreprises et parfois dans les PME et les PMI, il y a ce que l'on appelle le pôle handicap ou la mission handicap. Ça existe même dans la fonction publique qui est toujours en retard, mais ça c'est une autre histoire. Pour ce qui est du handicap acquis au cours de la vie professionnelle, même si en dessous de table on se débrouille pour licencier ou faire démissionner la personne, le discours a quand même évolué. Depuis quelques années, grâce à l'Agefiph[49] — qui gère le fonds pour l'insertion professionnelle des personnes handicapées – il y a beaucoup plus de postes accessibles et les entreprises sont partie prenante. On a également la semaine de l'emploi – dans laquelle s'inscrit notre forum – qui n'existait pas il y a quinze ans. Et depuis 2003, il y a de plus en plus de forums, de rencontres, de colloques, de réflexions sur la situation qui dynamisent la loi de 2005. Encore une fois, ce qui n'a pas tellement changé, c'est le regard sur la différence. Le jour où l'on pensera qu'une femme handicapée est une citoyenne, notre association pourra fermer ses portes.

Que peut-on faire pour améliorer cela ?

Il faut déjà sensibiliser les personnes au handicap, les informer sur ce qu'est la situation de handicap, leur expliquer qu'une personne handicapée a les mêmes droits et les mêmes devoirs que les autres, à condition de rendre l'environnement accessible. Il faut aussi travailler sur la peur et l'angoisse qu'engendre le handicap. Il faudrait que, dès la maternelle, les enfants en situation de handicap soient mêlés à ceux qui ne le sont pas. Pour l'instant certaines familles sont plus que réticentes. Parce qu'il y a un problème d'accessibilité, de formation des professeurs, etc. Il faudrait aussi accompagner les femmes en situation de handicap dans les lieux où elles évoluent. Si vous connaissez un hôpital, un gynécologue ou un médecin du travail équipé pour les recevoir et les examiner, dites-le-moi. Pour ne citer qu'un exemple, en France, au XXIe siècle, les personnes de petite taille accouchent par terre ; tout le monde s'en fout. La société n'est pas pensée pour nos différences. Dans le monde du travail, c'est pareil.

---

[49] Association de Gestion du Fonds pour l'Insertion Professionnelle des Personnes Handicapées.

40 - Intégration impossible

Juin 2006

Je n'aime pas ce terme d'intégration et pourtant il fait partie des mots que nous entendons, que nous utilisons souvent et dont il faut tenir compte. Je n'apprécie pas ce terme, car j'estime que, de par notre appartenance à un pays, à une société, nous sommes intégrés de fait, nous faisons partie des Citoyennes et des Citoyens vivant sur le même sol que les autres, ayant les mêmes droits et les mêmes devoirs.

Ce terme est employé du fait que nous, les personnes handicapées, nous étions depuis longtemps exclues de la société, je dirais même plus que nous n'existions pas dans la pensée de nos politiques. Cela commence à changer et je m'en réjouis.

Lorsque nous écoutons ce que nous racontent les personnes déficientes visuelles qui sont au travail, j'ai envie de dire : « intégration impossible ». Comment se mouler dans un environnement inapte à accueillir les différences ? Je dois croire ce que j'entends et d'ailleurs pourquoi ne le croirais-je pas ?

Je ne nie pas que l'intégration réussie existe, heureusement, mais à quel prix parfois. On a le sentiment qu'il faut payer plus cher ce qui est en somme « normal » - au moins pour les autres !

On distingue habituellement les employeurs « en milieu ordinaire » et les institutions, associations, spécialisées dans le domaine du handicap qui sont également employeurs de personnes handicapées. Je m'intéresse ici au « milieu ordinaire ».

Même si la loi oblige chaque entreprise à avoir un quota de travailleurs handicapés, cela ne change pas grand-chose à l'esprit avec lequel est accueillie la personne handicapée, ou le regard posé sur le handicap. La différence, le singulier dérange par essence. Plus on se distingue de la norme, plus le regard devient interrogateur, je dirais presque inquisiteur. Même si les mots ne sont pas criés, on devine, on entend : « Va-t-il y arriver, va-t-il s'adapter, sera-t-il aussi rentable que les autres ? Ne va-t-il pas faire chuter le chiffre d'affaires ? », ou bien ce sera le protégé, avec lui on sera moins exigeant, etc., etc.

De nombreux fantasmes entourent la personne en situation de handicap. Du fait même de sa présence, elle oblige l'Autre à se poser des questions, à se remettre en cause, à penser l'autre autrement. Cette différence inscrite dans le corps du sujet, qu'elle soit visible ou invisible, fait choc dans les habitudes bien normées de notre société.

Quelques exemples : un kinésithérapeute aveugle travaillant en milieu hospitalier, faisant partie d'une équipe, dérange. Pourquoi, me direz-vous ? C'est très simple : les autres membres de l'équipe doivent faire attention de ne pas laisser trainer les outils techniques dont chacun a besoin, il faut ranger les choses à leur place afin que le kinési aveugle ou perdant la vue les retrouve. Cela entraîne une discipline, une organisation plus stricte. Cela ne va pas de soi. L'attention à l'Autre est une exigence qui prend du temps, qui n'est pas naturelle.

Autre exemple : le kinési handicapé visuel a plus de difficultés à brancarder ses patients quand le brancardier est absent. Et pourtant on lui demande de le faire malgré les problèmes de sécurité qui découlent de sa basse vision. Qu'il refuse, c'est impensable !

Si la personne en situation de handicap ne pose aucun problème, on la tolère, mais si elle a besoin d'une aide spécifique, c'est autre chose.

Dernier exemple : aujourd'hui l'ordinateur est un outil indispensable pour gérer son travail, pour rédiger la fiche de ses patients, pour avoir accès aux informations médicales.

Combien de personnes handicapées ont dû attendre des mois, parfois des années avant d'être connectées au réseau de l'hôpital ! Dans ces conditions comment rentrer les données indispensables exigées ? Que se passe-t-il au niveau du chef de service ? La personne handicapée est-elle un tire-au-flanc ? Pourquoi ne fait-elle pas son travail ? On veut bien l'aider un peu, mais ça suffit d'être sans cesse sollicité ! Un travailleur handicapé trouble le bon déroulement des actions simples et immédiates. Il lui faut toujours quelque chose en plus !

Je pourrais développer ces contradictions qui sont multiples.

La personne handicapée doit s'adapter, elle doit être un travailleur comme les autres. Bien sûr, mais pour cela il faut que l'environnement le lui permette.

Intégration impossible, évidemment, si on exige de la personne handicapée des choses différentes, de faire plus pour compenser ! Voilà encore un grand mot, « compenser »...

En conclusion, pourquoi « intégration impossible » ? Pour deux raisons : la personne handicapée est intégrée de fait, donc pas besoin de parler d'intégration, d'autre part la personne handicapée est une citoyenne à part entière qui a sa place, toute sa place dans le dynamisme d'une équipe de travail. Ce qu'il faut intégrer, c'est un environnement ouvert à toutes les différences. Si l'on veut aller plus loin, on peut dire que toute singularité, toute différence est une richesse pour ceux qui les côtoient, et donc pour l'entreprise qui emploie des personnes « différentes ».

Arrêtons de parler d'intégration, disons plutôt : voilà un travailleur, un employé, un cadre au travail. C'est tout !

41 - Autrement capable

Janvier 2007

Je voudrais aujourd'hui réfléchir à ce terme que l'on entend de temps à autre : ***« autrement capable »***. À qui s'adressent ces deux mots. ?

Cette expression peut désigner les personnes en situation de handicap, que l'on nomme encore *personnes handicapées, singulières, différentes*. Nous, les personnes concernées, nous exigeons que soit banni le terme *les handicapés* dont la liaison (les ***z'*** handicapés) résonne comme une condamnation, comme encore nous l'entendons trop souvent (l'autre matin sur France Inter, hier dans la bouche d'un cinéaste qui filmait un groupe de personnes handicapées qui préparait le carnaval de Paris, etc.).

Nous sommes des personnes et non des objets, nous ne sommes pas des adjectifs qualificatifs.

De quoi parlons-nous quand nous parlons de *handicapés* ? Le choix des mots a son importance, le mot prononcé, écrit, peut condamner, exclure, ou faire reconnaissance. En effet, derrière nos façons de parler se cachent et se révèlent nos façons de voir le monde. Inversement nos façons de voir le monde sont conditionnées par nos façons de parler.

Nous utilisons trop souvent le terme *handicapé* comme un substantif. (je m'inspire ici d'une conférence de Mme Sylvie Solère Queval). C'est oublier que ce mot est d'abord le participe passé d'un verbe qui commande un complément d'agent, on est handicapé par ceci ou par cela. Ce mot peut aussi s'employer comme adjectif qualificatif, on pourra donc dire *une personne handicapée*. La langue française autorise de substantiver les adjectifs qualificatifs dans certains cas, mais quelle conséquence ! Exemple : participe passé du verbe handicaper, *être handicapé par* ; participe adjectivé, *personne handicapée* ; adjectif substantivé, *les handicapés* ! Parler de personnes handicapées, c'est désigner des personnes que des circonstances pénalisent, des personnes qui voient leur mode de vie rendu difficile par le contexte. C'est donc suggérer qu'un agent extérieur est producteur du handicap puisque le participe *handicapé* appelle un complément d'agent.

Je voudrais reprendre la définition de l'OMS : *le handicap est la résultante situationnelle d'un contexte socio-historique et d'une réduction de capacité eu égard à la norme statistique*. Ce qui veut dire que l'agent handicapant n'est pas situé dans le sujet handicapé, il est dans le contexte, dans l'environnement de ce sujet. Une motricité réduite ne devient handicap que si l'environnement n'est pas aménagé en sorte de permettre un libre passage au fauteuil roulant. La cécité n'est handicapante pour traverser une chaussée que si les feux tricolores ne sont pas équipés d'un système sonore.

C'est trop souvent l'environnement qui est à l'origine du handicap parce qu'il est inadapté et qu'il fait obstacle à la pleine participation de certaines personnes aux activités sociales ordinaires, cet environnement qui ne permet pas à la personne *autrement capable* de vivre son quotidien, d'être citoyenne. Ou bien ce sont les personnes elles-mêmes qui sont considérées comme limitées dans leur capacité d'action. Le terme *les handicapés* traduit une représentation spontanée non élaborée. Il induit à penser que ceux qui sont mis en condition de handicap par le contexte sont essentiellement limités ! Le terme : *le handicap* est un mot construit dont il faut se méfier, derrière ce mot il y a des représentations sociales. Il faut se distancier de ce mot. Aucun mot n'est innocent et tous sont porteurs du réel.

Alors *autrement capable* est une injonction dynamique, elle évoque la mobilité, la créativité, l'imaginaire. Être autrement capable signifie qu'avec des moyens qui sont différents de ceux que l'on entend, que la norme a définis, la personne autrement capable va inventer, seule ou avec l'aide de l'autre une autre manière d'appréhender la réalité du quotidien. Être autrement capable veut dire que la personne singulière a au-dedans d'elle-même un potentiel de forces, de santé, de vie, un potentiel qui va vers le plus. Le *être autrement capable* oblige à considérer la différence, le handicap, non plus comme une infériorité, une catastrophe, une malédiction, mais de donner toute sa dimension à la pulsion de vie. La personne autrement capable va inventer des modes de déplacement, des modes de réflexion, de pensée, pour regarder autrement, qui font d'elle une personne qui va apprivoiser l'environnement dans la mesure bien sûr où ce même environnement tient compte de sa différence, de ses limites, de sa singularité La personne autrement capable est celle qui va puiser dans l'imaginaire personnel et collectif les moyens de vivre comme une citoyenne à part entière. Sa différence n'est plus un moins, mais un autre regard porté sur le handicap.

Autrement capable signifie que chaque personne est unique, qu'elle a droit au travail, qu'elle est partie intégrante de la société, qu'elle en fait fonctionner les rouages, qu'elle imprime sa marque originale, qu'elle fait partie du monde. Que toutes ses capacités sont mises au service de la vie. Ceci dit j'ajouterai que la communauté humaine ne serait pas complète sans les personnes autrement capables, elles appartiennent de droit à la communauté, leur différence ne les rend pas qualitativement autres, mais elle n'est qu'un écart quantitatif par rapport à une norme statistique. Les personnes autrement capables ont leur place entière dans cette communauté et cette communauté serait amputée si elles ne l'occupaient pas. On pourrait dire que le monde serait appauvri s'il lui manquait ces personnes singulières qui ne sont pas tout à fait comme la majorité des autres. Cela repose sur le choix de certaines valeurs contre d'autres. Nous sommes des personnes citoyennes avant de porter l'étiquette *handicapées*.

Cet *autrement capable* fait appel aux capacités que chacun de nous possède. Il fait partie du vocabulaire qui donne à voir et à entendre l'originalité de chacun à créer, à inventer le monde, l'environnement, ***autrement.***

Colloques – Rencontres – Forums

42 - Femmes handicapées citoyennes

25 novembre 2003

Le handicap dans sa dimension réelle et imaginaire

Je voudrais évoquer en peu de temps les jeux de lumière et d'ombre que recouvre ce mot tant de fois entendu, répété, mot de blessure, de souffrance, de rejet, de douleur, je veux parler du mot ***handicap***.

À l'origine de l'histoire de ce mot, on apprend qu'il s'agissait de masquer les différences, de charger le plus fort et d'alléger le plus faible, afin que la compétition offre à tous des chances égales. Il fallait faire en sorte que tous les concurrents aient, malgré leurs caractéristiques différentes, une chance égale à la victoire (en l'occurrence, l'origine étant anglaise, il s'agissait principalement de courses de chevaux).

Aujourd'hui, dans l'imaginaire collectif, dans la représentation que l'on se fait de la différence physique ou mentale, nous sommes bien éloignés de la première acception du mot. Nous sommes aux antipodes de la « chance égale pour tous ». Nous entendons dire : « C'est un handicapé, ou c'est une personne handicapée, ou encore, dans le parler socialement correct : c'est une personne en situation de handicap ». Quel que soit le terme employé, ce qui frappe l'imaginaire, ce sont les connotations de ce petit mot terrible, ***handicap*** : c'est-à-dire différent, pas normal, laid, fou, qui évoque aussi bien horreur que compassion, rejet que pitié, agressivité que protection, ou encore héroïsme, combat, force, dons mystérieux de voyance, etc.

Je parle du ***sujet handicapé*** : sujet parce qu'existant en tant qu'être conscient, doué de volonté, de capacités de désir. Handicapé car ayant besoin d'une aide pour réaliser ses projets, porteur d'une singularité qui questionne le monde et l'enrichit. Le handicap – socialement – est dû au hasard, il survient à l'improviste, il est inattendu. C'est le choc d'une rencontre avec un autre corps, c'est une autre manière de penser. Il vient déranger les habitudes, c'est un coup de tonnerre dans la vie ordinaire.

Le handicap interpelle tout un chacun : celui qui en est porteur comme celui qui le regarde. Car c'est le corps qui vient le plus souvent frapper le regard de l'autre. C'est le corps qui est abîmé, endommagé, qui fait effraction dans les représentations de l'image de soi, dans les représentations du corps idéal, du corps beauté. Je sais que certains handicaps ne se voient pas, ne se devinent pas, car ils sont inscrits au plus intime de la personne. Ce sont des handicaps invisibles aux yeux de l'autre même si le corps en est marqué. Ils paraissent parfois anodins mais sont porteurs de souffrances et pèsent lourdement dans les actes de la vie quotidienne.

Freud parle de libido, de narcissisme, à propos du corps. Le narcissisme est l'amour de son propre corps, de sa propre image. Une certaine quantité de libido (désir, envie, aspiration, de nature sexuelle selon Freud) est liée au corps propre, que l'on appelle « libido narcissique ». La libido narcissique a pour objet l'image du corps. Mais notre corps ne peut exister que comme partie du monde. Corps et monde sont éprouvés corrélativement, l'un n'est pas possible sans l'autre. Le corps est projeté dans le monde et le monde est introjecté dans le corps. L'image du corps n'est pas donnée, elle se construit et se développe en fonction de l'histoire personnelle du sujet.

Pour Lacan, l'image unifiante du corps s'édifie à partir de l'image que lui renvoie le miroir de l'Autre. Image de l'Autre et image de soi dans le regard de l'autre, la mère principalement. Nous nous apercevons que l'image de la non-conformité, de la différence, interroge l'autre à de nombreux niveaux. Nous sommes ici dans le paradoxe du réel et de l'imaginaire. Pour saisir la distorsion entre imaginaire et réel, il nous faut revenir au début de la vie du bébé. Le petit enfant qui se contemple dans le visage de sa mère, qui voit-il ? Lui-même, répond Winnicott ; et peu lui importe que le visage de sa mère soit porteur d'une « anomalie », que ses yeux voient peu ou ne voient plus, c'est le regard de la mère porteur d'amour qui lui importe. Ici l'imaginaire et le réel se confondent. L'enfant qui s'ouvre au monde se structure dans la rencontre avec l'Autre, qu'il soit handicapé ou non.

Pour le petit d'homme porteur d'une singularité, ce qui importe, c'est toujours ce regard d'amour, ce contact unique de vérité qu'il saisit dans le regard de l'autre. Nous saisissons bien que chaque sujet porteur d'un handicap ou non va aborder sa différence ou celle de l'Autre avec le regard de son histoire personnelle et sociale.

Dans l'imaginaire collectif, le handicap signifie la perte, l'absence, l'exclusion, la terreur. Une peur ancestrale saisit l'individu devant la différence, une angoisse archaïque le secoue. Le handicap renvoie au mal, au mauvais, à la faute, à la punition. Le handicap peut être vécu comme contagieux, ce qui peut expliquer ce comportement de fuite que nous rencontrons parfois. Le réel de la différence se conjugue avec l'imaginaire, avec les fantasmes qui menacent la société.

De plus, être sujet handicapé renvoie l'autre à ses doutes, à ses faiblesses, à un monde inconnu. Le handicap menace l'autre dans son identité corporelle et psychique. Il dérange et oblige l'autre à regarder autrement, à penser autrement, à se confronter avec ses propres limites, avec son propre corps.

Le handicap est source de violence : il oblige le sujet handicapé à se battre, à lutter, à s'exposer aux regards. Comme lieu de violence, il remet en cause les acquis, ébranle les repères, déstructure l'identité. Il oblige souvent à affronter l'insupportable, à voisiner avec les limites de ce qu'on considère comme humainement tolérable. Il contraint à accepter une liberté restreinte et, parfois, la frustration à perpétuité.

Un tel tableau, qui est la réalité de beaucoup d'entre nous, ne peut que troubler le réel de la jouissance et développer un imaginaire dans lequel se mêlent des fantasmes de guerre, d'accidents, d'horreurs… La singularité, source de richesse et d'exception, devrait pouvoir être vécue par la société comme un apport positif. Cette charge que le sujet dit handicapé porte dans son corps, dans sa vie psychique, ne peut-elle pas être considérée comme un plus qui fait de lui un être, un citoyen à part entière, qui, avec cette surcharge, a droit à la considération, au respect, aux aménagements qui lui permettront de parcourir l'aventure de la vie en pleine possession de ses facultés ? Il a droit à être différent, la société a le devoir de l'accueillir et de lui donner toutes ses chances.

43 - Être mère autrement

17 mars 2007

Si nous parlons aujourd'hui du thème « être mère autrement », c'est en référence à un livre publié en 2007 par l'association « Femmes pour le Dire, Femmes pour Agir », dont je suis la présidente. Ce livre fait suite à une conférence du professeur Jacquard qui traitait de cette question. Il regroupe des publications touchant à la problématique de la maternité et du handicap.

Nous nous sommes souvent posé la question de la maternité et de la femme handicapée, au vu des interrogations, des expériences des unes et des autres. Nous sommes une association de femmes, la plupart en situation de handicap, singulières, différentes par la marque, la trace laissée sur notre corps. Nous sommes aussi des femmes valides, mères d'enfants en situation de handicap. Le hasard de la vie nous a fait croiser le handicap. Je cite la quatrième de couverture :

Qui es-tu toi, femme, qui t'autorise à donner naissance à un enfant ? Toi, porteuse de différence, toi dont le corps n'est pas conforme à la norme, toi dont la maladie génétique est transmissible. De quel droit vas-tu encombrer la société d'un enfant difforme, monstrueux ? Enceinte, dois-tu garder l'enfant que tu portes ?

Toutes ces questions, tout ce qui est écrit dans la presse concernant le handicap, la transmission, les positions prises, nous ont interpellées et nous avons décidé d'en débattre.

Ce n'est pas chose facile de parler de cette problématique du droit à la maternité, des risques encourus. L'angoisse, par petites touches successives, s'est installée, jetant le doute sur le bien-fondé de cette rencontre avec vous aujourd'hui. Avions-nous le droit d'aborder un tel sujet, de remuer la boue du non-dit, du connu, de l'inconnu ? Devant les prises de positions radicales, devant le questionnement des unes et des autres, j'ai hésité à venir partager avec vous tous ces questionnements. Mais dans le fond n'est-ce pas le moment idéal de profiter de cette journée organisée avec des femmes, rencontrant des femmes, pour parler de la Femme dans son désir d'être Mère...

Notre association accueille des femmes en situation de handicap quelle que soit leur singularité. C'est-à-dire que toutes les formes de handicaps sont présentes : des femmes en situation de handicap moteur, sensoriel, psychique, grands brûlés, personnes de petite taille, personnes atteintes de maladies rares ou orphelines. Toutes ces singularités, toutes ces diversités sont une richesse extraordinaire et nous permettent de pousser aussi loin que possible notre questionnement sur ce sujet.

Comme vous le savez et le voyez tous les jours à la télévision, dans les journaux, dans la publicité, la femme est trop souvent discriminée, mise à une place inférieure, dévalorisée, humiliée, rejetée, etc. Et lorsque l'on est porteur d'un handicap, d'une singularité, on est doublement discriminée, rejetée, montrée du doigt.

Une question se pose : sommes-nous seulement des femmes handicapées, réduites par le contexte à notre seul handicap ? Le handicap rendrait-il impossible toute forme de vie sociale, normale, libre ? Le handicap interdirait il le désir d'enfanter, d'être mère ? Nous savons que l'imaginaire, renforcé par la réalité, renvoie le handicap à l'incapacité de « faire », de travailler, d'enfanter. Ce que je veux affirmer et défendre c'est qu'il faut sortir de ces représentations caduques et comprendre que la personne handicapée est autrement capable de réaliser, de vivre sa vie. Le handicap n'est pas l'identité de la personne handicapée. Le handicap est dû au hasard de la vie. L'identité de la femme handicapée est son être de femme citoyenne, le handicap est une résultante de facteurs intrinsèques ou extrinsèques. Être autrement capable signifie que chacune et chacun va inventer son mode de vie, va suppléer à sa façon singulière aux difficultés des actes de la vie quotidienne, que chacun va inventer, imaginer comment s'y prendre pour accomplir ce qui fait sa vie de chaque jour.

Ce ne sera pas sans doute ce que l'autre avait prévu ou décidé pour la personne différente. Ce sera de l'imprévu, de l'imagination, de l'invention, qui pourront déconcerter le tout-venant, mais l'acte sera accompli et les résultats seront là. Être autrement capable, c'est vivre avec ses capacités mises à l'épreuve de la réussite. La personne handicapée, avec ses moyens et une aide adéquate, est autrement capable, tout simplement.

La femme handicapée, à partir du moment où elle s'affirme femme citoyenne à part entière, où le handicap n'est plus son identité, peut s'affirmer comme Femme, Mère, Travailleuse, Militante. Le handicap est là comme une diversité supplémentaire qui va d'une part enrichir la femme handicapée du fait de sa citoyenneté singulière et qui va, du fait même de cette différence, enrichir la société.

Je reprends une citation du Professeur Albert Jacquard :

« *En effet, depuis quatre milliards d'années que l'univers est là, beaucoup de choses se sont produites. De temps en temps, des objets qui étaient simples s'agglutinent et deviennent des objets un peu plus riches, et chaque fois, il y a une augmentation de la performance des êtres.*

On a compris à quel point nous n'étions pas dans un univers stable, mais un univers qui s'enrichit, qui devient de plus en plus capable et qui ne peut le faire qu'au prix d'une complexité croissante : le fait qu'un objet est fait de beaucoup d'éléments divers en interaction. Sur la terre, ça a été accéléré par la présence de l'eau liquide. Peu à peu, il y a eu sur la terre des objets nouveaux, donc inédits, donc souvent considérés comme ratés, car ils étaient différents de la norme. On les considérait comme autres et donc moins bien. Quand on s'éloigne de la norme, on devient un objet plus complexe. La notion de norme est malheureusement très répandue et fait des ravages ».

La norme veut que lorsque l'on met un enfant au monde il doit être parfait, sans « défaut » physique ou mental ! L'enfant né du désir de la rencontre d'une femme et d'un homme ne peut naître que beau, complet, magnifique. Pourtant quand on écoute les femmes enceintes, on entend de multiples fantasmes, plus terribles les uns que les autres. L'imaginaire déferle ; on dirait que les femmes enceintes doivent passer par ces rêves, éveillés ou non, pour donner naissance, enfin, à un *enfant normal.* La monstruosité est là, martelant l'imaginaire de ces mères, jeunes ou moins jeunes. C'est une peur qui les tenaille. C'est une angoisse qui les habite, qui les hante. Pourquoi ces représentations terribles, je dis bien terribles, car toute différence, toute singularité, entraîne l'angoisse, le rejet, la mort (comme dans un « ailleurs » si proche, les *enfants sorciers,* comme dans l'antiquité on exposait les enfants difformes, signes de malheur ; on les tuait, on les faisait disparaître) ?

L'enfant, cet être merveilleux, doit naître parfait. La responsabilité du mal-naître était imputée à la mère, c'était elle la coupable, c'était elle qui avait péché. Une fois encore c'est la Femme, la Mère, la responsable.

Aujourd'hui, où en sommes-nous ? Lorsqu'une femme handicapée désire être mère, elle se heurte à de nombreux obstacles. Par contre lorsqu'un homme handicapé émet le désir d'être père, il est rarissime qu'on lui rétorque : « Tu ne vas pas mettre un enfant au monde, tu vas lui donner ta difformité, ta cécité, ta tare, etc. »

Dans les rencontres que nous avons faites, dans les échanges que nous avons eus, nous n'avons jamais rencontré ce genre de discrimination s'adressant au sexe masculin. Les hommes interrogés nous ont dit que jamais ils n'avaient été en butte à ce genre de discours. Le plus souvent, leur environnement était heureux pour eux. Cette discrimination renvoie à la représentation ancestrale de la femme pécheresse, de la femme qui a commis le mal, qui a fait chuter l'homme. Peut-on parler d'un fantasme collectif dans lequel la femme est à l'origine du désordre et nuit à la société ? On lui attribue des pouvoirs invraisemblables, mais trop souvent du côté maléfique.

Dans l'antiquité grecque, le statut des femmes était peu enviable, leur image était très négative. Misogynie et machisme caractérisaient cette société. Le poète Palladas a écrit ce charmant compliment : « Le mariage ne rend l'homme heureux que deux fois dans sa vie : le jour où il met sa femme dans son lit, et celui où il la met dans sa tombe »...

Dans le monde romain, leur sort n'est guère plus enviable. Le droit romain, bâti en plusieurs siècles dans une société fondée sur l'esclavage, où le pouvoir est concentré entre les mains des hommes jouissant de la citoyenneté romaine, fait de la femme la propriété du père de famille puis de l'époux qui ont sur elle droit de vie et de mort.

Je ne vais pas m'étendre sur les différentes époques qui considéraient la Femme comme moins que rien ! Pourtant la femme a pour mission d'enfanter, d'élever les enfants, de s'occuper du ménage et des travaux qui ne sont pas dignes des hommes ! Elle est « faible » par nature, du fait notamment de ses « pertes » (règles, lait). L'image a survécu... De plus, il faut savoir que la division du travail est dominée par le fait que seules les femmes enfantent. Elles sont donc reléguées aux tâches domestiques. Nous aurions pu espérer que l'évolution des sociétés fasse évoluer l'image de la femme. Ce n'est pas vraiment le cas.

Un rappel de ce qui se passe en Chine aujourd'hui pour finir d'illustrer mon propos. Les familles chinoises ont « droit » à l'enfant unique. Si l'enfant premier-né est une fille, beaucoup de parents chinois veulent faire disparaître cette fille afin de pouvoir mettre au monde un garçon. La petite fille sera soit étouffée, soit on la laissera mourir de faim, soit on ne lui prodiguera aucun soin et elle finira par mourir. Qui fait-on disparaître ? Qui évince-t-on ? Qui fait-on souffrir jusqu'à la mort ? C'est la Fille. La petite fille est-elle une Personne ? Cette enfant porteuse des organes féminins est ressentie comme inférieure, sans valeur, sans importance, on peut donc la supprimer, la tuer.

Les représentations traditionnelles subsistent : l'homme est porteur du phallus, du savoir, de l'autorité ; l'homme est supérieur. La femme, dans l'imaginaire, est toujours porteuse du manque, donc inférieure, soumise. C'est sans doute pour cela que nous voulons montrer, démontrer, élaborer, nous voulons penser, réfléchir, nous voulons écrire pour mettre en mots, pour être entendues, pour changer cette représentation primaire, ce mythe de la femme issue de la côte d'Adam, de la femme qui n'est que manque.

Ce n'est pas la différence anatomique des deux sexes qui a engendré toutes ces constructions autour de la femme molle, humide et froide, et de l'homme sec, dur et chaud (médecine grecque). Que représente la femme pour que, depuis la nuit des temps, l'homme ait besoin d'affirmer qu'elle n'est rien, que lui est tout ?

Quand la femme est porteuse de singularité, de différence physique, corporelle, mentale ou psychique, les choses sont encore plus difficiles. La femme, alors, ne rentre plus dans la norme, elle n'est plus conforme aux désirs de l'autre, elle inquiète, elle devient l'étrangère ; elle n'est plus désirable, elle est suspecte (voir l'inquiétante étrangeté chez Freud).

Le paradoxe auquel les femmes sont confrontées est cette oscillation entre la femme parfaite, belle, sexy, etc., idéalisation de l'image corporelle, et cette insupportable image du corps abîmé ou de l'esprit défaillant lorsque la femme est handicapée. L'horreur de la représentation du corps abîmé de la femme, qui attise l'homme dans son mal-être de mâle viril. Image abîmée, déformée, qui renvoie au manque de la femme, au raté de sa condition.

La femme handicapée, dépossédée de son image idéale, va représenter une forme hors norme, une monstruosité. Cette singularité, cette différence, va engendrer de l'angoisse, de la peur, de l'agressivité, du rejet. La femme handicapée dérange, car, encore une fois, une mère handicapée ne peut, dans la représentation sociale, mettre au monde un enfant entier. C'est renforcé, comme je le disais, par les fantasmes inhérents à toute femme enceinte. Cette femme handicapée, difforme, suscite chez les autres une envie de fuite, de mort : « Tout sauf ça ! »

Que renferme ce « ça », ce que chacun de nous porte en soi, la mort, le laid, le difforme, l'exclusion ? Oser se montrer avec un ventre rond quand la nature a rendu la femme monstrueuse, sans bras, sans jambes, sans yeux, sans intelligence, sans retenue…

Je voudrais vous faire partager quelques réflexions rapportées par des femmes handicapées enceintes. Le plus souvent il leur est dit : « Tu ne vas quand même pas mettre au monde un enfant handicapé, ton handicap suffit, la société n'a pas besoin d'un handicapé de plus ! » Ou : « Ma pauvre dame, vous n'allez pas le garder, c'est si dur le handicap, je vous plains, je ne voudrais pas être à votre place ! » Ces remarques peuvent émaner de la famille : parents, frère ou sœur, ou des voisins ; parfois du corps médical.

Comment peut-on être mère autrement, oui, avoir le droit d'être mère, de garder ou non l'enfant que l'on porte ? Se poser les bonnes questions, échanger, réfléchir, comprendre, prendre toutes les décisions à deux, c'est dire que c'est le couple qui décide de garder ou non l'enfant porteur d'une différence après en avoir discuté avec le médecin.

Des mères handicapées donnent la vie à des enfants exempts de toute malformation. Des mères dites « normales » peuvent mettre au monde des enfants handicapés.

À qui appartient le choix de la vie ? Plusieurs courants s'affrontent : garder l'enfant pas comme les autres, avorter, faire disparaître celui qui engendre la différence, celui qui crie au monde sa singularité. Le débat n'est pas facile, il prend chacune et chacun dans sa représentation de la vie, la pulsion de vie vient se heurter à la pulsion de mort. Choisir de garder ou de ne pas garder l'enfant en gestation appartient à ceux qui l'ont conçu, à celles et ceux qui dans un acte d'amour ont désiré ce petit d'homme. C'est aux parents de décider ; ils ont besoin d'accompagnement, besoin de comprendre de quoi peut être atteint leur enfant. Le corps médical a le devoir d'informer, de soutenir, de préparer les parents quel que soit leur choix. L'enfant handicapé est une richesse pour tous, mais il faut vivre chaque jour le quotidien souvent difficile, mis à part la joie et l'amour qu'il donne.

Se pose également le problème de la souffrance, celle de l'enfant, celle des parents. Comme vous le verrez dans l'un des témoignages du livre, Fabienne nous dit avec vérité et simplicité qu'elle préfère ne pas tenter le diable.

Le choix de la vie, est-ce la bonne question ? Certaines mamans racontent qu'au tout début de la grossesse, à la première consultation gynécologique, le médecin insiste lourdement en leur posant plusieurs fois la question de leur handicap : « Êtes-vous vraiment sûr que vous voulez le garder, sûr de vouloir garder cet enfant ? Vous savez, il est possible que vous accouchiez d'un enfant handicapé. C'est difficile le handicap… Si c'était moi, j'avorterais. Je vous conseille l'avortement, surtout si votre handicap est dû à une maladie génétique. On maîtrise très mal la génétique. Mais ne vous inquiétez pas, nous allons faire tous les examens ». L'autre extrême : « Vous avez tellement de chance d'être enceinte avec votre handicap, gardez l'enfant et nous verrons bien ». Ce qui est scandaleux, c'est le manque de respect de la femme enceinte. Trop souvent le praticien n'écoute pas la personne qui est là en face de lui, il décide pour elle. Il ne se pose pas la question du désir du couple. Qui choisit ? Le praticien aurait-il tout pouvoir ?

Les femmes handicapées enceintes se sentent d'autant plus vulnérables et fragiles du fait de leur singularité. Elles ont l'impression que, souvent, le praticien ne les voit que comme « handicapée » et ne les considère pas d'abord comme une femme à part entière, femme désirante, capable de prendre des décisions, de s'informer ; il ne tient pas compte de la liberté de choix de l'autre. Il réduit la femme handicapée à son seul handicap.

Trop souvent on considère la femme handicapée comme infantile, n'ayant pas réfléchi à son désir de grossesse (on exige plus des personnes handicapées que de tout autre femme lambda) : « Elle désire un enfant, c'est son côté maternel » ou bien : « C'est sans doute un accident ! » et on ajoute, « Vous n'allez pas le garder ».

Une fois le désir d'enfant énoncé et que la grossesse est en cours, comment va être suivie cette mère ? Comment va-t-elle trouver des services gynécologiques accessibles ? Quelle maternité va pouvoir accueillir une femme singulière ?

Les femmes de petite taille, les femmes sans bras ni jambes, les femmes aveugles, les femmes myopathes, nous ont dit : « On ne trouve pas de service adapté pour nous recevoir, il n'y a rien, on n'existe pas. Nous ne trouvons pas de maternité accessible, nous ne trouvons pas de lieu où l'accessibilité soit suffisante pour que notre corps soit bien quand on va nous examiner. Que le médecin soit suffisamment clair dans ses propos, qu'il puisse nous dire si nous pouvons prétendre à une grossesse, qu'il nous explique les risques si besoin, qu'il tienne compte de notre différence sans jamais oublier que nous sommes d'abord une femme. » Effectivement, à l'heure d'aujourd'hui il n'existe quasiment pas de services gynécologiques accessibles en service hospitalier, encore moins en privé, et ne parlons pas des maternités. Les femmes de petite taille accouchent par terre. Les femmes handicapées motrices trouvent très difficilement des maternités adaptées. Le personnel soignant n'est pas formé à recevoir, à accompagner une femme singulière, une femme différente.

Ou bien la femme handicapée a la chance de rencontrer une équipe ouverte et inventive et les choses se passeront bien, ou bien elle tombe sur une équipe terrorisée par le handicap et les choses sont alors bien difficiles. Allant du rejet, du mépris, à la culpabilité, accusant la mère handicapée d'irresponsabilité, de méconnaissance, « comment oser accoucher quand on est handicapée ? »

Ce n'est pas à l'homme que l'on adresse ce reproche. Est-ce dû au fait que c'est la femme qui porte l'enfant et qui le met au monde ? Et que c'est elle de ce fait qui transmet le mal ? Ces attitudes ne sont pas rationnelles, elles sont induites par l'image dévalorisante de la femme, par l'émotion que suscite la différence, par les représentations de la femme enceinte, habitacle de l'enfant durant neuf mois. La femme, être unique, capable de porter l'enfant, d'enfanter, se distingue par cette singularité, par cet acte extraordinaire. Acte de naissance qui renvoie à l'inconnu, même si aujourd'hui la science progresse. Acte mystérieux, moment de vie où l'enfant et la mère ne se quittent pas durant neuf mois. Parcours de neuf mois dont l'homme est exclu physiquement. Sa présence est indispensable au moment de la création, puis il est le grand absent. La femme devrait-elle payer l'intensité de ce rapport avec son bébé ? Quand le petit d'homme vient à naître, les femmes handicapées veulent dire haut et fort qu'elles sont autrement capables de s'en occuper, de l'élever, de le materner, de l'accompagner dans les actes de la vie quotidienne. Les femmes singulières prennent leur responsabilité vis-à-vis de leur enfant, l'éduquent et l'amènent à maturité. Une maman autrement capable va accomplir les gestes qui lui sont propres, elle va inventer les moyens qui lui permettent de s'occuper de son enfant, elle anticipe, elle imagine, à sa façon de mère aimante, elle donne à son enfant tout ce dont il a besoin. La manière de faire sera différente de celle de la maman sans singularité, mais qu'importe si l'harmonie et le bien-être de l'enfant sont là.

Les mères autrement capables font preuve de mille inventions pour soigner leur enfant, pour le nourrir, pour jouer avec lui, pour lui raconter des histoires. On n'a pas besoin d'y voir pour élever son enfant, les astuces de l'amour et de la tendresse y suppléent largement.

Ce qui pèse sur les mamans en situation de handicap, c'est le regard de l'Autre. Quand on n'est pas dans la norme définie par la société on est très vite taxé d'incapacité, d'imprudence. Mais qui définit la norme, pourquoi celle-là serait-elle meilleure que celle-ci ? Les femmes handicapées ressentent avec violence et angoisse le regard posé sur elles, sur leurs enfants, sur leur différence. Le regard condamne. Ce que nous voulons, c'est que ce regard change, que l'on nous regarde autrement, comme nous sommes.

Nous ne voulons pas être acceptées ou intégrées. Non, nous sommes des femmes citoyennes, nous sommes intégrées de fait par notre condition de citoyenne de l'humanité.

L'enfant qui a une maman handicapée s'en débrouille fort bien. Une mère, suffisamment bonne comme dit Winnicott, donne à l'enfant l'amour dont il a besoin pour s'épanouir. L'enfant se structure dans le regard de la mère. Que voit l'enfant quand il regarde la mère : lui-même ! Ni l'absence de mains, ni la trace laissée par l'accident, ni les yeux qui ne voient plus ou peu ne dérangent l'enfant dans ce va-et-vient de tendresse.

Être mère autrement, c'est donner cet amour, cette tendresse autrement. Je vous citerai l'histoire d'Alison Lapper, jeune femme anglaise qui n'a ni bras, ni mains, ni jambes. Elle a désiré un enfant qu'elle a eu. Son entourage lui répétait qu'il fallait absolument qu'elle interrompe sa grossesse, qu'elle était folle, etc. Elle a accouché d'un joli petit garçon. Alison Lapper a touché son bébé par sa langue. Elle demandait que l'on pose son bébé sur son ventre, elle le léchait durant des heures. Elle est folle, timbrée, ou extraordinaire. Elle a su inventer son amour. Bien sûr qu'elle a eu besoin d'un accompagnement. Et alors ? Elle a toujours travaillé en peignant par la bouche, c'est une artiste, elle s'assume, elle élève son fils. Elle a réalisé un film...

Quand la mère d'Alison avait accouché, le médecin lui avait dit : « Laissez-la mourir, c'est un monstre ! » Sa mère l'a abandonnée, le petit monstre a été mis en institution. Alison s'est battue, elle a vécu et a mis au monde son fils, un beau garçon qui a aujourd'hui huit ans. La nature ne lui a pas donné de mains ni de bras, mais on peut être mère sans cela. Etre mère, c'est en avoir le désir et reconnaître son enfant comme l'Autre par rapport à soi-même. Pour l'enfant cela n'a aucune importance que sa mère soit singulière, l'enfant se structure dans le regard d'amour que la mère lui donne, lui porte comme je le disais précédemment. Il se vit comme petit d'homme porté par l'amour de la reconnaissance mutuelle.

Notre société traîne le fantasme que la mère handicapée ne peut que rendre son enfant malheureux, qu'elle ne saura pas l'élever ou l'éduquera mal, qu'il ne sera pas aimé, qu'il ne réussira pas à l'école et, le comble, qu'il sera une charge pour la société !

Le terrible ce n'est pas le handicap, c'est l'absence d'amour.

44 - Le fœtus, une personne ?

16 mai 2009

(J'ai rencontré la culpabilité)

Depuis de longues années, je partage les réflexions, les questionnements, les doutes, les désirs, les projets d'un certain nombre de femmes handicapées. Les échanges que j'ai eus avec elles, le partage de leur vécu, ma propre réalité face au handicap, m'ont rendue sensible à la confrontation au désir d'enfant, au droit d'une femme handicapée à enfanter, ou à interrompre une grossesse…

La peur, l'angoisse de ces futures mamans m'a remise en question. Avons-nous droit au désir ? Désir d'être des mères citoyennes, d'être des mères à part entière, de donner une image positive, constructive de la grossesse et de la maternité d'une femme singulière ?

En 2007 nous avons organisé un colloque sur le thème « Être mère autrement »[50] avec le professeur Jacquard qui nous avait dit : « La maternité est quelque chose de tellement étrange qu'on a dit beaucoup de sottises à ce propos. D'Alembert, dans l'Encyclopédie, dit : la procréation est un phénomène tellement mystérieux que la science ne pourra jamais l'expliquer. Or on l'explique maintenant, grâce à Mr Gregor Mendel. Or, c'est la plus grande invention car c'est **l'impossibilité de prévoir ce qui sera demain »**.

Le handicap se définit par la non-conformité aux normes établies, il est ce caillou brûlant qui dérange, qui vient perturber les choses bien agencées de la vie.

Une femme handicapée est regardée comme un *monstre*, qui risque de donner à la société un enfant difforme. Elle usurpe ses droits en ne comprenant pas qu'elle doit s'abstenir du plaisir, de la sexualité. Une femme handicapée ne devrait pas être mère.

---

[50] Coordonné par Maudy Piot, Etre mère autrement - Handicap et maternité, avec Albert Jacquard, généticien, Paris, L'Harmattan 2007.

Il est bien porté pour un homme handicapé de devenir papa, mais il en est tout autrement de la mère handicapée.

La femme est ce *continent noir* dont parle Freud ; que peut-il sortir de cette obscurité ? Que peut donner au monde la femme handicapée ?

Il semble que dans l'inconscient collectif, une maman handicapée ne peut que mettre au monde un enfant mutilé, déformé. Si cette mère est porteuse d'une maladie génétique, elle est criminelle de désirer enfanter.

Les préjugés pèsent sur les femmes handicapées perçues comme des personnes fragiles, vulnérables, peu conscientes de leurs responsabilités.

À cela s'ajoute le regard de l'Autre qui voit paradoxalement d'un mauvais œil cette femme mettre au monde un enfant *normal*, inscrit dans la norme de notre société. C'est impensable. La femme handicapée ne peut que *donner* un enfant mal fait.

De plus cet enfant mal formé va peser sur le corps social, il va coûter cher, il va demander des aménagements, il va susciter soit la compassion, soit le rejet.

Ces considérations tellement vécues, tellement vraies, nous ont fait poser la question du *fœtus : une personne* ? Le point d'interrogation est essentiel ! Le thème est traité (et maltraité) par beaucoup d'auteurs, de groupes de pression, d'idéologues de tous bords. Il est heureusement débattu par des scientifiques, des praticiens, des citoyens concernés. Mais il est difficile de trouver des repères, de faire un tri raisonnable, de se faire une opinion éclairée.

La femme handicapée a-t-elle le droit de désirer un enfant ? A-t-elle le droit de refuser une grossesse si on diagnostique une malformation dans les premières semaines ? A-t-elle le droit de refuser une grossesse en son début et de demander une I.V.G. ?

Déjà pour une femme dite valide ces questions se posent, mais quand la femme est handicapée cela redouble les questions, les jugements, les censures, les interdits.

La culpabilité rôde ; elle est partout, du côté de la femme, de la famille, du milieu médical, de la société dans son ensemble. Il était convenu, autrefois, que les personnes handicapées ne devaient pas avoir de sexualité, de plaisir... Mais aujourd'hui la femme handicapée revendique et s'autorise le plaisir, l'exercice de sa sexualité (il en est de même pour les hommes handicapés). Mais avoir un enfant remet en cause tant de choses, tant de non-dit, tant d'angoisse et d'inquiétude. Si le fœtus est une personne, a-t-on le droit de risquer la normalité ou l'anormalité de ce fœtus ?

Imaginez une femme tétraplégique, une femme I.M.C., une femme porteuse d'une maladie génétique, qui désire un enfant. Haro sur le baudet ! Quand on n'est pas normal, on s'abstient ou on se fait avorter !

Culpabilité d'avoir du plaisir, culpabilité d'oser franchir les interdits, culpabilité innommable de mettre au monde un enfant handicapé, ou encore plus terrible de décider de ne pas garder ce fœtus abîmé, anormal.

Si on affirme que le fœtus est une personne dès la conception cela ravive la culpabilité de la femme handicapée. Elle savait qu'elle ne devait pas avoir d'enfant, c'est une meurtrière. La culpabilité l'accapare, la meurtrit, la violente ; elle a osé prendre du plaisir, elle a osé !

Ce sont toutes ces questions, toutes ces souffrances qui m'ont donné envie de questionner des femmes chercheuses, des femmes médecins, juristes, et mon amie Benoîte Groult.

Je désirais qu'un instant nous nous arrêtions, nous réfléchissions, nous partagions nos questions, nos désirs.

Que le manque, l'absence, la différence qui suscitent tant de réticences, tant de condamnations, tant d'exclusions, soient portés sur la place publique. Que l'on pose la question de l'aventure du fœtus, que l'on questionne les nouvelles pratiques, que l'on entende la voix des femmes concernées, que l'on écoute les nouvelles approches médicales, que l'on se situe en tant que personne responsable capable de choisir.

Que l'on puisse critiquer, proposer, mais que surtout l'on **n'oblige jamais**. Car c'est à la femme, à la mère, au couple de se positionner, de décider.

Que l'équipe médicale soit là pour informer, accompagner, mais non pas pour imposer telle ou telle pratique.

Que signifie par exemple cette nouvelle mode de vouloir présenter le fœtus mort aux parents ? Que veut-on prouver ?

Quel dilemme veut-on éviter. Faut-il passer du déni au deuil obligatoire ou forcé ?

Nous n'aurons certainement pas répondu à toutes ces interrogations au terme de cet ouvrage rendant compte de nos débats, complétés par l'apport de quelques contributions amicales. Nous aurons seulement soulevé le voile qui cache si souvent le handicap, la femme handicapée.

45 - Femmes – Création – Handicap

11 décembre 2007

Ce forum, qui s'est tenu le mardi 11 décembre à l'espace Condorcet de la Cité des Sciences et de l'Industrie de la Villette à Paris sur le thème « Femme Création Handicap », a été préparé durant pratiquement une année. Nous avions choisi Nicoletta comme marraine car elle représente bien le monde de la chanson, de la création, de l'attention au handicap et de la générosité.

Le forum faisait suite à notre engagement de lutter contre la double discrimination que vivent trop souvent les femmes handicapées : être femmes et être handicapées. Il fait également suite à notre volonté de dire haut et fort que la femme handicapée est avant tout une citoyenne à part entière, que le handicap est dû au hasard de la vie, que le handicap n'est pas son identité.

Pour essayer de changer le regard sur les différences, nous avons pensé que nous pourrions consacrer notre forum 2007 à la création féminine.

Création au sens fort et plein du terme : La femme crée, c'est sa fonction naturelle.

Comment réaliser ce projet, comme faire passer ce message ?

Comment permettre à chacune et chacun de reconnaître la femme créatrice ?

Toute l'association « Femmes pour le Dire, Femmes pour Agir » était porteuse de ce projet innovant. Nous voulions sortir des colloques classiques pour interpeller l'autre dans son quotidien, pour permettre aux femmes différentes de faire éclater leurs dons artistiques, pour permettre le regard sur chaque œuvre avec l'étonnement de la découverte et de l'émerveillement

À cela s'ajoutait notre désir de toujours d'être des femmes avant tout ; c'est pour cela que nous avons partagé, travaillé, exposé avec des femmes et des hommes, valides ou non. Nous voulions lutter contre toute forme de ghetto. C'est tous ensemble que nous regarderons autrement, que nous verrons autrement l'autre.

C'est en réunissant nos dons, nos forces et faiblesses que le monde s'enrichira.

Femmes handicapées, femmes valides, ensemble nous sommes autrement capables de réaliser nos désirs créateurs.

Nous avons voulu mettre en œuvre ce projet en partageant notre envie avec d'autres associations, d'autres femmes qui n'étaient pas adhérentes, avec tous ceux qui ont aimé notre démarche.

Pour cela nous avons cherché, dans un premier temps, un lieu qui nous permettrait de se réunir d'une manière inhabituelle. Un grand espace convivial dans lequel nous pourrions installer des ruches. Pourquoi ce terme de ruche ? La ruche est un lieu de bouillonnement, d'activités intenses, de travail, d'échange où l'on peut entrer, sortir, se poser, écouter, admirer le travail de chacun. Vingt-trois ruches ont bourdonné toute la journée. Chacune d'elles avait un thème précis, une activité différente. Chacune était décorée de manière originale et personnelle. Chaque artiste, handicapé ou pas, exposait ses œuvres avec beauté et originalité. Chaque ruche disposait d'un espace en forme de U ouvert sur l'extérieur, aménagé de telle sorte que chaque exposant puisse mettre en valeur ses créations et s'ouvrir au public.

***

Les Ruches :

« Jeu de danse, jeu de toucher » *(ACAJOU, Delphine DEMONT)*

Crée des spectacles de danses et de mouvements permettant l'accessibilité de la pratique chorégraphique aux personnes déficientes visuelles. Présentation de maquettes en relief, permettant aux personnes perdant la vue ou aveugles de toucher la représentation du geste à réaliser, du pas de danse à exécuter par exemple. Ce qui permet au danseur de se représenter ou d'imaginer le mouvement.

« Du silence à la parole » *(Le Club des Femmes, ADVOCACY-URBANITES)*

Projection de saynètes filmées sur la violence faite aux femmes : un travail réalisé par le « club des femmes » du quartier de Belleville sur la violence au quotidien.

« Inspiration – Aspiration » *(ART PRIM, Priscille VINCENS et Virginie MOTTI)*

De magnifiques peintures réalisées avec une main (par une jeune femme ayant eu un grave accident dans lequel elle a perdu ses deux jambes et un bras).

« Cascad Cemaforre » *(Myrrha GOVINDJEE et André FERTIER)*

C'est une cellule d'assistance et de service culturel à domicile. Présentation de leurs actions.

« L'auto-portrait » *(CENTRE LA GABRIELLE, Nathalie GUEVEL)*

Photographies d'art réalisées par les personnes en difficultés psychiques du centre de la Gabrielle (77) et présentées par leurs auteurs.

« Personimages », *Marie-France MILLERON*

Dépasser son handicap par l'expression artistique. Présentation de peintures, de photos, de livres décorés par des personnes trisomiques, autistes, psychotiques.

« Une perle sous les doigts » *PRÉVENTION DU CANCER DU SEIN 92, Louisa Jan*

Pour ne pas oublier la prévention : des bijoux en perles sont le témoin de la mémoire.

« Cinéma et corps féminin » *(RETOUR D'IMAGES, Brigitte LEMAINE et Diane MAROGER)*

Présentation d'un film sur le parcours féminin de la femme. Créer au féminin, la mise en scène de soi et de son cops différent. Présentation d'un film sur les personnes sourdes : *Sourds à l'image* (Briser le silence, les personnes sourdes déportées)

« Sans tambour ni trompette » *(Francis DEGRYSE)*

Promouvoir tous types d'action culturelle originale associant création artistique et innovation sociale en faveur du respect de la différence.

Présentation d'**Handiclasse** pour l'intégration scolaire des enfants en situation de handicap.

« Créer pour exister » *(UTOPSYA, Michel BLONDEAU)*

Rechercher, Valoriser, Produire, Editer et Diffuser toutes formes d'expression artistique créées par des personnes en situation de handicap psychique.

Poèmes décorés, livres, etc.

« Art de vivre » *(FDFA, Florence MABILLE)*

Cette ruche donnait à contempler les œuvres réalisées par les adhérents de l'atelier Création Loisirs de l'association (art brut, peintures, objets miniatures, écriture, confection d'objets de toutes sortes)

Chants et danses accompagnés d'un accordéoniste pour animer cette ruche.

« Joie de peindre – Joie de vivre » *(FDFA. Isabelle RANÇON, Fanny BOURGEOIS-LE BOULAIRE).*

Exposition de peintures. Cette ruche alliait une peintre valide et une artiste handicapée, chacune présentant ses œuvres originales.

« Esthétique et Maquillage » *(FDFA, Martine NEL-OMEYER, Angélique GOUJON)*

Atelier Esthétique et Maquillage, qui fonctionne toute l'année au sein de l'association.

Ce jour-là, un atelier attrayant et coloré a accueilli de nombreux participants.

Le but de cette ruche était de permettre à chacune de retrouver l'estime de soi, de savoir se maquiller pour être plus belle, plus séduisante.

« Masques et sensations » *(FDFA/TRANSVERSALES K, Catherine POULAIN)*

Des masques de toutes tailles, de toutes formes, colorés, terribles ou amusants, ornaient cette ruche accompagnés de peintures brûlantes.

« Sophrologie » *(FDFA, Martine PANTALEON)* Sophrologie : prenez conscience...

« Cecimode création d'Afrique » *(FDFA, Angelina TEZANOU)*

Magnifiques coloris d'Afrique (Cameroun) : des poupées sorcières, des tabliers, des paniers, l'art de la table, des vêtements, etc. réalisés par des jeunes et par des femmes africaines handicapées.

« Déployez les ailes de vos talents » *(Sabine d'HALLUIN, Compagnie les Toupies).*

Rassemble des artistes évoluant au cœur du théâtre et du conte. Propose des espaces de rencontres entre personnes porteuses de handicap et personnes valides.

Et **« Chrysalide »** : Contes et légendes racontés en langage des signes français

« Création Lien Entreprise » *(Laurent ROBILLARD)*

Cette ruche était là pour permettre aux personnes handicapées de rencontrer des représentants des entreprises afin de leur remettre un CV et d'avoir une chance de trouver un travail.

« Les Pluriels » *(Sandrine LEPELLETIER, Céramique)*

Une artiste de petite taille présentait ses créations : céramiques, sculptures.

« Rex et Faust et la femme » *(HAKIM, Slameur poète)*

Ruche bourdonnante où Hakim slamait des poèmes de sa création sur le thème de la Femme.

« Sculpter du bout des doigts » *(Céline MAZARD – Doris VALERIO)*

Deux personnes aveugles réunies dans une seule ruche pour nous faire admirer leurs magnifiques sculptures. L'une toute jeune dont c'était la première exposition, l'autre un artiste renommé.

« Tactilire » *(Hoëlle CORVEST, Livres en relief)*

Présentation d'un livre des vitraux de la sainte Chapelle permettant aux personnes aveugles, ou perdant la vue, et à tous et à chacun de toucher, de découvrir les images. Imaginé et réalisé par Hoëlle Corvest elle-même aveugle. Approche originale et médiatique. D'autres livres sont en projets

« Voir autrement » *(Jean DEVOST)*

Faire peindre les déficients visuels. Jean Devost venait de Suisse où il a mis en place une méthode de peinture pour les déficients visuels. Il est lui-même voyant mais il a rencontré une femme perdant la vue dont le désir était de peindre. Jean Devost a inventé une méthode pour la satisfaire qui, à l'heure d'aujourd'hui, lui permet dans son atelier d'accueillir des personnes aveugles désireuses d'apprendre l'art de peindre.

***

La préparation de ces vingt-trois ruches a nécessité de nombreuses heures de travail.

La richesse de toutes ces rencontres entre artistes différents a permis de développer une dynamique, une solidarité, une autre manière de regarder les différences.

Il est important que les personnes handicapées trouvent dans ces rencontres, des moments de réflexion, d'échange.

La matinée du forum s'est ouverte avec l'ensemble musical « À fleur de femmes », suivi d'une conférence de Marie Jo Bonnet, historienne d'art, qui a donné à cette journée une ampleur de beauté par les projections d'œuvres magnifiques allant de la Vénus de Willendorf, statuette de la Préhistoire, aux Welcoming hands de Louise Bourgeois, en passant par Hildegarde de Bingen, abbesse du XIIe siècle, sans oublier Artémisia Gentileschi, artiste peintre italienne du XVIIe siècle, enfin Camille Claudel avec sa sculpture Persée et la Gorgone.

L'après-midi Simone Korff-Sausse, psychanalyste, nous a fait réfléchir grâce à son exposé « Que créent les femmes ? »

Deux personnes handicapées, l'une d'Espagne, l'autre d'Angleterre, nous ont donné leur témoignage de femmes européennes.

Des spectacles ont jalonné la journée, réalisés par des personnes handicapées ou non : « Danse tribale » avec les Grillons Papillons ; la première de « L'opéra du Désert » par Duo Soma, et « Terre parmi les courants » avec Bruno Netter et Monica Companys.

Toute la journée, une magnifique exposition de photos « Blessures de femmes », réalisée par Catherine Chabrol, terrible et émouvante, sur la violence faite aux femmes, nous a permis de prendre la mesure de ce fléau qui touche au moins 2.000.000 de femmes en France.

Cette journée riche et pleine ne s'arrête pas là. Elle permet aux artistes de trouver des lieux d'exposition par les contacts pris et de se faire connaître.

Chacune et chacun a pu échanger avec les participants (environ 700 personnes ont parcouru l'Espace Condorcet).

Notre but était de permettre aux artistes d'être pleinement reconnus dans leurs diversités artistiques et dans leurs situations particulières de personnes en situation de handicap.

Nous avons de nombreux échos positifs et émouvants à la suite de cette journée.

Femmes pour le Dire, Femmes pour Agir pense avoir atteint ses objectifs. Lutter contre toute forme de discrimination, permettre le changement des idées reçues, et surtout contribuer à l'épanouissement de chacun par un plus grand partage.

46 - Communication et handicap

5 avril 2008

(L'imposture des mots)

« C'est toujours à l'aide de mots que l'homme pense, et c'est dans la rencontre de ces mots avec son corps que quelque chose se dessine ». Cette citation de Jacques Lacan (*Conférence à Genève*, p11) sera notre fil rouge tout au long de ces lignes. Il va s'agir de mots, et aussi des maux du corps, du corps de l'Autre, ainsi que de notre propre corps. Les mots, comme des arabesques, vont dessiner ce que l'imaginaire essaie de dire pour entrer en communication avec le semblable différent.

Le *mal-entendu* des mots brouille la langue. Comment nous sont venus ces mots mis bout à bout : Communiquer dans et sur le handicap ? Comment avons-nous élaboré le thème de notre rencontre autour de ce titre ? Titre *parlant* effectivement. Le mot communiquer se prête à de nombreuses représentations, à de multiples élucubrations. Pourquoi ces propositions ont-elles trouvé place dans notre travail de réflexion ? Et de surcroît, en y accolant le mot handicap, terme qui prête à de multiples fantasmes, à de nombreuses interprétations, ne compliquons-nous pas à l'extrême les données du problème ? Me voilà bien embarrassée avec ce thème !

Que signifie communiquer dans ? communiquer sur ? je n'apporterai aucune réponse nouvelle à cette formulation mais je vous invite à réfléchir avec moi sur la difficile question de la communication *face* au handicap. Si vous le voulez bien, je vais franchir la barrière du titre pour m'intéresser au *mal-entendu* des mots, aux bruissements de la langue (l'expression est de Roland Barthes). Nous nous demanderons si communiquer a le même sens que dialoguer. À quel niveau s'établit une jonction entre la représentation du handicap et le dialogue avec ceux qui sont porteurs de ce qualificatif, collé sur eux, sur leurs corps comme une étiquette ?

Le handicap est l'insolite qui frappe et dérange l'autre dans son quotidien. Selon les cas, il suscite tantôt l'envie, oserais-je dire le *désir,* de communiquer avec la personne différente pour approcher sa singularité ;

tantôt il suscite le rejet, l'indifférence ; ou encore il détourne le regard qui ne veut pas voir, par peur, dans un mouvement de panique.

Le concept de communication déclenche curieusement une avalanche de mots, et probablement de maux ! Sous les feuilles mortes, que peut-on dire de la communication ? Qu'est-ce que communiquer ? Comment communique-t-on ? Il peut s'agir de l'énonciation d'un message et de sa réception par l'écoute de quelqu'un. Mais il y a aussi une communication par le corps, du corps à la vue de l'autre. Elle a pour support par exemple la beauté, un sourire, une grimace, un regard sympathique ou revêche ; il y a la communication par la langue des signes, langage corporel épuré ; il y a une communication par la difformité, voire la monstruosité, la violence de la différence.

Le transit d'un message entre deux personnes comporte deux aspects : soit le parcours du message informatif (au sens de l'informatique), soit la compréhension mutuelle.

La question est de savoir s'il y a continuité d'un aspect à l'autre. Si c'est le cas, il suffit de communiquer pour dialoguer, sinon le dialogue est d'une autre essence que la communication, une essence qu'il convient d'interroger dans ses présupposés et ses objectifs.

La communication, qui est une condition nécessaire au dialogue, en est-elle la condition suffisante ? La confrontation entre les instances concernées, personnes, contenu du message, objectif poursuivi – entre autres –, tend à nous convaincre que le dialogue est au-delà de la communication. Si dialoguer consiste à s'entretenir avec une ou plusieurs personnes sur une question faisant problème, en vue de dénouer un conflit, de trouver une solution commune, communiquer ne serait que l'étape liminaire, le seuil qui suppose la mise en relation et la transmission d'informations. Ainsi, la communication permet un dialogue dans lequel les interlocuteurs s'arrêtent, font halte pour *écouter* l'autre. Le dialogue est alors la rencontre avec la parole *entendue* (sachant que la communication n'est pas seulement verbale).

La parole sert la jouissance du corps et se charge de donner corps à la jouissance. La parole laisse passer et contrôle les mots prononcés. Ces mots sont chargés de sens, mais aussi de non-sens. Prenons le cas de la personne handicapée qui entend parler de son handicap. Les mots de l'autre, qui peut-être n'y comprend goutte, sidéré qu'il est par la singularité, peuvent n'être que non-sens. Et pourtant ces paroles sont chargées de signifiants (et non de significations) qui véhiculent la jouissance des mots prononcés.

Lacan nous dit que « si le signifiant peut être cause de la jouissance, il n'en est pas pour autant l'objet qui est le corps. Il n'y a de jouissance que du corps, mais il n'y a de jouissance que par le signifiant ». Le signifiant est au niveau de la substance jouissante, c'est-à-dire du corps. N'est-il donc pas plus ou moins assimilable à ce corps, et aussi à l'objet même de la jouissance, ce dont on jouit, voire ce qui jouit ?

Si les mots sont porteurs de signifiants, si le corps est dans la jouissance, la rencontre avec un corps *différent* va troubler la jouissance de l'autre dans son rapport à son propre corps. L'épreuve du corps handicapé (le corps éprouvé, comme on dit en langage photographique d'une épreuve) renvoie au manque, à ce quelque chose qui dérange et qui est de l'ordre du manque phallique. C'est le phallus qui est posé comme signifiant et qui détermine la jouissance dite phallique ou sexuelle. Le signifiant est posé au moment de la rencontre du désir de l'Autre (qui est l'accomplissement humain du désir). Quand l'Autre désirant rencontre l'Autre différent, il se produit un choc des corps étrangers, méconnaissables, engendrant la jouissance ainsi que l'émoi de castration.

Peut-on encore parler de communication, même si Lacan a cette belle formule : « C'est l'accusé de réception qui est l'essentiel de la communication en tant qu'elle est non pas significative mais signifiante » (Séminaire XI 1973).

Dans son séminaire à Paris VIII, « L'orientation lacanienne », Jacques-Alain Miller dit ceci : « Si le malentendu est de structure par le *parlêtre* du seul fait que les mots sont toujours inadaptés à saisir le réel, et que la langue privée de chacun voue les relations humaines à être une éternelle Babel, il n'en reste pas moins que ce malentendu généralisé et irréductible laisse au sujet la liberté de sa place dans le signifiant ».

Liberté toute conditionnelle face au corps abîmé, au corps étrange dont les mots pour en parler sortent souvent comme des torrents de lave brûlante ; lave qui s'épand, recouvrant la vérité du manque, cachant la jouissance de cette rencontre des corps. La langue pour le dire ouvre au chatoiement de l'inconscient, elle enrobe l'indicible du réel. Le malentendu des mots exprimés porteurs de la représentation imaginaire vient se heurter à la réalité du vécu des corps handicapés.

Aujourd'hui où chacun prône la transparence, où la communication veut extirper tout malentendu, il me paraît intéressant de citer Michel Leiris :

« Une monstrueuse aberration fait croire aux hommes que le langage est né pour faciliter leurs relations mutuelles »[51].

La communication se réfugierait-elle dans le mal-entendu des mots ? Le dialogue serait-il dans la distance des mots interprétés, chargés de sens ? Peut-on dire que dans le dialogue les mots sont lumineux, clairs, souples ? Alors que dans la communication nous serions du côté de l'aridité, de la rigidité, de la froideur, du code utilitaire où l'émergence du sujet est aussitôt éliminée par l'énonciation de la rectification.

Le dialogue permettrait le parler-ensemble ; de son côté la communication favoriserait plutôt l'information. Mais quoi qu'il en soit, la parole est irréversible, telle est sa fatalité. Ce qui a été dit ne peut se reprendre, sauf à parler encore, ajoutant, supprimant, justifiant ; mais la parole prononcée reste.

Je reviens à Roland Barthes. Il parle du « bruissement de la langue ». Voici comment il l'explique : « Regardant un film d'Antonioni sur la Chine, j'ai éprouvé tout d'un coup, au détour d'une séquence, le bruissement de la langue : dans une rue de village des enfants, adossés à un mur, lisent à haute voix, chacun pour lui, tous ensemble, un livre différent ; cela bruissait de la bonne façon, comme une machine qui marche bien ; le sens m'était doublement impénétrable, par inconnaissance du chinois et par brouillage de ces lectures simultanées ; mais j'entendais, dans une sorte de perception hallucinée tant elle recevait intensément toute la subtilité de la scène, j'entendais la musique, le souffle, la tension, l'application, bref quelque chose comme un but. Quoi ! Suffit-il de parler tous ensemble pour faire bruire la langue, de la manière rare, empreinte de jouissance, qu'on vient de dire ? Nullement bien sûr ; il faut à la scène sonore une érotique (au sens le plus large du terme), l'élan, ou la découverte, ou le simple accompagnement d'un émoi, ce qu'apportait précisément le visage des gosses chinois »[52].

On peut relever là des termes qui résonnent avec l'enseignement de Lacan : une érotique, le bruissement, la jouissance, tout cela qui tient au corps.

Nous saisissons donc que la langue bruit. « Bruire de la bonne façon », n'est-ce pas aller au-delà des mots, n'est-ce pas contempler l'Autre ?

---

[51] Leiris, Michel. 1998. *Mots sans mémoire*. Collection L'imaginaire, Paris : Gallimard.
[52] Barthes, Roland. 1994. « Le bruissement de la langue », in *Œuvres complètes, tome III, 1974-1980*, Paris : Le Seuil. p. 274.

Contemplation qui permet d'entendre la différence, de la conceptualiser par le bruissement des mots.

Barthes interroge « le frisson du sens en écoutant le bruissement du langage, de ce langage qui est ma nature à moi, homme moderne »[53]. Interroger le sens du langage c'est ce que nous avons essayé de faire au cours de ces lignes.

Il est impossible de proscrire le *mal entendu*, comme le *mal voir*. C'est ce qui interroge l'impuissance du signifiant à dire la chose, à saisir l'être. L'objet est à jamais perdu, la pulsion est vouée à en faire le tour et le rate irrémédiablement.

Ce que je saisis de ce bruissement des mots, c'est la multiplicité des sons. Chaque enfant lit un texte différent et de cette différence on saisit quelque chose d'unique, on perçoit une représentation qui va au-delà des mots lus et entendus.

Communiquer dans et sur le handicap : cet énoncé dérisoire n'a pas de sens. Le handicap est une singularité qui interpelle, qui interroge, qui se présente comme le signifiant par lequel l'Autre va trouver sa jouissance. Nestor Braunstein[54] explique bien que « la parole sert la jouissance du corps et se charge de donner corps à la jouissance », et encore ceci : « la parole articulée doit, à la fois, la laisser passer et la contrôler, régler son voltage » tel un « diaphragme de la jouissance ». Toutefois le problème demeure entier de savoir quel statut donner au signifiant (et pas seulement à la parole) par rapport à la jouissance, en sachant qu'il ne saurait se limiter à celui d'un simple intermédiaire.

Lorsqu'on échange avec des personnes handicapées, ce qui ressort de la communication supposée, c'est la difficulté à se faire « reconnaître ». Reconnaître, connaître l'Autre différent. Ne s'agirait-il pas ici de ce « plus de jouir » dont parle Lacan ? Le signifiant est posé au moment de la rencontre du désir de l'Autre, qui est l'accomplissement humain du désir, lorsque « l'autre apparaît dans l'écartèlement de sa castration » (handicap, manque). Le handicap est ici l'Autre réel. Le sujet est alors posé comme signifiant-phallus pour cet Autre, et pose à son tour la signifiance du phallus. Il faut bien voir que cette *position* est le tout de la jouissance, en tant qu'épreuve, et épreuve corporelle, qui est aussi présence du temps

---

53 Voir *Vers une esthétique sans entrave*, Mélanges Mikel Dufrenne, UGE 10/18, 1975.

54 Braunstein, Nestor. 2005. La jouissance, un concept lacanien. Coll. Point hors ligne. Toulouse : Erès. p. 74.

réel par opposition au temps imaginaire du plaisir et du bonheur. Cette épreuve, du moins à ce stade, de la position du signifiant phallique, n'est pas encore un savoir : elle est simplement pure signifiance, et c'est dans cet entre-deux que l'autre sera reconnu, il faut l'espérer.

Un certain nombre de personnes singulières éprouvent de la honte en raison de leur différence, elles voudraient être regardées dans le miroir du quotidien et non pas dans le miroir de l'exception. L'enjeu est précisément là. Nul ne peut nier cette absence du respect de la norme, norme désirée par tous ; tous voudraient annihiler la castration. Mais ne risque-t-on pas de perdre la jouissance ? Le plus de jouir ?

Parler de sa différence n'est pas chose aisée, être regardé comme différent empêche la communication. Un préalable est posé là, parfois infranchissable. Le manque qui signe la différence renvoie à une fausse communication, à une curiosité morbide, à une réelle vulnérabilité. Dialoguer sur la différence est source de connaissance, d'échanges et de progrès. Être handicapé est simplement une forme nouvelle d'être autrement capable. À nous de ne pas employer les mots qui épinglent, les mots qui tuent, les mots qui enferment l'Autre dans sa solitude.

Je pourrais ici reprendre la citation de Lacan dans « Envie de conclure ». Et moi aussi je conclus ! Il faut « métalanguer », c'est-à-dire traduire. On ne parle jamais d'une langue que dans une autre langue.

Dans les propos que j'ai voulu tenir, on assiste à une belle traversée de la langue, qui, par retour dans chaque pulsionnel culturel de chaque langue, nous enseigne dans la nôtre, et nous ouvre à une autre langue, à une autre façon de « regarder » la différence. L'habitude est rompue par cette autre langue du regard, par ces autres manières de *dire* les mots de la singularité. La communication vire de bord, elle devient *la langue* du mot, juste ou pas, mais la langue de l'Autre qui vient recouvrir le discours traditionnel, habituel. Dire ce qui ne peut être énoncé permet de passer le pas du voir pour s'attarder sur le regard qui perçoit l'autre autrement.

Communiquer dans et sur le handicap n'est plus de mise.

Les mots pour le dire vont transcender les mots de la langue et l'énoncé se produira autrement.

47 - Femmes handicapées : La vie devant elles

16 novembre 2005

Ce 16 novembre 2005 au soir, les portes des salons de la Mairie du 13e arrondissement se sont refermées lentement. Le silence règne dans cette belle « maison du peuple » comme Anne Hidalgo aime appeler les mairies d'arrondissement. « Vous êtes dans votre mairie, et non dans ma mairie » ajoute Serge Blisko, député-maire du 13e. Toute la journée, des bruissements, des murmures, des paroles vibrantes et fortes ont habité ce lieu. De très nombreuses personnes handicapées sont venues témoigner, écouter, partager, échanger sur le thème : « Femmes handicapées : la vie devant elles ».

Je voudrais reprendre quelques mots prononcés par Madame Simone Veil, marraine de ce forum. Elle a vécu le regard de l'autre, méprisant, humiliant, excluant, condamnant. Elle a réagi, elle s'est battue pour la liberté et pour que la parole existe.

Ce mercredi 16 novembre 2005, devant une salle comble où voisinaient des personnes en situation de handicap, des personnes valides, des amis de banlieue, de province, du monde entier, Simone Veil a dit avec force : « J'ai pu oublier que j'ai eu faim, que j'ai eu terriblement froid, que j'ai souffert physiquement, mais on n'oublie jamais l'humiliation, on ne peut pas oublier les situations humiliantes, les paroles humiliantes ». Elle a murmuré : « Je sais que pour vous la souffrance physique ne peut pas s'oublier, et encore moins les situations humiliantes ».

Je voudrais revenir sur les situations humiliantes que vivent les personnes handicapées, et plus particulièrement les femmes. Qui d'entre nous n'a été en butte à des paroles blessantes comme : « C'est un faux aveugle » dit par deux jeunes lycéens qui voient arriver un homme à l'allure sportive, marchant rapidement, balayant devant lui avec sa canne blanche. « Il trompe son monde ! » Ou bien : d'un employeur à un perdant la vue : « Vous faites semblant de ne pas y voir, vous êtes un simulateur, un tire-au-flanc ! » Pire encore lorsqu'il s'agit d'une femme handicapée enceinte. L'une d'entre elles raconte : « J'étais dans le métro, assise en face de deux voyageuses avec mon fils de trois ans ; je sens leur regard insistant et désapprobateur et j'entends dans un murmure suffisamment audible : « Regarde, elle est enceinte et aveugle, elle ose mettre un enfant au monde, il sera à notre charge, quelle honte ! » De là à entendre : « On devrait stériliser toutes les femmes handicapées… » « Ah oui, je plains leurs maris ! » Des situations dramatiques sont vécues en milieu hospitalier, dans le cadre du travail, dans la rue… et ne parlons pas des personnes aveugles ou malvoyantes dans les maisons de retraite !

Chacun d'entre nous a rencontré ce genre de réflexions inadmissibles, si humiliantes, qu'elles font mal, qu'elles rejettent. Cette incompréhension de la différence provoque un grand trouble chez celui ou celle qui la vit. Le sujet est renvoyé aux angoisses archaïques de son identité

Malgré les paroles blessantes, malgré les regards désapprobateurs, malgré la rudesse de la vie, nous devons nous battre pour nous faire respecter, pour garder la tête haute, affirmant notre singularité pleine de richesses et d'inventions, de victoires gagnées par notre ténacité, notre lutte, notre solidarité.

Ce n'est pas celui qui subit une humiliation qui est le faible ; le démuni est celui qui inflige l'humiliation. La peur des différences, la peur de l'autre entraînent parfois un besoin irraisonné de se sentir plus fort et d'humilier l'autre afin de se persuader qu'il n'est rien. Ainsi le rend-on inoffensif, faible, nul.

Des forces sont en présence : la singularité du manque, l'imprévu, la différence ; l'angoisse commune aux deux parties engendre peur et mal-être qui se transforment en désir de domination. Pourquoi la différence engendre-t-elle la violence et la peur ? Le semblable rassure, l'identique calme, la norme apaise. La personne handicapée dérange, oblige l'autre à regarder autrement, à changer ses habitudes. Nos différences permettent que la vie ne soit ni calme ni tranquille, mais un perpétuel combat de création et d'innovation.

48 - Autonomie enchaînée, autonomie déchaînée

24 mars 2012

Transcrit d'après la vélotypie

Bonjour à tous. Je voudrais tout d'abord remercier Jacques Bravo de son accueil, cela fait plusieurs fois que nous venons ici partager ensemble nos préoccupations sur la diversité, sur les problèmes ou les difficultés des femmes en situation de handicap.

Je veux également remercier Anne Hidalgo qui est notre amie et qui est présente à nos différents colloques.

L'an dernier, elle n'avait pu être présente et elle nous avait offert un magnifique bouquet de fleurs, son cœur était parmi nous, c'était l'important.

Pénélope Komitès, que je connais depuis très longtemps, est également là ce matin pour pouvoir partager avec nous quelques instants de cette matinée.

Un grand merci à ces trois personnes et à tous ceux qui ont permis que cette journée soit une journée de solidarité et d'écoute.

Pourquoi ce thème pour ce forum ?

Nous avons eu de nombreuses réactions.

Qu'est-ce que cela veut dire autonomie « enchaînée » ?

et « déchaînée » ?

Ce sont des termes qui sont un peu provocateurs et que nous avons choisis exprès.

Quand on est une personne en situation de handicap, qu'est-ce que pour nous être autonome ?

Nous développons des facultés qui nous permettent de réaliser autrement les actes de la vie quotidienne.

Cela nous permet une autonomie, mais les *autres* valides ou pas, handicapés ou pas, vont nous enchaîner à leur propre autonomie.

La façon dont nous réalisons les actes de nos journées ne correspond pas souvent à l'imaginaire, au symbolique que se représentent les autres personnes.

C’est pourquoi nous avons utilisé ce terme d’autonomie enchaînée car nous sommes enchaînés : il y a des tas de choses que nous ne pouvons pas faire par manque d'accessibilité.

Aujourd’hui, je ne suis pas autonome pour aller dans certains cinémas ou au théâtre car il n’y a pas d’audio-description.

Donc mon autonomie, que je revendique, est entravée.

Autonomie déchaînée, pourquoi ce terme en parallèle avec enchaînée ?

C’est parce que, personnes en situation de handicap, avec tous ceux qui nous accompagnent au quotidien, allons mettre notre imaginaire en route ; nous allons essayer de trouver des solutions pour faire tout que nous voulons faire.

Nous sommes des sujets à part entière, des citoyens à part entière et le handicap n’est pas notre identité, il est dû au hasard de la vie.

C’est justement pour cela que nous déchaînons notre autonomie pour aller partout où notre désir a envie de nous porter ; nous sommes des êtres désirants, parlants et c’est pour cela que nous avons besoin d’une autonomie pour participer à une vie familiale, à des loisirs comme nous avons le désir de le faire.

Trop souvent, on oublie que les personnes en situation de handicap sont des personnes désirantes et qu’elles ont envie de vivre leur vie elles-mêmes, sans l’aide des autres.

L’autonomie déchaînée s’accomplit avec les autres, les bénévoles entre autres, qui ont permis que cette journée soit formidable, avec mon mari, toutes les personnes présentes qui nous accompagnent pour que vraiment nous soyons dans l’autonomie la plus grande, accompagnés de leurs sourires, de leurs bras, de leurs paroles. C’est ensemble et simplement ensemble que nous pouvons être autonomes.

Je vous souhaite à tous une excellente journée et vous remercie d’être venus ce matin pour écouter Françoise Héritier, que j’accueille. Je la remercie d’être parmi nous car je l’aime beaucoup, j’aime ce qu’elle a écrit, elle est porteuse d’un message où elle nous permet en tant que femmes de trouver notre place dans cette société qui trop souvent a été dominée par le masculin.

Merci d’être là, Françoise, et merci à Anne et tout le monde…

49 - Des solitudes

6 décembre 2011

Transcrit d'après la vélotypie

Je suis très heureuse d'accueillir Roselyne Bachelot[55] aujourd'hui pour l'ouverture de notre forum « des solitudes ». Je suis heureuse et mon cœur est rempli de tendresse parce que Roselyne et moi, nous menons vraiment un combat commun. Le combat de ce qui concerne la situation de la femme. Nous sommes une association, Femmes pour le Dire, Femmes pour Agir, mais avant tout, nous sommes des femmes citoyennes à part entière.

Je suis tellement heureuse qu'elle vienne ouvrir notre forum aujourd'hui, elle travaille pour une égalité entre les hommes et les femmes. Pour que la situation de la femme devienne quelque chose de positif, que nous soyons de moins en moins sous la domination masculine et que nous puissions dire haut et fort que la femme a toute sa place dans notre société et également au sein de notre association.

Être femme aujourd'hui n'est pas facile. Être femme hier ne l'était pas non plus. Peut-être encore plus aujourd'hui, on parle beaucoup de la femme, des responsabilités, des positions et de nos positions, nous allons les défendre, pas parce que nous sommes des féministes acharnées, mais parce que nous pensons que la femme a son mot à dire partout, dans le monde entier, que la femme a son mot à dire pour plus d'égalité, pour que notre pays vive sous le sceau de la citoyenneté, pour qu'il y ait plus de justice, de paix et d'amour. C'est ensemble, femmes et hommes, que nous arriverons à changer notre regard sur la différence. Aujourd'hui, c'est une association qui accueille des femmes en situation de handicap – et des hommes – qui a eu l'initiative de ce forum.

Quand nous avons choisi ce thème, nous ne savions pas encore que c'était le thème de la grande cause nationale 2011.

La solitude a deux facettes : la solitude que l'on choisit et la solitude que l'on subit.

---

55 Ministre des Solidarités et de la Cohésion sociale.

La différence n'est pas une chose à laquelle nos cœurs sont habitués.

La différence que révèle le handicap est quelque chose qui dérange, entraîne de l'angoisse, quelque chose qui fait peur. On ne va pas dire que tout va très bien, c'est très difficile d'être une femme en situation de handicap, encore plus que d'être un homme en situation de handicap.

Au niveau du travail, il n'y a que 22 % de femmes en situation de handicap qui trouvent du travail pour 36 à 40 % d'hommes.

Nous n'avons pas de maternités adaptées pour pouvoir vivre notre accouchement dans la dignité. Le fait d'être femme aujourd'hui nous demande un combat de tous les instants et une très grande vigilance. C'est pourquoi je suis tellement heureuse que Roselyne soit là aussi, car elle a cette vigilance pour que notre dignité de femmes soit respectée partout et toujours.

Les solitudes : qu'est-ce que la solitude ?

Je n'en donnerai pas de définition, je crois que chacun d'entre nous vit sa solitude.

La solitude de la personne en situation de handicap qui se trouve seule face à son manque, face à sa perte, est quelque chose que l'on doit apprivoiser jour après jour.

J'ai connu de grands moments de solitude, mais j'ai croisé dans ma vie des personnes qui m'ont apporté leur sourire, leur grandeur d'âme, et qui m'ont permis de me battre.

Je dirais d'abord merci à mon mari, Alain Piot, qui me permet de porter ce forum avec lui.

La solitude, elle peut se rompre parce que quelqu'un vous apprend à l'apprivoiser.

La solitude, ce n'est pas quelque chose uniquement de l'ordre du négatif, de la perte. La solitude, je vais l'apprivoiser, je vais vivre avec elle.

La plus grande des solitudes, c'est de vivre avec soi-même.

Merci d'être là, je donne la parole à Roselyne Bachelot.

Violences envers les femmes handicapées

50 - Violence envers les femmes
Le NON des femmes handicapées

19 juin 2010

(La violence *regarde* les femmes handicapées)

Quand on aborde la problématique de la violence, il faut faire un tri parmi les différentes représentations qu'évoque immédiatement ce mot : la femme battue, terrassée au sol, les coups qui pleuvent, les lapidations, etc. Violences physiques, violences morales, violences verbales, violences psychologiques. Les représentations imaginaires qui nous habitent sont renforcées par la réalité du quotidien...

Il est difficile de ne pas tout traiter en même temps, de ne pas rassembler en une seule entité toutes les formes de violences, toutes les approches : la violence dont parlent les sociologues, les philosophes, les médias, les historiens, etc.

Je voudrais me centrer sur cette violence tellement spécifique, celle qui concerne les femmes et plus particulièrement les femmes handicapées. Je n'ai quasiment rien trouvé sur ce sujet ; ce sont donc mes réflexions personnelles, basées sur mon expérience de psychanalyste recevant des femmes handicapées victimes de violences, sur mes rencontres avec des femmes singulières qui m'ont fait partager l'horreur de la maltraitance, sur mes interrogations, mes échanges avec des collègues, mais surtout l'écoute des paroles, des mots, des souffrances dites ou évoquées, des coups assourdis, des traces sur les corps. Le regard de celles qui, la bouche close par la peur, m'ont fait partager, ressentir l'épouvantable de l'expérience de la violence.

C'est ma révolte, mon impuissance, ma propre détresse devant ce phénomène qui m'ont conduite à organiser cette rencontre aujourd'hui.

Violence d'où viens-tu ? Je ne répondrai pas à cette question, je laisse à d'autres le soin de le faire, de nous éclairer.

Il me semble que la violence qui frappe les femmes handicapées a sans doute le même point de départ que toute violence. Et pourtant, le handicap oblige à franchir un pas de plus, celui d'une vulnérabilité, d'une fragilité plus grande.

La personne handicapée, du fait de son histoire corporelle, visible ou non, est sujette à une première violence que nous appellerons *médicale*.

L'enfant, l'adolescent, la femme ou l'homme porteurs d'une *anomalie* corporelle vont devoir subir des traitements, des soins intensifs, des agressions corporelles. Les bébés, les petits enfants qui doivent être traités médicalement, qui ont des soins très lourds, subissent une agression corporelle très proche de la maltraitance. Mais comme on dit : « c'est pour leur bien » ! Traitements douloureux, par exemple kinésithérapie, opérations chirurgicales qui nécessitent des drains, des positions allongées, l'extension d'un membre, etc.

La personne handicapée, dès l'enfance, peut avoir été soumise à de la violence *normale, naturelle*.

Le handicap incarne la violence physique, doublée d'une violence psychologique terrible. Imaginez ces enfants hospitalisés pendant des mois, ces adolescents en maison de rééducation, ces adultes en hôpitaux.

Le corps, leur corps est piqué, attaché, assoupli, rééduqué, je dirais *torturé*.

Tout cela doit être accepté, parfois voulu, pour avoir un espoir de guérir, de marcher, de s'en sortir, de vivre. La violence physique devient normale, elle est nécessaire me direz-vous.

Des petites filles sont exposées nues sur leur brancard pour être soignées, des adolescentes subissent des soins douloureux sans respect pour leur corps, sans respect pour leur dignité. C'est normal d'être vue, regardée, examinée. Le corps devient objet ; il perd tout statut de corps appartenant à une personne. Il est objet de soins, cela suffit. Le sujet est réduit à un symptôme, à une défaillance, à une malformation. Il n'est plus sujet du désir.

L'habitude s'installe sans bruit, la violence du corps maltraité pour son bien est acceptée, demandée. La souffrance physique accompagne ces corps tout au long de leur vie. Il est devenu normal de souffrir, d'avoir mal. On ne va pas se plaindre, tous font tant pour nous sauver de la mort, de l'invalidité. On ne peut qu'être reconnaissants.

La culpabilité rôde, elle est là bien présente. Culpabilité de la différence, culpabilité de ne pas être autonome, culpabilité de la honte infligée aux autres, à sa famille. Honte de ne pas avoir su guérir, culpabilité de ne pas avoir assez souffert, pour réparer la faute. Il est normal d'avoir mal, d'être maltraité, il faut bien payer de ne pas être né comme tout le monde, ou d'avoir eu un accident.

La maltraitance corporelle, la maltraitance psychologique, sont intégrées et font partie du fonctionnement normal.

Si nous reprenons l'histoire infantile, cette histoire inscrite dans la psyché, si nous nous souvenons de cette lutte terrifiante entre la pulsion de mort et la pulsion de vie, nous assistons à une lutte à mort entre les deux.

Le petit d'homme désire le plaisir, le bien-être, la jouissance. Le corps du nouveau-né aspire à la chaleur, à l'affection maternelle, à la nourriture bienfaisante, à l'amour. L'enfant vient au monde pour vivre, pour croquer le bonheur d'être là, d'être une personne reconnue.

Le bébé qui vient au monde dans la souffrance, qui continue sa route dans la douleur corporelle, psychique, va se construire différemment. Il va développer des résistances à la tendresse, tout va être souffrance, méfiance. La mort rôde, il est perdu dans un chaos incompréhensible.

La pulsion de mort devient plus prégnante.

Son corps devient réceptacle de souvenirs douloureux. Françoise Dolto disait cette phrase tellement vraie : « Le corps se souvient de ce que l'esprit a oublié ».

Le corps se souvient des coups, des marques de souffrances, des soins maltraitants. Le corps se souvient de cette volupté mauvaise de la maltraitance, il se souvient qu'il est vivant grâce à la douleur ; la douleur, le bras attaché, le crâne traversé par un trocart, le ventre déchiré par des plaies, etc.

La souffrance est source de vie.

Ce plaisir arraché par la souffrance s'inscrit dans la mémoire du corps, il est source de réminiscences mêlées de pleurs, de brutalité, d'espoir d'être encore en vie.

La violence, chez la femme handicapée, a une connotation bien particulière.

D'une part elle porte le poids des femmes et dans son corps sont inscrites toutes les violences passées. Bien sûr cela ne justifie rien mais peut aider à comprendre l'approche que j'essaie de vous faire partager.

Il y a la culpabilité de la différence, de la tare, du handicap, la culpabilité antique d'être femme. La honte d'être handicapée, d'oser avoir du désir, du plaisir que peut lui donner un homme, et de devoir payer pour cela.

Les coups ravivent toute cette souffrance, tout ce passé.

Comment se défendre quand on a toujours subi ?

La femme handicapée a trouvé un homme valide, un homme qui la *regarde*, qui est attentionné et qui surtout lui fait oublier la *faute* du handicap, de la différence. Très souvent elle en a une immense reconnaissance, elle se sent revivre, considérée. Elle est prête à tout pour sortir de sa médiocrité, de son handicap. Une obsession s'installe à bas bruit : surtout ne pas perdre cet homme, faire tout ce qu'il veut.

La rencontre avec ce conjoint, avec cet ami, permet souvent de quitter le milieu familial, l'institution, de prendre un peu d'indépendance. Surtout on devient comme tout le monde. On va pouvoir créer un foyer normal !

Au début tout va bien, même si parfois la femme handicapée ressent un peu de crainte, quelques frissons de peur, d'angoisse, face à certains comportements de son conjoint. Plus ou moins rapidement, il y a un glissement dans la façon dont il parle, dont il se fait servir, il devient de plus en plus exigeant. Il contrôle les coups de téléphone, les visites... et l'homme exige de plus en plus de choses, jusqu'au jour où les coups pleuvent, où la brutalité s'installe.

« J'ai tellement eu l'habitude de souffrir dans mon corps du fait de mon handicap que ce n'est pas grave. Il a raison, je lui fais honte. Mon corps est si laid, si déformé que cela l'excite ! Je préfère être tapée et le garder, je préfère dormir par terre et qu'il me fasse l'amour. Qui voudrait de moi ! »

« Moi, me dit une autre femme, au début c'était formidable, je ne peux plus marcher, il me portait, tout allait bien. Un jour j'ai refusé de faire l'amour, il est devenu furieux. Il m'a fouettée, il m'a fait plein de choses, puis il est parti, il a caché mes cannes, crevé les roues de mon fauteuil. J'étais complètement dépendante. Pendant des mois il m'a frappée. Sans jambes, que peut-on faire ? »

Une autre : « Ça l'excitait que je sois petite, très petite, il me traitait comme une petite fille et m'obligeait à rester attachée, jusqu'à ce que je pleure et que je le supplie. Je me suis sauvée ».

Une femme voyante vit avec un homme aveugle qui la gifle régulièrement : « Je le mérite, il n'y voit pas, moi oui ! »

Une autre femme, aveugle, est giflée régulièrement ; son mari a instauré un jeu, il la gifle jusqu'à ce qu'elle le retrouve dans la chambre et lui baise les pieds.

Toutes ces femmes racontent que la violence alterne avec des moments de gentillesse, de tendresse. L'homme violent leur demande pardon, les supplie de ne pas l'abandonner.

Comment analyser toutes ces situations ? Elles sont semblables mais différentes de ce que vit toute femme violentée.

Le handicap est cette blessure inscrite dans le corps, inscrite dans la vie psychique, qui autorise l'Autre à la domination, à la maltraitance.

Le handicap est cette anormalité qui engendre le rejet, l'exclusion, la condamnation.

Le handicap est cette monstruosité, cette étrangeté qui engendre peur, angoisse et violence.

La femme handicapée vit d'une manière beaucoup plus forte, plus rude, la trace de la différence, sa vulnérabilité ne peut être masquée.

Mon expérience de psychanalyste me permet de dire que le handicap (cécité, absence d'un membre, surdité, personne dans un fauteuil, personne marchant avec des béquilles, personne sans bras ni jambes) engendre une grande excitation chez l'homme violent, une excitation liée à sa faiblesse, à sa propre vulnérabilité. L'homme violent est souvent un *faible* que la fragilité physique de l'autre rassure. Il a enfin la sensation de dominer sa propre mère. Il va pouvoir se venger de l'adoration envers cette femme vénérée et haïe. On peut avancer une supposition : dans la violence que fait subir l'homme à la femme handicapée, n'y aurait-il pas une vengeance de l'enfant dominé par une mère toute puissante ?

La femme handicapée est prise dans un cercle infernal, elle ne veut pas perdre l'homme avec qui elle vit, cela lui permet d'avoir une vie conforme, et de plus, entre les périodes de violence, cet homme peut se montrer tendre. Il fait valoir sa générosité auprès des amis de la famille, de sa compassion envers la femme auprès de qui il vit. Il peut se faire plaindre des autres, ce qui muselle sa femme, qui n'ose pas se plaindre ou dire la vérité. Elle pense que l'on ne la croira pas, que c'est impossible qu'une femme handicapée soit violentée.

Peur de perdre celui qui l'aide dans le quotidien. Comment expliquer les viols subis durant la toilette ou sous la douche ?

« Personne ne me croira » est le leitmotiv ; ou bien « Estime-toi heureuse d'avoir quelqu'un qui s'occupe de toi, ce n'est pas si grave ».

La femme handicapée ne veut pas être abandonnée et elle ne veut pas non plus abandonner son ami, son conjoint.

Les injures, la dévalorisation, sont assez bien supportées. La femme handicapée pense qu'elle ne mérite pas autre chose, elle a tellement de chance d'avoir un homme !

Comment raconter, comment faire comprendre l'incompréhensible ?

Chaque femme handicapée a existé dans le désir de l'homme, cet instant de désir est tellement important que, pour ne pas le perdre, la femme est prête à tout.

« Il m'aime puisqu'il me bat, ça fait mal, mais au moins je sens mon corps, je suis vivante ».

Même si le conjoint est un homme handicapé, la femme handicapée se soumet et subit les mêmes violences. L'ascendant de la domination masculine s'inscrit là, comme impossible à rompre.

Je n'ai pas évoqué les violences physiques et psychologiques exercées sur les femmes handicapées en institution, sur les jeunes femmes handicapées mentales à qui on ligature les trompes. Cela est un scandale, une violence effroyable. Nous devons dénoncer ces maltraitances, nous devons être vigilantes pour que de tels actes ne se reproduisent plus jamais.

Pourrait-on dire que la souffrance corporelle, psychique, que vivent les femmes handicapées du fait même de leur anormalité serait la pierre d'achoppement qui empêche la dénonciation de la violence ? La peur de la perte de l'Autre raviverait d'une manière foudroyante la perte que représente le handicap. Cette absence de conformité à la représentation collective d'*Être Femme* accentuerait l'acceptation.

Que de questions à réfléchir, à comprendre, à résoudre.

Mais ne baissons jamais les bras et soyons dans la lutte des NON des femmes handicapées face à la violence.

51 - Scandale du silence

avril 2017

Reprenons ce vieux dicton : « Qui ne dit mot consent » !

Depuis quelques années, l'association « Femmes pour le Dire, Femmes pour Agir » dont je suis la présidente se bat pour dénoncer les violences que vivent les femmes handicapées.

4 femmes handicapées sur 5 subissent des violences. Violences en tout genre, physiques (coups, viols, étranglements), psychologiques, alimentaires, médicamenteuses, institutionnelles, violences au travail (harcèlements, attouchements...)

Le rapport de la commission européenne souligne que 80 % de femmes handicapées sont violentées, maltraitées. Mais qui cela dérange ? Dites-le-moi !

Comment comprendre le silence qui enveloppe cet état de fait ? Comment expliquer ce silence qui couvre les violences d'une épaisse fumée, comme un refus de la réalité ?

Que ce soit le monde politique, associatif, institutionnel, la presse, la télévision, la radio, partout ce lourd silence du non-dit, du déni. On ne veut pas savoir, on ne veut pas entendre ces cris, ces souffrances. On ne voit pas que derrière un fauteuil roulant, une canne blanche qui avance, se cache une femme dont les brûlures, les fractures, les bleus sont cachés, sont tus. Personne ne veut entendre, personne ne veut voir !

Je me bats avec mon association pour dénoncer le silence scandaleux de celles et de ceux qui ne veulent pas savoir.

Je n'ignore pas les qualificatifs de fabulatrices, de menteuses, dont on nous taxe. « Tout cela est quand même exagéré… »

Aujourd'hui, je prends la parole mais je sais que parmi celles et ceux qui liront ces lignes un certain nombre penseront : « On fait pourtant beaucoup pour les handicapées, ce n'est pas possible qu'une personne vulnérable soit maltraitée ».

Ceux et celles que je connais penseront : « Elle en fait trop, on l'entend partout, elle prend la parole dans toutes nos rencontres, elle n'est jamais contente »....

Oui, cela me met en colère que mes engagements, mes débats incessants soient accueillis avec condescendance ou rejetés.

J'en ai assez de cette ignorance volontaire, de ces combats que je mène sans relâche qui aboutissent à un sourire entendu, ou à quelques lignes dans un rapport, ou à rien du tout. À un silence glacé, à quelques rires provoqués par l'inquiétude, l'angoisse, par une telle vérité.... On ne peut s'identifier à l'impensable, on ne peut saisir avec sa seule intelligence les tortures, les maltraitances subies par des milliers de personnes dans le monde. On doit se protéger des souffrances intolérables, il ne faut pas y penser, surtout les écarter de notre entendement. Il faut construire une autre vérité, imaginer, croire que tout est dû à l'exagération hystérique inventée pour déranger l'ordre établi....

Comment croire qu'aujourd'hui 4 femmes handicapées sur 5 vivent des violences ? C'est impensable, choquant, irréaliste.

J'entends interviewer des personnes handicapées. Ce sont toujours des hommes… ou presque.

Ce matin dans l'émission de France Inter « Interceptions » que j'apprécie beaucoup, la parole a été donnée à deux messieurs pour avoir leur avis sur les programmes des candidats à l'élection présidentielle concernant le handicap.

Les femmes en général sont les grandes absentes de la vie publique, elles sont ignorées, laissées pour compte. Lorsqu'il s'agit des femmes handicapées, ces discriminations sont accrues. Notre association lutte sans relâche contre la double discrimination, celle d'être femme et celle d'être handicapée.

Le handicap susciterait-il la violence ? Je suis persuadée que oui. Le handicap, dont on parle plus souvent qu'il y a quelques années, se situe entre rejet et compassion, exclusion et pitié, angoisse et fuite, frustration et réparation, laideur et beauté...

La femme handicapée peut attirer ; sa faiblesse, sa vulnérabilité peut provoquer des sentiments contradictoires, de passion ou de haine. La force et la toute-puissance de l'Autre se trouvent confortées, réveillées par le dénuement de « cette pauvre femme ». Qui peut s'imaginer que devant la faiblesse, devant le manque, les violences puissent se déchaîner ? Et celui qui ose entendre ces dires impensables les relègue immédiatement dans l'obscurité de l'illusion, de l'irréel.

Silence, que ton nom est doux, sécurisant ! Mais silence que de non-dits tu caches, que de sentiments tu tiens enfouis en toi... Se taire, ne rien dire, fermer son intelligence et son cœur pour « respecter le silence »... Silence, comme tu sais garder nos peurs, nos égoïsmes, nos hypocrisies. La parole, la vraie, peut être terrible il vaut mieux la taire.

Implacable parole, condamnables silences.

Pour briser ce silence intolérable, notre association « Femmes pour le Dire, Femmes pour Agir » a lancé en mars 2015 un numéro d'appel : « Écoute Violences Femmes handicapées », le 01 40 47 06 06.

Deux permanences par semaine : les lundis et les jeudis matin, des bénévoles formées à cette écoute répondent aux appels.

Les violences racontées, vécues par les femmes handicapées sont terribles. La vulnérabilité de la différence accentue les perversions, les tortures exercées sur les femmes handicapées. Nous ne nous limitons pas à une simple écoute. Nous voulons accompagner ces femmes au-delà des violences. Nous avons mis en place un accompagnement social, juridique, psychologique. Notre numéro est national. Si elles le désirent elles peuvent venir nous rencontrer sur place. Nous organisons un atelier de rencontre tous les quinze jours où les femmes qui ont pris contact avec notre numéro d'écoute sont invitées à venir avec les adhérentes de FDFA. Elles trouvent un accueil chaleureux où elles abordent ou non leurs difficultés. L'échange, les rires, le goûter, permettent de se libérer de ce poids si lourd des violences, de l'incompréhension de l'entourage. Une fois par mois une socio-esthéticienne est présente, elle accompagne celles qui le désirent à se réapproprier leur corps. Un corps frappé, endolori, a besoin de se réparer, d'être aimé.

Un groupe de paroles est également proposé.

52 - Les violences envers les femmes en situation de handicap

Décembre 2013

Bonjour à toutes et à tous. Je suis contente de pouvoir prendre la parole aujourd'hui à la Région Ile de France. La problématique des violences envers les femmes handicapées est un sujet peu abordé dans la sphère publique, même si je me bats avec notre association FDFA depuis plus de quatre ans pour alerter les politiques, les associations et les médias...

Nous sommes une petite association qui se bat afin d'obtenir des subventions pour travailler sur les violences envers les femmes handicapées, sans grand succès jusqu'à présent.

Le handicap renvoie à des représentations trop souvent négatives. La personne handicapée et plus particulièrement les femmes handicapées vivent des situations de discrimination, de rejet, d'exclusion. Être hors norme dérange et suscite soit l'agressivité soit la compassion. Nous ne voulons ni de l'une ni de l'autre. Actuellement en France 36 % de femmes subissent des violences mais ce sont 70 % de femmes handicapées qui en sont victimes. L'ONU vient de publier un rapport, indiquant que 80 % de femmes handicapées sont victimes de violences, ce qui recoupe le travail statistique que notre association a tenté d'évaluer. Les femmes handicapées sont plus vulnérables, plus fragiles corporellement, moins armées psychologiquement. Les femmes handicapées sont plus souvent violentées du fait de ces vulnérabilités, sûrement plus facilement agressées ; mais on ne peut imaginer ni penser qu'une « pauvre handicapée » va subir des violences, son handicap suffit... Il est très difficile de sensibiliser notre société à ce grave problème ; pour l'ensemble de la population il est impensable que l'on maltraite des femmes handicapées, et pourtant le quotidien nous démontre le contraire. En effet cette population est maltraitée, battue, violée. Un exemple : une femme aveugle n'est pas couverte de bleus parce qu'elle est maladroite, mais parce qu'elle subit des violences. Au lieu de garder le silence devant ce phénomène, il faut parler, questionner, dénoncer. D'autre part, nous n'avons jamais reçu autant d'appels de femmes handicapées subissant des violences au travail, dans leur milieu familial, en institutions.

Un autre phénomène observé actuellement tient à la recrudescence de la prostitution des femmes en situation de handicap, qui vivent souvent dans la précarité. Le milieu familial exerce une pression sur les femmes handicapées et les pousse à se prostituer ou même les y oblige. Également des femmes se prostituent d'elles-mêmes pour nourrir leurs enfants. Les femmes sans bras ni jambes sont très prisées car elles représentent pour les hommes des objets sexuels très attirants.

La violence que subissent les femmes handicapées actuellement est dramatique. Je plaiderai cette cause jusqu'à la fin de ma vie pour que l'on entende que les femmes en situation de handicap sont des citoyennes à part entière et qu'elles ont droit au respect, à la dignité et ne doivent plus subir de violences.

J'ai par ailleurs été très affectée par un nouveau phénomène. Des couples valides prostituent leur fille en situation de handicap. Une mère m'a téléphoné un jour pour me demander le prix qu'elle pourrait demander à son voisin qui lui proposait de « louer » sa fille trois après-midi par semaine ; Il faut bien vivre…

Ces violences existent également dans les hôpitaux et les institutions. Un rapport récent de l'APHP fait état de 3,5 % de viols dans les hôpitaux, dont les victimes sont très souvent des femmes handicapées. Celles-ci se taisent car elles ont peur que la violence redouble. Et être violentées leur donne l'impression être encore vivantes.

Maintenant je souhaiterais aborder en quelques mots la situation des enfants témoins de violences. Certains enfants sont complètement traumatisés et ne disent mot. Ils sont dans la confusion et l'inhibition. D'autres se mettent du côté du maltraitant pour plusieurs raisons : la force, l'autorité les attirent et la mère humiliée, battue est considérée comme un « mauvais objet » qu'il faut punir puisqu'elle ne correspond pas au désir du père et qu'elle fait mal les choses de la vie quotidienne. Un fils que je recevais avec sa mère m'a dit « Maman est méchante, c'est bien que papa la batte ». D'autres enfants vont essayer de soutenir leur mère à leurs risques et périls. Ces enfants parlent très rarement de ce qui se passe à la maison. Parfois, quand les fils grandissent, ils défendent leur mère et l'aident à aller porter plainte. Ces cas sont très rares. Le handicap renforce l'incapacité de ces mères à être regardées comme des femmes à part entière, elles doivent payer leur différence.

Ceux qui essaient de protéger leur mère sont souvent battus par le conjoint ou le frère violent ; d'autres se placent du côté de l'homme violent et reproduisent ses comportements.

En conclusion, je souhaiterais remercier les associations féministes. Grâce à elles, la problématique des femmes handicapées a émergé. Nous avons besoin d'aide pour mettre en place un service d'écoute et d'hébergement adapté aux femmes handicapées victimes de violence.

Il ne suffit plus de dénoncer ces violences, il faut agir. Ensemble nous devons penser un accueil accessible pour ces femmes, nos efforts doivent être convergents, nous ne devons plus jamais accepter ces violences, nous devons informer, former tous les acteurs, les professionnelles et professionnels de santé, les commissaires de police, les enseignants, etc. afin que l'alerte soit donnée partout.

53 - Maltraitance

Mai 2007

Introduction :

Les organisateurs de ce colloque m'ont demandé de vous parler de la **maltraitance**. Ce mot résonne bizarrement, il engendre fantasmes, représentations imaginaires, il réveille en chacun de nous des souvenirs peut-être de vécu personnel, peut-être d'actes vus ou entendus, il renvoie au mal-aise, au mal-faire, au non-dit, à une certaine passivité, au consentement implicite.

Ces deux mots accolés : *Mal – Traitance*, évoquent la souffrance, le déni du sujet, le pouvoir du plus fort sur le faible. Le maltraité est celui qui subit, qui est prisonnier du pouvoir, de l'autorité de l'Autre. On l'oblige à la soumission, à l'humiliation, il n'est plus Sujet mais Objet du mal traitant. La maltraitance renvoie à la vulnérabilité de celui qui maltraite, à sa fragilité, à son manque de force. Il y a dans la maltraitance une dimension de blessure narcissique. L'un blesse, l'autre est blessé.

Le terme **mal** renvoie à l'abject, à toutes possibilités de torture, de corps malmenés, ridiculisés, méprisés, insultés.

La maltraitance réveille la peur, la crainte, le silence, les mots tus, la douleur physique et psychique. Il y a celui qui subit, celui qui exerce sa force, sa domination.

Le faible ne serait-il pas celui qui maltraite ? Celui qui se sent menacé par des représentations inconscientes peut réagir par de la violence physique ou verbale pour se donner un statut de fort, de dominant. C'est la rencontre de l'angoisse renvoyée par celui qui est devenu dépendant, ou que l'on croit inférieur, incapable.

Pour évacuer cette angoisse que réveillent les personnes dites vulnérables (les enfants, les personnes âgées, malades, les femmes, etc.) pour surmonter ses émotions, sa peur de la mort, l'autre ne trouve pour se protéger que la violence, la domination.

Pourquoi ces dernières années a-t-on mis l'accent sur ce concept de maltraitance ? Que s'est-il donc passé ? Y a-t-il eu une recrudescence de la violence dans tous les domaines, publics ou privés ? Le regard de notre société sur le plus vulnérable changerait-il ? La maltraitance est- elle un mal nouveau qui vient frapper nos oreilles, notre conscience ? Qui ose parler de maltraitance et de son contraire la bientraitance ?

Le concept de maltraitance renvoie immédiatement à la violence, violence psychique, violence physique. Maltraitance et violence se conjuguent, l'une ne va pas sans l'autre. Nous devons être vigilants dès que nous parlons de maltraitance en évitant d'aller aux extrêmes : nier la violence ou ne voir qu'elle.

Je voudrais me centrer sur certains mots-clefs auxquels renvoie la maltraitance, en particulier : **Vulnérabilité, Savoir et Pouvoir, Angoisse, Pulsion de mort et Pulsion de vie.**

Définitions :

Mais avant d'entrer dans le vif du sujet, il me faut vous proposer, comme vous me l'avez demandé, un certain nombre de définitions de la maltraitance qui ont cours aujourd'hui :

a) Prenons d'abord la définition de l'Organisation des Nations Unies (ONU) :

« La violence fait référence à tout acte violent de nature à entraîner, ou risquer d'entraîner, un préjudice physique, sexuel ou psychologique ; il peut s'agir de menaces, de négligence, d'exploitation, de contrainte, de privation arbitraire de liberté, tant au sein de la vie publique que privée ».

b) Le Conseil de l'Europe a créé en son sein un groupe de travail sur la violence, la maltraitance et les abus à l'égard des personnes handicapées. Ce groupe de travail a établi, sous la direction du professeur Hilary Brown, le 30 janvier 2002, un rapport portant sur *La protection des adultes et enfants handicapés contre les abus*

Ce rapport propose, notamment, une définition de la violence, des abus, de la maltraitance et des négligences. Il donne une **définition pratique** des abus qui « *englobe les abus physiques et sexuels, les préjudices psychologiques, les abus financiers, et les négligences et les abandons d'ordre matériel ou affectif* ».

Le rapport définit l'abus comme « *tout acte, ou omission, qui a pour effet de porter gravement atteinte, que ce soit de manière volontaire ou involontaire, aux droits fondamentaux, aux libertés civiles, à l'intégrité corporelle, à la dignité ou au bien-être général d'une personne vulnérable, y compris les relations sexuelles ou les opérations financières auxquelles elle ne consent ou ne peut consentir valablement, ou qui visent délibérément à l'exploiter* ».

Il propose une **classification** qui distingue six types d'exercice de la maltraitance :

► **la violence physique,** qui comprend les châtiments corporels, l'incarcération, y compris l'enfermement chez soi sans possibilité de sortir, la surmédication ou l'usage de médicaments à mauvais escient et l'expérimentation médicale sans consentement ;

► **les abus et l'exploitation sexuels,** y compris le viol, les agressions sexuelles, les outrages aux mœurs, les attentats à la pudeur, l'embrigadement dans la pornographie et la prostitution ;

► **les menaces et les préjudices psychologiques,** généralement les insultes, l'intimidation, le harcèlement, les humiliations, les menaces de sanctions ou d'abandon, le chantage affectif ou le recours à l'arbitraire, le déni du statut d'adulte et l'infantilisation des personnes handicapées ;

► **les interventions portant atteinte à l'intégrité de la personne, y** compris certains programmes à caractère éducatif, thérapeutique ou comportemental ;

► **les abus financiers, les fraudes et les vols** d'effets personnels, d'argent ou de biens divers ;

► **les négligences, les abandons et les privations, d'ordre matériel ou affectif,** et notamment le manque répété de soins de santé, **les prises de risques inconsidérées, la privation de nourriture, de boissons ou d'autres produits d'usage journalier,** y compris dans le cadre de certains programmes éducatifs ou de thérapie comportementale.

Le rapport a néanmoins rappelé les remarques qu'ont faites les délégations française et norvégienne concernant la définition de la maltraitance : « *la difficulté de cet exercice consiste à situer correctement le problème entre deux pôles dont le premier serait une définition réductrice de la violence [...] qui masquerait la réalité du phénomène, et le deuxième une extension exagérée du concept qui en atténuerait la spécificité en y incluant des problèmes beaucoup plus vastes...* ».

c) De ce point de vue, la définition ministérielle (Secrétariat d'État aux personnes handicapées) de la maltraitance n'échappe pas aux limites d'une « *extension exagérée du concept* »...Marie-Thérèse Boisseau, ancienne secrétaire d'État aux personnes handicapées, a donné une définition extrêmement large de la maltraitance et a souligné son omniprésence :

Citation : « *Pour ma part, je considère comme maltraitance toute négligence, petite ou grande, toute absence de considération, qui peut aller jusqu'à des violences graves. Cette maltraitance est partout ». Nous avons tous en tête des exemples de maltraitance graves ou minimes mais toutes traduisent un non-respect, engendrent une souffrance et atteignent la personne au plus profond. Son « moi » est menacé, son intégrité est attaquée.*

Cela montre toute la difficulté à définir avec précision un concept multiforme. La recherche de l'exhaustivité est dès lors un exercice non seulement difficile mais quasiment vain. Il y a maltraitance dès lors que l'on considère l'Autre sans respect, sans politesse, sans égalité. Il y a maltraitance quand on oblige l'autre à exécuter des actes qu'il ne désire pas ou qui l'humilient. Il y a maltraitance dès que l'on profite de la faiblesse de l'autre, de son handicap, de sa vulnérabilité. Je pourrais énumérer et vous décrire des actes de maltraitance. Je préfère revenir aux mots-clefs que j'ai cités et chercher avec vous ce qui fait basculer un soignant, un accompagnateur, un parent, dans des actes maltraitants.

Mots-clefs :

Vulnérabilité : que l'on retrouve tant chez la personne maltraitée que chez celle qui maltraite.

Vulnérabilité de l'enfant, des personnes âgées, des personnes handicapées, des personnes étrangères, des personnes malades, hospitalisées, plus faibles, etc.

Je ne vais pas reprendre chaque terme, mais souligner que toutes ces catégories de sujets donnent à voir une défaillance objective ou subjective, une singularité qui interpelle ; ce sont des personnes qui n'habitent plus la norme classique, habituelle.

La personne dite vulnérable dans la représentation de l'autre réveille, met en évidence, une défaillance. Quelque chose de l'ordre de l'insupportable. Voir, regarder celui qui est demandeur d'aide physique ou psychique ébranle la certitude du bien portant. La faiblesse, la maladie, la vieillesse secouent l'inconscient bien normé de celui qui croit posséder la vérité de vie, de décision.

Le savoir est mis en échec par la réponse non conforme de celui qui se présente comme moins fort, moins efficace, moins performant. Le désir d'aider, de protéger, de combler le manque visible de celui qui souffre de dépendance n'est pas accueilli à sa juste valeur. Le soignant, le parent pris par le temps, par la conviction de maîtriser la situation, de tout faire pour l'autre, est d'abord agacé, puis révolté et enfin agressif. La différence engendre un mal-être chez celui qui se sent plus fort. La crainte de se retrouver comme celui-là, comme la personne vulnérable, renvoie une image narcissique abîmée, une image dévalorisante, une image que l'on veut faire disparaître. La peur de devenir comme l'autre engendre des émotions, des sentiments de destruction, de négation, de brutalité.

Le Savoir du soignant, des parents, de celui qui domine doit s'exercer sur celui que l'on suppose plus faible. On sait pour lui, on sait ce qui est bon pour lui, on sait qu'il doit se soumettre au pouvoir du supérieur, du dominateur. Toute rébellion menace la certitude de celui qui sait, peut le remettre en question. Pour éviter tout questionnement, le dominant exerce sa force, sa puissance et ordonne au dominé de se soumettre *ou, sans quoi*, il lui en coûtera !

La pulsion sadique, réminiscence de l'infantile, trouve là sa justification : faire souffrir, voir souffrir, fait éclater la jouissance de ne plus être le dominé, d'être devenu le dominant, celui dont dépend l'autre. Sous la justification de faire le bien, rien n'est plus condamnable. Jouissance perfide, déguisée, couverte par les bonnes intentions. La maltraitance se justifie par le pouvoir, par la connaissance, par l'autorité. Quelle jouissance de soumettre l'autre à son bon vouloir ! Quels fantasmes infantiles se rejouent là !

L'angoisse est au nœud de la maltraitance, elle est cet intolérable qui renvoie à sa propre faiblesse, à sa propre vulnérabilité, à son manque à soi, à sa propre histoire. Elle s'insinue dans la détresse de l'Autre, dans la peur d'être malmené, elle risque son bout de nez pour faire reculer la compassion, elle ravive l'agressivité de la différence.

L'angoisse précipite le passage à l'acte, elle libère de la crainte, de la violence, elle permet d'agir, de ne plus penser. Les mots criés, les coups donnés, les brimades sont souvent motivés par l'angoisse, la peur de l'Autre.

Dans la maltraitance, il y a parfois le couple sado-masochiste qui rentre en scène et se déploie dans une répétition terrifiante. Je ne vais pas développer ici ce mécanisme du masochisme et du sadisme qui s'inscrit dans l'histoire infantile du sujet. De la soumission, de la souffrance acceptée, parfois recherchée pour garder en vie un moi défaillant. Souffrir pour exister.

La maladie, la vieillesse, la dépendance renvoient également à la mort, à la **pulsion de mort.**

La pulsion de vie se trouve confrontée aux limites du supportable. Pour rester vivant face à la dépendance de l'Autre, face à sa misère, à sa mort prochaine, il faut réagir par le passage à l'acte qui va vers la vie.

Il me semble que ce phénomène de la maltraitance se joue dans la lutte pulsion de vie contre pulsion de mort. Le passage à l'acte libère une autre libido. Une force pulsionnelle nourrie de peur, d'agressivité, de colère, de violence, de brutalité et d'angoisse sort du sujet et déferle sur l'objet, cause de tous les maux.

La lutte acharnée pour rester en vie. Faire souffrir l'autre, le punir, ou ne pas lui donner les soins nécessaires, oblige à une position, une confrontation avec sa propre pulsion de destruction, sa propre angoisse.

Le signifiant **maltraitance** se loge dans cet indicible de la non-maîtrise, de la dépendance, de la peur et de la mort.

Comme vous l'avez vu dans les différentes définitions, nous trouvons dans le concept de maltraitance aussi bien des petits riens, des petits mots, que de la grande violence, de la brutalité, du viol. Nous pourrions dire qu'il y a maltraitance dès qu'il y a manque de respect de l'Autre, du Sujet différent, dès qu'il y a mépris, rejet, abandon.

La maltraitance est ce coup insidieux porté à l'Autre, ce coup de feu destructeur, ce regard d'indifférence, de condamnation. La maltraitance est tout le contraire de la bienveillance. Pulsion de vie et de mort s'affrontent.

En conclusion je soulignerai que la maltraitance a fréquemment des conséquences durables sur la santé physique et psychique. Pour mesurer la gravité des maltraitances il est important d'analyser quelles peuvent être leurs conséquences : elles sont de deux sortes, des lésions et des atteintes physiques d’une part et d'autre part des réactions au niveau du psychisme. On observe souvent chez les victimes des sentiments d'impuissance et d'humiliation sans aucun rapport avec l'importance des atteintes corporelles. Dans d'autres cas ces réactions sont ambivalentes et mêlent à la fois plaisir et souffrance.

La complexité des modes d'intériorisation des situations de dépendances explique la grande variété des conséquences de la maltraitance. Ce qui rend tellement complexe l'étude de la maltraitance !

54 - « S'il te tape c'est normal, tu le mérites bien. »

Janvier 2016

Interview dans « 50-50 magasine »

Créée en 2003 Femmes pour le Dire Femmes pour Agir (FDFA), est une association dont le but est de lutter contre la double discrimination que vivent les femmes en situation de handicap : celle d'être femme et celle d'être handicapée. La lutte contre les violences faites aux femmes handicapées est un de leur combat car ces violences sont multiformes, et restées invisibles pendant très longtemps. Ainsi l'association a mis récemment en place un N° d'urgence : le 01 40 47 06 06.

Rencontre avec Maudy Piot, l'infatigable fondatrice et présidente de FDFA (50-50 magazine).

Comment est né le N° d'urgence de Femmes pour le Dire, Femmes pour Agir ? Pourquoi était-il utile pour vous de créer un N° spécifique pour les femmes handicapées ?

Le numéro d'urgence est né d'un constat datant de plusieurs années que j'ai fait en tant que psychanalyste d'une part et de présidente de Femmes pour le Dire Femmes pour Agir d'autre part. J'entendais depuis des années de nombreux témoignages sur les violences que vivent les femmes en situation de handicap, que ce soient des violences conjugales, familiales ou institutionnelles.

L'autre raison est qu'il n'existait aucun N° d'urgence pour les femmes handicapées. Le handicap requiert une écoute singulière. Nous savons maintenant que 4 femmes handicapées sur 5 vivent des violences. Un rapport de l'ONU datant de 2012 révèle que 80 % des femmes handicapées sont victimes de violences. Les pouvoirs publics ne font pas grand'chose pour éradiquer ces violences faites aux femmes handicapées. La seule personne qui ait eu une écoute particulière et une présence chaleureuse auprès de notre association, c'est Najat Vallaud-Belkacem, lorsqu'elle était ministre des Droits des Femmes. Elle nous a beaucoup encouragées.

En 2010, FDFA a organisé le premier Forum sur les violences faites aux femmes. Ce jour-là, nous avons fait passer un questionnaire dans l'assistance. Le résultat nous a stupéfiées : 4 femmes présentes sur 5 avaient subi des violences. Cela m'a fortement interpellée. Mais cette question n'était prise en compte ni dans le milieu féministe, ni dans le milieu du handicap. J'ai dû apprivoiser les associations féministes pour travailler avec elles.

On veut nous rendre invisibles parce que nous sommes des révélatrices de la différence, de l'angoisse devant ce qui est différent. On préfère nous ignorer. Nous avons donc décidé de créer ce N° d'écoute.

Comment s'est faite la mise en place de ce N° d'urgence ?

Sa mise en place n'a pas été facile. Ce N° d'appel national avait une telle force d'interpellation que certaines instances n'ont pas voulu en être partie prenante. Ce qui a démultiplié notre volonté de le mettre en place. Le nombre d'appels est variable selon les passages de notre association dans les médias. Il y a eu une période de forte mobilisation grâce à des émissions de radio ou de télévision. Les femmes qui appellent sont accueillies par des écoutantes qui les accompagnent ensuite si elles le demandent dans leurs démarches. Le N° de téléphone n'est pas seulement un N° d'écoute mais se prolonge par une orientation vers les différents ateliers de l'association, vers les permanences juridique ou sociale ou vers notre avocate.

Je souligne que toutes les écoutantes suivent une formation avant de pouvoir répondre aux appels.

Quelles violences vivent les femmes handicapées ?

Un grand pourcentage de femmes aveugles et sourdes sont touchées par les violences. Il en est de même pour les femmes handicapées motrices et psychiques.

Les femmes vivent des violences conjugales, familiales ou institutionnelles. Il peut même arriver que des femmes handicapées soient prostituées par leur conjoint, leur frère ou d'autres. J'ai même vu le cas d'une mère prostituant sa fille handicapée pour soi-disant subvenir à ses besoins. Il existe également des violences alimentaires, psychologiques, des violences financières lorsque par exemple le mari confisque l'allocation reçue par la femme en situation de handicap. Il existe même des violences médicamenteuses, lorsque la famille refuse de donner les médicaments prescrits.

De plus, il n'existe quasiment pas d'offre d'hébergement pour les femmes handicapées victimes de violences acculées à quitter leur domicile. Mais la précarité est si forte chez ces femmes qu'elles ont bien évidemment peur de quitter leur conjoint violent. La pression familiale pour qu'elles ne quittent pas leur compagnon est très forte. Elles entendent très souvent ce discours : « Tu as bien de la chance d'être en couple, s'il te tape c'est normal, tu le mérites bien avec ton handicap ». Alors ces femmes pensent que c'est de leur faute puisqu'elles sont handicapées, elles pensent que leur conjoint a le droit de les battre. Très peu d'entre elles osent porter plainte.

Quels sont aujourd'hui vos besoins ?

Nous voulons développer le N° d'écoute afin de couvrir toute la semaine. Nous recherchons des écoutantes. Nous avons aussi besoin de financements. Sur huit mois, nous avons reçu un grand nombre d'appels. Je remarque aussi qu'un certain nombre de femmes qui appellent ne parlent pas : on entend juste leur respiration. La peur sans doute est là, le chemin à parcourir est difficile. Nous sommes là pour elles.

Propos recueillis par Caroline Flepp, 50-50 magazine

55 - Prise au piège de sa différence

(pour Caroline de Haas[56])

Novembre 2012

La violence envers les femmes handicapées est une réalité terrifiante dont la société ne tient pas compte. Si 36 % de femmes valides subissent des violences, c'est 72 % de femmes handicapées qui en sont victimes.

Complément sur la loi et les sanctions :

La loi du 6 août 2012 relative au harcèlement sexuel prévoit des sanctions alourdies à trois ans d'emprisonnement et 45 000 euros d'amende, pour harcèlement sexuel « *sur une personne dont la particulière vulnérabilité (due à son âge, à une maladie, à une infirmité, à une déficience physique ou psychique ou à un état de grossesse) est apparente ou connue de l'auteur des faits* ».

Les femmes handicapées subissent une double discrimination, celle d'être femmes et celle d'être handicapées.

En ce qui concerne les violences à l'encontre des femmes en situation de handicap, aucune visibilité n'existe et aucun intérêt n'y est porté. L'association FDFA a consacré un colloque et un livre à ce sujet qui font référence[57].

Le handicap est cette terrible singularité qui engendre angoisse et rejet, et qui construit le masque de l'indifférence, de l'invisibilité.

Les Femmes handicapées quels que soient leurs symptômes sont plus vulnérables. Être aveugle, sourde, en fauteuil roulant, de petite taille, être handicapée psychique ou toute autre atteinte corporelle ne permet pas : 1) d'identifier son agresseur, 2) de pouvoir se défendre ou de partir en courant, 3) d'entendre ce qui se passe, 4) de prévenir l'agression, et de la dénoncer.

La femme handicapée est prise au piège de sa différence. Les femmes handicapées sont des proies faciles à intimider, tromper, violenter. Porter plainte pour les femmes handicapées est extrêmement difficile pour plusieurs raisons : le manque d'accessibilité des commissariats, le fait qu'elles ne sont pas crues (on leur rétorque : « Mais ma pauvre dame,

---

[56] Féministe, femme politique *ndlr.*

[57] *Violences envers les femmes, le non des femmes handicapées*, op. cit.

dans l'état dans lequel vous êtes, qui oserait vous toucher ! » Tout est dit dans cette phrase).

La Femme handicapée n'est pas vue, regardée, comme une citoyenne à part entière, mais comme une pauvre femme à plaindre qui ne peut être sujette à la violence, il faut plutôt compatir !

Il faut former le personnel des commissariats, il faut des lieux accessibles pour que les femmes handicapées puissent se mettre à l'abri. Il n'en existe pas en France. Cela vous questionne- t- il ?

La Femme handicapée ne peut se défendre, ce qui encourage les actes de violence.

Deux chiffres à citer : 1 femme sur 10 dites *valides* est susceptible d'être victime d'agressions sexuelles ou de maltraitances au sein de sa famille, et 1 sur 3 pour les femmes handicapées.

Comment se plaindre, on ne la croira pas ?!

Cette maltraitance « en creux » au quotidien, en milieu familial ou institutionnel, faite de violence verbale, d'indifférence, de négligence, a la particularité d'être le plus souvent invisible. Elle ne laisse pas de traces immédiatement décelables.

Celles qui sont handicapées de naissance ont sans doute un seuil de tolérance plus grand face à la douleur. Elles se sont accoutumées à vivre dans la souffrance corporelle : les transferts, les manipulations, les perfusions, les immobilisations... Elles se disent : « Je souffre donc j'existe » et ne sont plus à une douleur près... Il est parfois difficile pour elles de connaître où est la limite entre le soin et l'attouchement sexuel.

La violence qui a pour but de soumettre, d'instrumentaliser, de détruire, est incompréhensible si vous êtes en situation vulnérable alors que vous devriez être protégée. Bien souvent, les victimes font preuve d'une totale soumission, déjà bien heureuses vu leur « état » qu'un homme les ait choisies. Injures, dévalorisation, sont assez bien supportées, car la femme handicapée pense qu'elle ne mérite pas autre chose, qu'elle n'est pas crédible. Elles refusent de porter plainte car elles ont peur d'être abandonnées. Le handicap engendre une grande dépendance morale et ces femmes s'enferment dans un discours de dévalorisation. Coupables de leur handicap, elles méritent d'être punies.

Pour celles qui souhaitent porter plainte, le manque ou l'absence d'accessibilité des lieux publics (commissariats, bureaux des assistantes sociales, etc.) est un obstacle de plus à surmonter.

En institution, ce type de scandales fait parfois la Une des journaux. Les femmes handicapées mentales sont les premières touchées par les violences de tous genres, y compris attouchements, agressions sexuelles et viols. Elles ne se plaignent pas, leur famille non plus, par peur d'être renvoyées de l'institution.

La presse ou l'opinion publique ne s'émeuvent pas vraiment de cette violence faite aux femmes handicapées car la plupart des gens ne s'imaginent même pas que cela puisse exister. Dans le fantasme collectif, elles attirent forcément la gentillesse et la compassion. La plupart des victimes ne portent pas plainte car elles pensent qu'elles ne seront pas crues.

Les violences faites aux femmes en situation de handicap et leur impact ne sont pas étudiés. FDFA a organisé un colloque à Paris sur ce thème le 19 juin 2010 pour sortir ce sujet de l'invisibilité et le faire intégrer dans la lutte contre les violences faites aux femmes.

Elle a ainsi été labellisée en 2010 comme participant à la Grande cause nationale de lutte contre les violences envers les Femmes

Les femmes en situation de handicap subissent plusieurs types de violences :

- Violence médicale : soins douloureux, exposition de la nudité, le corps devient objet, il est malmené. Mais c'est normal, « Il faut bien soigner ! » L'enfant, l'adolescent, la femme ou l'homme porteurs d'une *anomalie* corporelle vont devoir subir des traitements, des soins intensifs, des agressions corporelles. Les bébés, les petits enfants qui doivent être traités médicalement, qui ont des soins très lourds, subissent une agression corporelle très proche de la maltraitance. Mais comme on dit : « C'est pour leur bien » ! Traitements douloureux, par exemple kinésithérapie, opérations chirurgicales qui nécessitent des drains, des positions allongées, l'extension d'un membre, etc. La personne handicapée, dès l'enfance, peut avoir été soumise à cette violence *normale, naturelle.*

  Les femmes handicapées ont beaucoup de difficulté à avoir accès à des gynécologues du fait du manque d'accessibilité des services médicaux, des tables gynécologiques non accessibles.
- Violences verbales : injures, intimidations, colères, chantage.

- Violences physiques : frapper, tirer les cheveux, bousculer, séquestrer une femme enfermée dans sa chambre, une autre que l'on prive de son téléphone portable ou encore une personne en fauteuil à qui l'on crève les pneus pour qu'elle ne puisse plus bouger
- Violences sexuelles : attouchements (difficulté pour la femme handicapée de reconnaître où est la limite avec les soins corporels), agressions sexuelles, viols
- Violences psychologiques : isolement, peur, insécurité, dévalorisation qui accroît sa culpabilité de la différence, de l'anormalité, de la tare, la honte d'oser avoir un désir, appropriation, domination, maintien dans une situation de dépendance
- Violences économiques : ne pas disposer librement d'argent, ou donner de l'argent au compte-goutte, vérifications abusives du compte bancaire, rétention de chéquier, de carte bleue, être empêchée de choisir une formation, de poursuivre des études, d'exercer une activité professionnelle.
- Violences juridiques : les femmes aveugles sont soumises parfois à la signature de documents qui ne correspondent pas à la lecture qu'on leur en a faite, abus de confiance.
- Leur vulnérabilité est accrue par une vulnérabilité économique car elles ont le plus souvent de très petits revenus, elles sont parfois placées sous curatelle ou tutelle ce qui réduit leur autonomie légale.
- Violences conjugales : au sein du couple, de nombreux débordements se produisent ; certains hommes choisissent même sciemment une femme handicapée à la fois pour se donner bonne conscience et parce qu'ils vont pouvoir la dominer. Cercle infernal : elle ne veut pas perdre l'homme avec qui elle vit, celui qui l'aide dans le quotidien, fait valoir sa générosité auprès de ses amis. La culpabilité est inversée : la femme handicapée est rendue responsable du passage à l'acte, persuadée que c'est elle qui provoque la violence, que c'est de sa faute parce qu'elle fait tout de travers.
- La maltraitance et les violences envers les personnes handicapées accueillies en établissements médico-sociaux sont un phénomène multiforme, méconnu et mal mesuré, perpétré par des soignants, des éducateurs, des enseignants… Les professionnels en institu-

tions sont souvent déstabilisés voire incrédules dans des cas de maltraitance sur lesquelles la personne handicapée elle-même ne peut pas ou ne veut pas s'exprimer, mais peuvent également être aveugles dans des situations de maltraitance quotidienne.

- Enfin, elles subissent des violences autour du déni de sexualité, de maternité, certaines subissent des stérilisations forcées.

Le dossier brûlant des assistant.e.s sexuel.le.s

56 - « Aidants sexuels » : la position de l'association « Femmes pour le Dire, Femmes pour Agir »

Mai 2011

Dans une actualité foisonnante, de grands quotidiens tels que Le Monde ou Libération, ont consacré des tribunes à deux thèmes, pourtant peu médiatiques, le projet de loi concernant la pénalisation des « clients de prostituées », et le projet de création d'« aidants sexuels » pour personnes handicapées. Deux thèmes bien distincts et qui, pourtant, ont un point commun. Dans le premier cas il s'agit de promouvoir une politique *abolitionniste tempérée* en incriminant les *clients*. Dans le second cas, tout au contraire, il s'agit d'aménager la législation sur le proxénétisme en autorisant les services d'aidants sexuels pour les personnes handicapées. Mais dans les deux cas on parle bien de prostitution. Quel que soit l'habillage sémantique, les aidants sexuels (femmes ou hommes) représenteraient une forme de prostitution professionnalisée et spécialisée.

Notre association accueille des femmes handicapées, quel que soit leur handicap. Notre but est de militer pour la citoyenneté des personnes handicapées, considérant que le handicap n'est pas notre identité, qu'il est dû au hasard de la vie. Nous luttons également contre toutes formes de discriminations, en particulier lorsque l'on est femmes ET handicapées. Nous refusons toute ghettoïsation des personnes en situation de handicap.

L'instauration des « aidants sexuels », présentée comme une prestation destinée aux personnes lourdement handicapées, rémunérée et, éventuellement remboursée, représente à nos yeux une mauvaise réponse à une bonne question. La bonne question, c'est celle de la sexualité des personnes handicapées : la société prend enfin conscience de leur sexualité et de leur vie affective, et nous nous en réjouissons, on a trop longtemps voulu ignorer cette question, on a trop longtemps dénié aux personnes handicapées leur désir de vivre leur sexualité d'hommes et de femmes dans l'authenticité et la dignité, et de pouvoir créer une relation amoureuse.

La mauvaise réponse, c'est de poser comme principe qu'il y a une sexualité *spécifique* des personnes handicapées qui réclame une réponse *spécifique ; c'*est une erreur qui conduit – une fois de plus – à la ghettoïsation du handicap. (Le raisonnement selon lequel, « puisque ça se fait ailleurs, ça doit se faire chez nous » est un faux syllogisme).

Le projet des aidants sexuels nous pose problème à un double titre : d'une part en ce qu'il s'inscrit dans une forme de prostitution : notons que la demande émane à plus de 80 % d'hommes handicapés, et que la réponse... est majoritairement assumée par des femmes. D'autre part, ce projet va à contresens d'un mouvement que nous voulons privilégier dans notre action. Nous voulons que les personnes handicapées puissent sortir de chez elles, de leurs institutions, pour aller vers des lieux rendus accessibles, notamment aux rencontres, y compris aux rencontres amoureuses (restaurants, cinémas, boîtes de nuit, voyages, etc.). Faire venir à domicile ou en institution des « aidants », à heure fixe et rémunérés, est la négation de ce mouvement qui veut aller vers l'extérieur.

C'est enfin, pour la société, se déculpabiliser en nous enfermant dans notre rôle social d'handicapés, de « pauvres handicapés ». La compassion tient lieu ici de réflexion éthique. Ce ne sont ni le misérabilisme, ni les positions morales qui peuvent répondre au problème. Nous manquons singulièrement d'une réflexion approfondie sur ce qu'est la sexualité humaine dont fait partie la sexualité des personnes handicapées.

En résumé, la prostitution, quel que soit son habillage, ne peut constituer une réponse. La réponse n'est pas plus dans l'enfermement des personnes handicapées dans l'attente d'une « prestation » supplémentaire, mais dans l'ouverture de l'environnement en termes de réelle accessibilité, pour permettre la multiplication des opportunités de rencontres.

57 - Lettre ouverte au Président de la République

(François Hollande)

Paris, le 12 février 2013

Monsieur le Président,

La société prend conscience de la sexualité et de la vie affective des personnes handicapées et nous nous en réjouissons. Mais la vie sexuelle et affective des personnes handicapées doit se faire dans la dignité. Les personnes handicapées veulent exercer leur liberté de choix de partenaire et pouvoir développer leurs propres relations amoureuses grâce à un environnement les favorisant et respectueux de leur dignité.

Certains réclament de pouvoir recourir à l'« assistance sexuelle » en arguant de la difficulté pour certaines personnes handicapées, de pouvoir satisfaire leurs « besoins sexuels ».

Ce raisonnement repose sur l'affirmation de la sexualité comme un « *droit humain fondamental* ». Or la sexualité n'est pas du domaine du « droit ». Loin d'être soumise à un contrat, la sexualité relève de la vie intime. Parler de droit fait référence non plus au désir mais à une obligation. Sur ce sujet le rapport Bousquet-Geoffroy nous informe : *« Sur un plan juridique, il ne saurait être reconnu de droit à une vie sexuelle. En effet, pour qu'il soit effectif, le titulaire d'un droit doit pouvoir le faire valoir par le biais d'une procédure auprès d'une personne qui est débiteur de ce droit. Ainsi, la reconnaissance d'un droit à une vie sexuelle impliquerait la création d'une procédure pour faire respecter ce droit et la désignation d'un débiteur de ce droit, qui serait certainement l'État ».*

Cette demande, qui est essentiellement masculine, s'inscrit dans une conception de la sexualité où les corps des femmes sont mis à disposition pour répondre à de soi-disant « besoins sexuels masculins irrépressibles ». Et même s'il s'agit d'aidants masculins, demeure le problème de la marchandisation du corps, de la femme ou de l'homme, et de l'inclusion de « services sexuels » dans le champ du marché, avec ses corollaires d'exploitation de la précarité et de la pauvreté. Elle pose fondamentalement la question de la prostitution comme réponse à de soi-disant « besoins » ou à des « droits ».

En aucun cas la prostitution, quel que soit son habillage, ne peut constituer une réponse. Cette demande ne peut justifier un « ajustement » des lois sur le proxénétisme, alors que la France a une position abolitionniste et est engagée dans la lutte contre les violences faites aux femmes et le trafic des êtres humains.

Par ailleurs, l'« assistance sexuelle » serait une fausse solution qui entraînerait une plus grande exclusion et invisibilité par la création d'un service spécifique à coloration compassionnelle pour « ces pauvres handicapés », ainsi encore plus marginalisés.

La réponse est dans le changement de regard de la société et l'ouverture de l'environnement en termes de réelle accessibilité pour permettre la multiplication des opportunités de rencontres et de choix de partenaires ; et dans les institutions, un environnement favorisant les relations consenties entre pensionnaires. Ainsi les personnes handicapées pourront gérer leur vie affective et sexuelle dans le respect de leur dignité et de celle de l'autre.

C'est à une réflexion de toute la société sur la sexualité et la vie affective que nous invite cette question : comment préparer les enfants et les jeunes à des relations sexuelles dans le respect de l'autre, comment les informer des différences, quelle est la place de la sexualité dans une société de consommation, comment assurer l'équilibre entre liberté individuelle et contraintes sociales ?

En conclusion, nous vous demandons deux choses, Monsieur le Président : d'une part de maintenir fermement le cap de la position prohibitionniste de la France à l'égard de la prostitution, sans créer d'exceptions pour telle ou telle catégorie sociale ; et d'autre part d'accélérer la mise en accessibilité des espaces sociaux de rencontres et de partages de vie… pour tous !

Veuillez agréer, Monsieur le Président, l'expression de notre respectueuse considération.

58 - Lettre à la Secrétaire d'État chargée des personnes handicapées *(Ségolène Neuville)*

Non datée

Madame la Ministre,

En tant que Présidente de l'association Femmes pour le Dire, Femmes pour Agir, je désire attirer votre attention sur le projet de loi de Monsieur Chossy, concernant la prise en charge « des services d'accompagnement sexuel » pour les personnes en situation de handicap.

Notre association accueille des femmes en situation de handicap, quelle que soit leur singularité (personnes handicapées motrices, sensorielles, de petite taille, mentales ou psychiques, personnes porteuses de maladies génétiques ou orphelines, etc.). Ses objectifs sont de lutter contre toute forme de discrimination et tout particulièrement contre la double discrimination que vivent les femmes handicapées : être femme et être handicapée.

Nous disons haut et fort que la Femme handicapée est une citoyenne à part entière avant d'être handicapée, le handicap est dû au hasard de la vie, il n'est pas notre identité.

Le projet de loi, soutenu par quelques associations de personnes handicapées, va à l'encontre de la lutte contre la prostitution, les violences faites aux femmes et contre la dignité de la personne humaine. Ce projet de loi va enfermer les personnes handicapées dans un ghetto ; sous le prétexte de diminuer leur souffrance, leur frustration, on propose une loi où la personne handicapée va dépendre d'un service marchand.

La question de la pleine sexualité des personnes handicapées doit pouvoir être réfléchie dans un contexte citoyen et digne. Nous ne voulons pas d'une sexualité au rabais ni tarifée, ni condescendante.

La sexualité humaine est de l'ordre de l'intime, de la relation amoureuse, de la réciprocité du désir et du respect de l'Autre. Elle ne peut entrer, pour être pleinement humaine, dans le domaine des échanges marchands.

Même si la lourdeur de certains handicaps rend difficile la rencontre avec un ou une partenaire, cela ne doit pas entraîner la marchandisation du corps et en particulier celui des femmes (d'après certaines statistiques, 90 % des personnes demandant cet accompagnement seraient des hommes).

Notre association accompagnée par de nombreuses associations de défense des droits des Femmes vous demande un rendez-vous afin que nous échangions et puissions faire des propositions.

C'est un grave problème qui interroge toute la société.

Vous remerciant de l'intérêt que vous porterez à notre démarche, veuillez agréer, Madame la Ministre, mon meilleur souvenir.

Vous trouverez en PJ la lettre ouverte écrite à l'occasion du colloque organisé par Véronique Dubarry à la mairie de Paris, le 26 novembre sur le thème : « Handicap affectivité, sexualité, dignité » donnant une large part aux partisans de cet accompagnement sexuel.

59 - Assistanat sexuel (Belgique)

Mai 2013

Prise de parole par Maudy Piot : Je suis sous le choc de ce que je viens d'entendre et j'ai besoin de me récupérer. Je ne suis pas du tout solidaire de ce que vient de nous raconter Pascal.

Je parle aujourd'hui en tant que femme, femme en situation de handicap. Je parle en tant que psychanalyste, ce qui me permet peut-être de me mettre à une certaine distance de cette vie sexuelle et affective des personnes handicapées et de l'assistanat sexuel (mot que je ne veux pas employer).

Nous, personnes handicapées, nous ne voulons plus être assistées ! L'assistanat est quelque chose qui nous rabaisse et quelque chose qui nous renvoie à nos limites, limites que nous connaissons.

Un changement de terme est préférable, nous désirons un accompagnement, afin qu'il nous permette d'être autrement capables de réaliser les actes de la vie quotidienne (au travail, dans les loisirs, etc.). Il faut bannir de l'esprit cette représentation de l'assistanat. Nous sommes des femmes et des hommes, des citoyennes et citoyens à part entière. Nous avons les mêmes désirs, les mêmes besoins que vous toutes et tous qui êtes valides. Arrêtons de faire des clivages !

C'est ce clivage qui me met en colère dans ce que je viens d'entendre de Pascal : « Les pauvres personnes handicapées que l'on va envoyer rencontrer des prostituées ».

Grégoire a parfaitement repris tout ce que notre association défend. Femmes pour le Dire, Femmes pour Agir est la première association en France qui a exprimé sa position en disant que la vie affective et sexuelle des personnes handicapées est une bonne question mais que la réponse apportée n'est pas la bonne. Notre association désire un travail de réflexion, d'écoute, sortir des polémiques stériles qui voudraient qu'il y ait deux camps. Les personnes handicapées sont des Citoyennes qui savent penser, réfléchir et qui désirent trouver des réponses qui soient éthiques, qui ne cautionnent pas la marchandisation du corps des femmes. La question des aidants sexuels a été lancée en 2004 ou 2005 par Marcel Nuss en France.

Ce que j'ai admiré dans toutes ces interventions tout à l'heure c'est cette espèce de convivialité, cette sensation d'écoute. En France, il y a beaucoup plus d'agressivité. Le 8 février, j'étais à un colloque organisé par l'association Chose - ce nom est très intéressant - qui prône l'assistanat sexuel. À la tribune, quand j'ai voulu prendre la parole (c'est pour vous montrer la tension et l'agressivité qui existent chez nous) j'ai été huée, on m'a repris le micro, et un monsieur, qui est peut-être celui de la vidéo, appelé Antoine, je crois bien que je l'ai reconnu dans le discours qu'il tient, m'a traitée de méchante femme, car avec mon discours « contre l'assistant sexuel » il ne pourrait plus rencontrer de femmes qui lui procureraient du plaisir. Il sanglotait devant toute l'assistance émue par ses larmes. J'étais vraiment la mauvaise, qui, devant une assistance de 130 à 140 personnes, disait que non l'assistanat sexuel c'était de la prostitution et que nous étions contre la prostitution et la marchandisation des corps.

Parce que quand même ce qu'il faut savoir, c'est que 95 % des demandes sont faites par ces messieurs, et tout à l'heure Grégoire le disait très bien, nous vivons encore sous la domination masculine. Cette domination fait que nous sommes corvéables à merci. Eh bien nous disons non ! Nous FDFA nous disons non haut et fort et nous sommes l'une des seules associations en France à proposer autre chose.

Michel Mercier disait des choses très intéressantes, d'ailleurs tous les intervenantes et intervenants de ce matin ont dit des choses fort intéressantes que l'on devrait reprendre. Ce que je voulais vraiment développer c'est que le regard de la société doit changer sur nos différences, on nous regarde trop comme des pauvres handicapés qui sommes dans une situation de misérabilisme, de compassion et ça nous n'en voulons plus !

Je voudrais vraiment que l'on puisse nous regarder comme des citoyennes à part entière et que le handicap ne soit pas notre identité, et ça c'est tout le travail que nous essayons de faire.

Nous voulons, nous personnes en situation de handicap, pouvoir rencontrer les autres, les rencontrer sans préjugés, les rencontrer parce que nous sommes des personnes humaines. Et c'est pour ça que nous nous battons beaucoup dans notre association pour développer l'accessibilité, pour développer les rencontres dans des lieux communs à tous, et surtout nous nous battons pour qu'en France il n'y ait pas une modification de la loi qui concerne le proxénétisme.

En ce moment, la majorité des gens qui sont pour l'assistanat sexuel voudrait que l'on change un alinéa de la loi de 2005, qui permettrait que les pauvres personnes handicapées puissent bénéficier d'un assistanat sexuel sans être pénalisées.

Nous nous battons contre cette modification de la loi, ça serait profondément injuste, il y a des prisonniers, des personnes célibataires, des personnes obèses, des personnes qui ont des tas de failles, imaginaires peut-être pour les autres, qui font qu'elles n'ont pas de relations sexuelles.

Ici, aujourd'hui, si on faisait un sondage, ça serait intéressant de savoir qui a une vie sexuelle épanouie, qui a un partenaire tous les 3 ou 4 jours et comment se passe la vie sexuelle des personnes dites valides.

Moi ce que je ne supporte pas c'est la stigmatisation de la vie sexuelle des personnes en situation de handicap, la plupart du temps ce sont des personnes valides qui parlent pour nous, ce sont des personnes valides qui décident qu'on aurait besoin d'un accompagnement sexuel ou qui suscitent la demande chez les personnes en situation de handicap.

C'est ce qui a été dit aussi ce matin, qu'on va s'imaginer puisqu'on est en situation de handicap qu'on a un besoin irrésistible d'avoir une relation sexuelle, mais je pense que la vie sexuelle c'est pas ça ! La vie sexuelle et affective ça se situe à un autre niveau. Tout d'abord, je pense que dès le bas âge / dès l'éducation, il faudrait qu'on fasse découvrir aux personnes en situation de handicap leurs corps. Ce corps se découvre par des massages, par de la piscine, par beaucoup de soins du corps / découverte du corps (pour ne pas dire soins médicaux).

Quand j'entends des personnes handicapées qui me disent : « Moi je ne connais pas mon corps », je suis stupéfiée. J'ai été kinésithérapeute très longtemps, puisqu'en perdant la vue c'est un métier que j'avais choisi et qui m'a passionnée.

Je pense qu'en tant que kinésithérapeute on peut tout à fait faire découvrir le corps de l'autre, même s'il a une mobilité réduite parce qu'il est tétraplégique, on peut lui faire découvrir qu'il peut se caresser avec la main opposée à celle qui a du mal à se mouvoir.

On peut faire découvrir la représentation mentale du corps, alors que ce qu'on nous dit aujourd'hui c'est la représentation mentale du handicap comme monstruosité, comme laideur, inspirant le dégoût. C'est ce qu'ont dit d'ailleurs certaines prostituées à Pascal, le fait que ce soit dégoûtant et pas forcément agréable de faire l'amour ou d'avoir une relation sexuelle avec une personne en situation de handicap.

Donc je trouve que dès le bas âge il faudrait qu'on apprenne dans les centres où sont les personnes handicapées, ou dans les écoles classiques où on voudrait qu'elles puissent aussi faire leurs études ce qu'est une sexualité épanouie.

Le corps ça se découvre, le corps c'est quelque chose de magnifique et il n'existe pas de standard corporel. On peut avoir un corps avec une jambe en moins, avec une hémiplégie, on peut avoir un corps en étant sourd et aveugle, ce corps sera beau mais beau différemment.

Moi je pense qu'il faut qu'on arrête de nous mettre dans des stéréotypes, notre corps est beau, et Michel Mercier disait tout à l'heure qu'il ne voyait pas au printemps les jeunes filles en jupe courte et décolleté, mais on s'en fiche ! Je pense que quand on est aveugle on sent la rencontre avec l'autre et que notre séduction ne va peut-être pas passer par le regard mais par la communication avec l'autre.

Si déjà on ne mettait pas les personnes handicapées dans un ghetto, et bien je crois que la relation avec les autres se développerait. Donc nous, nous luttons pour qu'il n'y ait pas la ghettoïsation des personnes handicapées.

Nous ne voulons pas de formation d'assistantes ou d'accompagnantes sexuelles, je pense que l'on peut faire une formation de secrétaire, une formation d'assistante sociale, une formation d'informaticienne mais je vois mal comment on peut faire une formation d'assistante sexuelle.

D'abord, on n'est pas à l'abri de la perversion. On n'est pas à l'abri de la violence. On n'est pas à l'abri de l'exploitation. Vous avez tous dû entendre que ce fameux champion en Afrique du Sud qui était handicapé a tué sa femme[58].

Donc je pense que les hommes en situation de handicap qui font appel à des « prostituées » peuvent avoir extrêmement de violence, et que cette violence ne pourra pas être dénoncée. Qui croira la prostituée qui a été violentée par un homme en situation de handicap ? On ne la croira pas.

Parce que l'homme en situation de handicap, on va avoir une sensation de commisération à son égard et on dira que c'est la prostituée qui ment.

Les femmes qui sont elles-mêmes handicapées, et qui très peu nombreuses demanderaient un accompagnement sexuel, on n'est pas à l'abri non plus de savoir ce qui va se passer dans cette relation. Il y a énormément de violences dans les institutions par rapport aux personnes

---

58 Affaire Pistorius, février 2013, *ndlr.*

en situation de handicap, cette violence on la dénonce. Lorsqu'on met en place un assistanat sexuel, on n'est pas à l'abri, en plus de cette violence-là.

C'est évident que je suis pour que dans les institutions, il y ait des chambres de couple, qu'on permette que les personnes en situation de handicap s'embrassent, qu'elles puissent se tenir par la main, qu'elles puissent avoir des relations entre elles.

Mais je suis pour que dans les institutions les personnes handicapées rencontrent qui elles veulent. Que l'on accompagne deux personnes handicapées dans une relation amoureuse, que l'on permette une relation sexuelle assistée d'un gynécologue par exemple.

Il faut que les institutions s'ouvrent. Il y a toute une réflexion à mener sur l'éducation sexuelle, la sexualité ne se réduit pas à un besoin irrésistible.

Il y a une réelle souffrance, elle est due à l'exclusion des personnes handicapées, au regard que l'on porte sur nos différences.

Nous ce que nous désirons c'est vivre notre dignité de femme et d'homme en situation de handicap dans une société qui ne nous intègre pas, même si nous sommes intégrés de fait. Je suis française, et je revendique avec force ma Citoyenneté ; et je ne veux pas qu'on m'intègre, encore ; m'intégrer c'est me tendre la main comme si je n'étais pas une citoyenne à part entière.

Ce que je désire, ce que je veux, et avec moi toute notre association et toutes les personnes qui se battent pour que nous soyons des citoyennes à part entière, c'est que nous ayons la possibilité par l'accessibilité d'aller dans les théâtres, les cinémas, les restaurants, les boîtes de nuit, partout où nous avons envie d'aller sans que nous soyons rejetées parce que nous ne pouvons pas y avoir accès.

Je voudrais que l'on se batte pour que les personnes en situation de handicap aient une allocation de compensation qui leur permettrait de vivre décemment, ce qui n'est pas le cas en France, c'est peut-être le cas en Belgique, mais pas chez nous !

Ce que je voudrais c'est qu'au lieu de nous proposer que la prestation sexuelle rentre dans la compensation du handicap, je préfèrerais que les personnes en situation de handicap aient de quoi se vêtir, de quoi se nourrir et de quoi avoir un ordinateur pour vivre une vie décente. Je voudrais que les personnes en situation de handicap trouvent du travail et qu'on ne nous ghettoïse pas en nous mettant dans un placard. En France, par exemple, il y a 22 % des femmes en situation de handicap qui trouvent un emploi pour 48 % des hommes. C'est pour cela que je vais me battre, car je pense que si les hommes ou les femmes ont un emploi, ils feront des rencontres, ce qui leur permettra de réaliser leurs désirs sexuels quand ils en auront.

Alors, on va me parler des personnes très lourdement handicapées, qui ne peuvent peut-être pas se mouvoir de la même manière. On vous avait donné l'exemple de Marcel Nuss, qui est extrêmement handicapé ; il s'est marié 3 fois, il a divorcé 3 fois, il a des enfants et n'a pas eu recours jusqu'à l'heure d'aujourd'hui à l'assistanat sexuel, sauf maintenant où il a des assistantes. Dans son livre, il dit que les assistantes sexuelles, eh bien ce n'est pas bon ! Ce n'est pas bon parce qu'on ne peut pas faire d'elles ce qu'on veut, et il met cette phrase que je trouve absolument terrible : « tandis que les prostituées c'est leur boulot, on peut tout leur demander ».

Eh bien je m'oppose à la prostitution pour les personnes en situation de handicap, on a droit à mieux, pourquoi est-ce qu'il faudrait avoir recours à la prostitution ? Parce que nous n'avons pas le droit de rencontrer quelqu'un qui va nous accompagner ! Simplement on nous enferme dans l'impossibilité de pouvoir réaliser les actes de la vie quotidienne autrement. Il faut qu'on nous propose des lieux accessibles.

Et puis surtout ce que je voudrais aussi dire, c'est que vraiment tout ceci commence par l'éducation, que dès le plus jeune âge les enfants valides côtoient des enfants en situation de handicap. Il faut que les enfants en situation de handicap dansent et chantent avec des enfants qui sont dits valides. Ils devraient avoir accès aux loisirs comme tout le monde, ce qui n'est pas le cas en France, peut-être est-ce le cas en Belgique. Je crois que les enfants qui auront grandi les uns avec les autres auront un autre regard sur nos différences et on ne nous enfermera plus dans un ghetto de laideur et monstruosité.

La chose que je voudrais dire pour conclure, c'est qu'il y a aussi quelque chose de très important, c'est qu'à l'heure d'aujourd'hui, en France, je ne sais pas en Belgique, des femmes handicapées se prostituent elles aussi. Pourquoi se prostituent-elles ? D'une part, un certain nombre de femmes handicapées vivent dans la grande précarité, cela leur permet de boucler leur fin de mois, d'autre part les femmes handicapées réveillent des fantasmes érotiques, chez ces messieurs et la femme handicapée est leur chose, leur objet sexuel manipulable à merci. D'après une étude que j'ai lue, une femme qui n'a ni bras ni jambes, il y a toute une étude qui a été faite en France, cela provoque chez ces messieurs une énorme excitation.

Et pour conclure, je vous raconterai cette anecdote qui est vraiment significative de ce qu'on peut entendre à propos de prostitution. J'ai une femme qui m'appelle croyant que à Femmes pour le Dire, Femmes pour Agir nous n'étions pas des combattantes et des citoyennes à part entière, pour me dire : « J'ai ma fille, âgée de 15 ans, qui est très lourdement handicapée, c'est une bonne à rien, elle ne pourra jamais rien faire de sa vie. J'ai mon voisin qui depuis quelques mois me demande que je lui loue ma fille trois après-midi par semaine, à quel tarif je peux la louer ? »

Nous savons que pour être assistant sexuel d'après la seule formation qui a eu lieu en Suisse, il faut être marié, avoir une profession. Quel est le couple qui peut vivre sereinement que l'un des deux aille plusieurs fois par semaine rencontrer une personne handicapée ? Est-ce de l'altruisme ou de la perversion ?

N'oublions pas non plus les violences qui peuvent s'exercer dans le huis clos de ces rencontres.

Qui aimerait être elle-même assistante sexuelle ? Qui aimerait que leur fille ou bien leur petite fille soit assistante sexuelle ? C'est-à-dire prostituée ?

Pourquoi vouloir nous faire l'aumône, nous considérer comme incapables d'inventer notre vie, notre sexualité, pourquoi nous réduire à « des pauvres handicapées misérables, incapables de choisir » ?

Pourquoi devrions-nous accepter une assistante ou assistant sexuel tel jour à telle heure ? La personne qui vient nous plait elle ? Nous n'avons pas même le droit de choisir. Il faut payer en plus !

Je condamne toute marchandisation des corps, tout achat. La vie sexuelle est de l'ordre de l'intime, du désir, de l'amour. Est-ce parce que nous sommes handicapées que l'on doit acheter au lieu de désirer ?

60 – « Les opposants à l'accompagnement sexuel s'affolent ? »

André Boivent - Mars 2013

Ndlr : Il nous a paru utile, pour la compréhension du dossier et de la controverse, d'intégrer cette lettre d'un partisan de l'assistanat sexuel (Marcel Nuss) adressée (sous mode indirect) à Maudy Piot.

« Pourquoi les opposants à l'accompagnement sexuel semblent s'affoler ? À cause de la sortie, mercredi, du film The Sessions et de tout le tapage médiatique qu'il va susciter (ma compagne et moi, nous avons déjà été contactés par Libé et le Nouvel Obs qui ont décidé de consacrer un dossier à ce sujet controversé à l'occasion de cet « événement » cinématographique) ? Pour celles et ceux qui, par miracle, n'en ont pas encore entendu parler, le film narre l'histoire vraie d'un homme en situation de dépendance vitale après une grave polio. Poète et écrivain, il fait la connaissance à 38 ans, suite à une petite annonce, d'une thérapeute qui va accepter de l'accompagner sexuellement, lui permettant ainsi de découvrir les joies et les plaisirs de la sensualité et de la sexualité ; ensuite, il rencontre l'amour…

Les opposants à l'accompagnement sexuel ont donc de quoi s'inquiéter. Si même les États-Unis, pays de la liberté par excellence (du moins dans notre imaginaire), commencent à nous polluer avec cette idée d'accompagnement sexuel, où va-t-on ? Faut s'affoler dare-dare !

Et, dans ce registre, Maudy Piot, présidente-fondatrice de l'association Femmes pour le Dire-Femmes pour Agir, a décidé de frapper très fort. En date du 27 février 2013, elle a carrément envoyé une lettre ouverte au président de la République ! Tant qu'à faire… Elle aurait tort de se gêner… Le ridicule n'a jamais tué personne, Dieu merci, si j'ose dire, surtout pas les opposants à l'accompagnement sexuel et à toute forme de liberté touchant au sexe et à la procréation de façon directe ou indirecte (n'oublions pas le pataquès pathétique fait autour du « mariage pour tous »).

Voici la lettre dans son intégralité[59] *pour ne surtout pas être taxé de mauvaise foi et de partialité :*

- *Monsieur le Président,*

La société prend conscience de la sexualité et de la vie affective des personnes handicapées et nous nous en réjouissons. Mais la vie sexuelle et affective des personnes handicapées doit se vivre dans la dignité. Les personnes handicapées veulent exercer leur liberté de choix de partenaire. Elles désirent développer leurs propres relations amoureuses dans un environnement les favorisant et respectueux de leur dignité.

---

[59] M. Nuss ne cite en fait que la moitié de la lettre, avec parfois des erreurs de frappe !

Certaines associations de personnes handicapées réclament le recours à l'« assistance sexuelle » en argumentant de la difficulté pour certaines personnes handicapées, de pouvoir satisfaire leurs « besoins sexuels ».

Leur raisonnement repose sur l'affirmation que la sexualité est un « droit humain fondamental ». Or la sexualité ne relève pas du domaine du « droit ». La sexualité relève de la vie intime et ne peut être soumise à un contrat. Parler de droit fait référence non plus au désir mais à une obligation, qui implique un « devoir sexuel » pour celles et ceux qui seront chargés de l'assurer. Sur ce sujet le rapport Bousquet-Geoffroy nous informe : « Sur un plan juridique, il ne saurait être reconnu de droit à une vie sexuelle. En effet, pour qu'il soit effectif, le titulaire d'un droit doit pouvoir le faire valoir par le biais d'une procédure auprès d'une personne qui est débiteur de ce droit. Ainsi, la reconnaissance d'un droit à une vie sexuelle impliquerait la création d'une procédure pour faire respecter ce droit et la désignation d'un débiteur de ce droit, qui serait certainement l'État ».

Cette demande, qui est essentiellement masculine, s'inscrit dans une conception de la sexualité où les corps des femmes sont mis à disposition pour répondre à de soi-disant « besoins sexuels masculins irrépressibles ». Que ce soit un aidant sexuel masculin ou féminin, le problème de la marchandisation du corps demeure. L'inclusion de « services sexuels » dans le champ du marché engendrera inévitablement l'exploitation de la précarité et de la pauvreté. Elle pose la question fondamentale de la prostitution comme réponse à de soi-disant « besoins » ou « droits ».

Pourquoi le président en personne ? En quoi la liberté sexuelle volontaire, autonome et respectueuse de notre prochain, regarde-t-elle François Hollande, alors même que Madame Piot affirme que « la sexualité ne relève pas du domaine du « droit » » ? Si cela ne relève pas du domaine du droit, il n'est pas nécessaire de légiférer et donc de « pleurer » chez le président de la République, me semble-t-il. Sauf si, après le vote massif en faveur du « mariage pour tous », on craint que le vent tourne… Maudy Piot sera-t-elle la Frigide Barjot de l'accompagnement sexuel ? Voilà une question essentielle dont nous aurons la réponse dans les prochains temps.

En attendant, même chapelet de mensonges, de contrevérités, de mauvaise foi, j'en passe et des meilleurs.

La demande serait « essentiellement masculine » et s'inscrirait « dans une conception de la sexualité où les corps des femmes sont mis à disposition pour répondre à de soi-disant « besoins sexuels masculins irrépressibles ». C'est une tarte à la crème qui sent franchement le rance et est indélicate voire insultante pour les femmes « handicapées » et les autres. Une telle affirmation sous-entend que les hommes sont des cochons et les femmes des victimes, qu'elles n'ont pas de libre arbitre et/ou de libido, c'est un peu faible comme argument de défense, ou d'attaque. Je connais des femmes qui ont, qui vont ou qui aimeraient bénéficier de l'accompagnement sexuel ; et si elles sont encore minoritaires, il faut peut-être chercher la réponse ailleurs que dans le sexisme d'un certain féminisme.

Mais Madame Piot, comme tous les opposants à l'accompagnement sexuel, ne peut pas et ne veut pas le savoir, cela froisserait ses principes dogmatiques. Contrairement à moi, elle n'a d'ailleurs probablement jamais été sur le terrain, à la rencontre de ces personnes en souffrance, pas plus que ses congénères, pour vérifier ses affirmations péremptoires et, quand bien même elle irait sur le terrain, il y a fort à parier que les bouches resteraient fermées ou la railleraient, au mieux, car toute évangélisation est insupportable lorsqu'on a le sentiment que son humanité et sa sexualité vous sont déniées, pour s'entendre dire que c'est la vie, la fatalité, la faute à pas de chance ou, plus pernicieux encore : vous avez droit à l'amour comme tout le monde, une vérité qui ne mange pas de pain et permet d'occulter la réalité.

Soyons clair, Madame Piot comme quiconque a le droit d'être contre l'accompagnement sexuel (et la prostitution indépendante et volontaire, les deux étant liés). De même, des personnes en situation de handicap, souvent dans l'incapacité de se donner du plaisir, sont contre l'accompagnement sexuel et disent ouvertement leur refus de cette pratique, ce qui est également leur droit le plus légitime. Mais cela ne suffit pas à Madame Piot : elle veut interdire, elle veut que ces pratiques, indignes à ses yeux, soient interdites (de préférence par le président de la République, bien sûr), ce qui est aussi démagogique qu'antidémocratique. Pourtant Madame Piot peut se masturber et n'a jamais connu la souffrance des femmes et des hommes « handicapés » en manque de sensualité et de sexualité. Moi si. Et même si c'était il y a une quarantaine d'années, je n'oublierai jamais cette blessure inique, les humiliations et la honte qu'elle m'a values alors. Ce fut suffisamment cuisant et meurtrissant pour avoir envie que les attentes/besoins des personnes « handicapées » en la matière soient entendus désormais et qu'on y pallie. Comme le législateur vient enfin de faire tomber l'interdiction homophobe et rétrograde de se marier pour des personnes du même sexe.

Mais continuons à décortiquer cette lettre…

« La vie sexuelle et affective des personnes handicapées doit se vivre dans la dignité ». Ce qui signifie que passer par un ou une assistant(e) sexuel(le) n'est pas digne ? En quoi ? L'argent ! Évidemment. Cela va de soi sous nos latitudes. Du reste, du côté du Mouvement de Nid, j'ai à plusieurs reprises entendu dire que, « au Nid, nous ne sommes pas contre l'accompagnement sexuel, à condition que ce soit bénévole »… C.Q.F.D. Décrypter, cela signifie qu'une femme (car dans l'esprit des opposants, c'est forcément une femme) qui pratique l'accompagnement sexuel bénévolement, c'est une sainte et si elle se fait rémunérer, c'est une pute ! Rien à rajouter. Le même genre d'arguments incohérents et méprisants qu'on nous a servis pendant les manifestations contre le « mariage pour tous ». On se demande donc de quoi tous ces gens, dont Madame Piot est une des porte-paroles les plus ferventes, peut bien se réjouir ?

Dans le même paragraphe, elle affirme, très justement mais sans se rendre compte de la portée de ce qu'elle écrit, que « les personnes handicapées veulent exercer leur liberté de choix de partenaire ». En quoi, elle a tout à fait raison. Sauf que, dans son esprit, être libre de choisir son partenaire n'implique pas de faire le choix d'un partenaire rémunéré… Ce qui montre le sens de la liberté de choix dont elle sait faire preuve…

Et elle continue : « elles [les personnes handicapées] désirent développer leurs propres relations amoureuses dans un environnement les favorisant et respectueux de leur dignité. » Encore une fois, tout à fait d'accord (comme quoi ça m'arrive). Mais des environnements propices à développer de telles relations, elle en connaît beaucoup ? Moi non. Et pourtant je parcours la France en tous sens. Je rencontre et je discute avec beaucoup de professionnels de l'aide à la personne. Le milieu institutionnel, pour l'essentiel, n'est pas favorable et respectueux de la dignité que brandit Madame Piot comme une bible. Par manque de moyens, de culture de l'autonomie, de volonté et par facilité, indifférence ou mépris, la vie affective et sexuelle des résidents passe encore trop souvent à la trappe. Pire, dans certains établissements, si un couple se forme entre deux résidents, on continue à les séparer en les mettant dans des institutions suffisamment éloignées pour les dissuader ! Et ne parlons même pas d'éventuels couples de personnes « handicapées » homosexuelles, c'est carrément inadmissible. Évidemment, il y a quelques exceptions notables. Mais aucune exception ne fait la règle. Et ne cache l'ampleur des dégâts : résidents désincarnés, déshumanisés, frustrés, refoulés, stigmatisés, désexués, etc. Comment voulez-vous rencontrer l'amour dans un tel milieu ? Peu de chance. Et en dehors ce n'est pas forcément plus simple, surtout si on habite chez ses parents. Dans ces conditions, la belle envolée de Madame Piot tombe à plat. Et revient la question qui dérange : en attendant de croiser cette fameuse (éventuelle) relation amoureuse que fait-on ? Que font toutes ces personnes « handicapées » en souffrance voire en détresse car d'aucuns leur refusent l'accès à l'accompagnement sexuel sous prétexte que cela chagrine leur morale et leur dogme ? Elles prient en espérant un miracle ?

En tous les cas, si la sexualité ne relève pas du domaine du droit, c'est une liberté fondamentale dont Madame Piot et ses pairs voudraient les priver le cœur sur la main. Uniquement car tout ce petit monde ne supporte pas l'idée qu'on puisse soumettre la sexualité « à un contrat ».

Selon elle, « parler de droit [ferait] référence non plus au désir mais à une obligation qui [impliquerait] un « devoir sexuel » pour celles et ceux qui seront chargés de l'assurer. » Rien que ça ! Où voit-elle une obligation ? Qui oblige qui dans cette affaire ? Et de quel devoir sexuel parle-t-elle ? Quand, pour écrire 'Je veux faire l'amour', j'ai rencontré des escorts-girls et des assistantes sexuelles, c'est du désir que j'ai éprouvé pour elles et elles à mon encontre, avec certitude pour la moitié d'entre elles (sinon comment expliquer les relations sexuelles non tarifées que nous aurons ensuite, juste pour le plaisir ?). Partant, l'extrait du rapport Bousquet-Geoffroy paraît complètement surréaliste dans ce contexte. D'autant qu'il n'a jamais été question pour « certaines associations de personnes handicapées » (lesquelles ? Pourquoi ne pas les nommer ? CH(S)OSE et le CHS [Collectif Handicaps et Sexualités], je suppose ?), de revendiquer un « droit à » mais de revendiquer un « droit de » faire l'amour comme tout un chacun. C'est une nuance de taille que Madame Piot oublie évidemment de préciser. Normal, sa démonstration ferait flop. Les personnes en situation de handicap ne veulent pas être plus mais autant que tout citoyen. C'est loin d'être le cas.

Quant à moi, ce n'est pas en faveur d'un « droit de » que je me suis engagé mais pour le respect de la liberté de chacun, dans tous les domaines, et, entre autres, celle de faire de son corps ce que l'on veut et d'expérimenter la relation sexuelle « au moins une fois » dans une existence. À partir du moment où il y a un consentement mutuel, qu'il y ait ou non de l'argent en jeu (« la marchandisation » si chère aux opposants de l'accompagnement sexuel et d'une certaine prostitution), cela relève de la liberté individuelle. Tant qu'une relation se bâtit dans le respect mutuel de chacun, une démocratie républicaine n'a pas à moraliser ses citoyens, leurs conduites, leurs opinions et leurs choix existentiels, elle doit les accompagner et les protéger dans leur quête de liberté, aussi dérangeante puisse-t-elle être à certains.

Il est grand temps de dépoussiérer, entre autres, notre culture catholique dominante dans ce pays. Non, le sexe n'est pas sale. Non, l'argent n'est pas sale. Oui, dans certaines circonstances, l'argent et le sexe peuvent faire bon ménage, se justifier et/ou être tolérés voire reconnus. Comme on reconnaît maintenant le droit à des personnes du même sexe de se marier, comme tout un chacun. Car l'homosexualité se normalise ?

Les politiques auront-ils le courage d'aller aussi dans ce sens ? Va-t-on reconnaître l'accompagnement sexuel officiellement plutôt que de continuer à le laisser exister officieusement ? Car tout le monde sait que l'accompagnement sexuel se pratique déjà en France, mais seulement dans certaines régions. Donc de façon exclusive. Ce qui est inacceptable, indéfendable.

Quoi qu'il en soit, si le film The Sessions *peut ouvrir les esprits, faire bouger les mentalités et les regards en France, comme l'a fait* Intouchables, *j'en serai le premier heureux. Même si je regrette que l'acteur soit valide, comme dans* Intouchables, *alors que le film aurait été plus crédible et plus fort avec un acteur en situation de handicap, qui plus est un handicap proche de celui du héros du film. L'identification et la projection ne sont pas les mêmes. Tout en n'empêchant pas une réelle sensibilisation. Dommage. Mais ça aussi ça viendra tôt ou tard. Tôt ou tard, les personnes « handicapées » seront des humains à part entière, à tous points de vue.*

Ndlr : Le niveau des commentaires des partisans de l'assistanat sexuel est pour le moins écœurant, témoin ce message envoyé à Maudy Piot par Alain Comoli :

« Les personnes handicapées veulent exercer leur liberté de choix de partenaire. Elles désirent développer leurs propres relations amoureuses dans un environnement les favorisant et respectueux de leur dignité. »

« Et qui t'es pour parler en mon nom ?!

« Certaines associations de personnes handicapées réclament le recours à l'« assistance sexuelle » en argumentant de la difficulté pour certaines personnes handicapées, de pouvoir satisfaire leurs « besoins sexuels ».

« Et toi, ça t'arrive de te toucher ?!

Ben non :

« Cette demande, qui est essentiellement masculine, s'inscrit dans une conception de la sexualité où les corps des femmes sont mis à disposition… »

Dis-moi comment tu baises pas, je te dirai qui tu n'es pas… »

61 - Maudy Piot : l'assistanat sexuel c'est de la prostitution !

Publié le : 22/11/2010
Auteur(s) : Emmanuelle Dal'Secco, Handicap.fr

Résumé : Le colloque 'Handicap, Affectivité, sexualité, dignité' qui se tiendra le 26 nov. 2010 à Paris déclenche la colère de Maudy Piot, présidente de FDFA. Elle dénonce les tentatives de légalisation de l'assistanat sexuel en France.

Handicap.fr : **Qu'est-ce qui vous met en colère à propos de ce colloque ?**

Maudy Piot : Parler de la vie sexuelle et affective des personnes handicapées, lever un tabou, c'est un programme dont nous ne pouvons que nous féliciter. Mais où sont les personnes handicapées elles-mêmes, et notamment les femmes handicapées et leurs représentantes ? N'ont-elles rien à dire dès lors qu'il s'agit de sexualité, d'affectivité, elles qui subissent dans l'indifférence générale un lourd tribut en matière de violences et notamment de violences sexuelles ?

H : **Mais ce qui vous fait surtout réagir, c'est la question de l'assistanat sexuel, qui sera également abordée ?**

MP : Oui, en effet. FDFA est totalement contre l'assistanat sexuel qui consiste à offrir aux personnes handicapées (des hommes à 99 %) des relations sexuelles tarifées. Or l'objectif réel de ce colloque est de faire avancer ce projet porté depuis 2007 par Marcel Nuss, parrain de cette journée. En d'autres mots, d'officialiser, au prix d'un « ajustement » des lois sur le proxénétisme, un droit à la prostitution doucereusement rebaptisé « services d'accompagnement sexuel », sur le modèle néerlandais ou suisse.

H : **Votre association défend d'ordinaire des idées assez progressistes, j'étais assez étonnée de cette prise de position...**

MP : Vous appelez la prostitution une « idée progressiste » ? Je suis contre la prostitution sous toutes ses formes, même au bénéfice des personnes handicapées. Ce serait discriminatoire de le justifier pour telle ou telle minorité « d'usagers ». Alors dans ce cas pourquoi pas pour les personnes âgées ou les prisonniers ou je ne sais qui encore ?

H : Mais ne pensez-vous pas que ces assistantes puissent être consentantes et qu'elles agissent peut-être par empathie ?

MP : Quelle idée ! Dans ce cas, qu'elles le fassent à titre amical. Mais croyez-vous que beaucoup en auraient envie si elles n'étaient pas rémunérées ? Il ne faut pas être naïf, ces femmes ne vendent pas leur corps par choix. Il ne faut pas faire de l'assistanat sexuel un métier. Nous sommes au XXIe siècle, il serait temps de respecter enfin les femmes et d'arrêter de les traiter comme des objets ! Notre association restera vigilante.

H : Vous avez adressé une lettre à Véronique Dubarry, adjointe au maire de Paris en charge des personnes en situation de handicap, et à Ryadh Sallem, président de CQFD, organisateur du colloque. Quelle est leur réaction ?

MP : Je ne sais pas encore, vous me prenez à chaud. Je n'ai aucune nouvelle de Ryadh malgré les nombreux messages que je lui ai laissés. La lettre que nous avons adressée aux organisateurs n'est pas agressive, ni violente, elle veut seulement souligner notre désaccord.

H : Ils craignent peut-être, vu votre prise de position, que vous ne déclenchiez un esclandre lors du colloque !

MP : Il ne faut pas exagérer, et ce n'est nullement mon intention. Ce que je désire, c'est le respect des uns et des autres, et de pouvoir exprimer des points de vue contradictoires dans un dialogue fécond. Ce que j'aurais fait si j'avais été à la tribune. J'irai à ce colloque, c'est certain, mais je suis capable de m'exprimer dans la sérénité. Marcel, Rhyad sont des amis, je n'ai aucune agressivité envers eux. Mais il est vrai que je regrette âprement de ne pas avoir été invitée. Une des intervenantes dirige un sex-shop en ligne, le réalisateur du film *Nationale 7* qui fait l'apologie de la prostitution sera là lui aussi. Mais personne n'a jugé bon de faire appel à ceux qui ne partagent pas ce point de vue ! Or nous aurions pu avoir des échanges particulièrement riches.

H : Est-ce un sujet que vous avez déjà évoqué avec Marcel Nuss ?

MP : Oui, nous nous connaissons. Mais de quel droit se permet-il de s'exprimer au nom des femmes ? Je me pose la question de savoir d'où ils parlent. Je n'ai pas contacté Marcel Nuss, parrain et non organisateur de la journée, mais je me suis entretenue avec trois des intervenantes en toute franchise.

H : Vous leur reprochez donc de défendre le point de vue des personnes handicapées mais pas celui des femmes ?

MP : Oui, bien sûr. C'est de la perversion. Comme vous le savez, tout acte sexuel est la conjonction d'un désir, d'une demande et d'une réponse. Comment peut-on être amené à considérer la prostitution comme un « service à la personne » ? C'est la négation d'exigences fondamentales : réciprocité du désir, respect de l'autre. On n'achète pas le corps d'autrui. Cette exigence, votée dans des pays tels que la Suède et la Norvège - pays par ailleurs exemplaires en matière de politiques sur le handicap -, est la seule voie responsable face à la marchandisation croissante de la sexualité, porteuse de conséquences destructrices pour les plus exclu-e-s et les plus vulnérables, des femmes en immense majorité.

H : *M*ais alors, quelle solution ?

MP : La sexualité n'est ni un métier, ni une marchandise, ni un service paramédical, ni un droit. S'il existe « un droit à la sexualité », il ne peut qu'être universel et ne saurait être réservé aux seules personnes handicapées. Il est temps de trouver des réponses aux désirs d'affectivité, d'intimité, de sexualité des personnes handicapées. Mais nous refusons la facilité qui conduirait à prétendre les trouver dans le domaine marchand. Nous appelons donc à l'ouverture d'un véritable dialogue. Et puis, en tant que psychanalyste, je maintiens que répondre à ses pulsions, ce n'est pas permettre à l'Homme de grandir !

62 - Ce n'est pas le rôle d'un soignant de masturber ses patients

Mars 2013

Pour moi la conclusion du rapport du CCNE est satisfaisante… Et ce qui est étonnant, c'est qu'ils aient auditionné plus de personnes favorables à l'assistance sexuelle, me semble-t-il, mais qu'ils soient finalement arrivés à un avis négatif.

Nous sommes peu à nous prononcer contre l'assistance sexuelle. Et on nous renvoie toujours au même cliché selon lequel nous sommes des bigotes, des réactionnaires, quand nous défendons notre position. C'est plus facile d'être pour, car c'est un sujet porteur aujourd'hui. Mais c'est de la démagogie !

La question de la sexualité des personnes handicapées ne doit pas être traitée à part

On parle toujours des « handicapés », or nous sommes avant tout des personnes. J'aimerais bien qu'on ne s'intéresse pas uniquement à la sexualité des personnes handicapées et qu'on se penche sur l'ensemble des problématiques liées au handicap : les personnes mal-logées, les personnes lourdement handicapées qui ne peuvent jamais sortir de chez elles, celles qui vivent en dessous du seuil de pauvreté, les personnes aveugles qui n'ont accès à aucun journal ou livre récent, le travail des personnes handicapées, etc.

Certes la vie affective et sexuelle des personnes handicapées est une vraie question, mais nous ne pouvons être réduits au sexe !

Tant qu'on n'aura pas compris que nous sommes des personnes à part entière, que nous avons une singularité mais que nous voulons vivre comme des personnes normales, nous serons encore une fois mises dans un ghetto. Voilà ce qui va se passer : on va autoriser les assistant(e)s sexuel(le)s en France et les faire rembourser par la Sécu. Et l'État pourra alors se laver les mains du sort des handicapés !

J'ajoute que le misérabilisme qui caractérise le traitement des personnes handicapées est révoltant. On entend toujours dans les médias ces « pauvres handicapés » qui se plaignent de « leur vie difficile ». Ce n'est pas cette image que je veux qu'on donne des personnes en situation de handicap, qu'elles soient lourdement handicapées ou non.

Je comprends très bien qu'on se plaigne de manquer d'affection et de caresses. Mais alors il faut plutôt permettre aux personnes handicapées de rencontrer des gens pour nouer de véritables relations. Est-ce que la relation sexuelle se résume à la masturbation et à la pénétration ? Je crois qu'il y a beaucoup de perversions, mais quand j'ose dire cela, je me fais assassiner.

Ce que demandent certaines associations, c'est qu'il y ait une modification de la loi sur le proxénétisme, qu'on fasse une dérogation pour ces « pauvres handicapés ». Je ne suis pas d'accord avec cette option, car je ne souhaite pas être exclue de la citoyenneté. Ce que je veux, c'est qu'on me permette en tant que personne de vivre dignement dans la société d'aujourd'hui. Ce qui n'est pas le cas.

L'assistance sexuelle équivaut à de la prostitution

Donc je ne suis d'accord ni avec la manière dont est présentée la vie affective et sexuelle des personnes handicapées, ni avec les solutions proposées. À partir du moment où une femme accepte une rémunération pour un acte sexuel, c'est de la prostitution.

Quand j'entends certains dire qu'ils vont prendre des prostituées parce que c'est leur métier plutôt que des assistantes sexuelles, cela me hérisse. Je suis opposée à la prostitution, à la marchandisation du corps des femmes.

Quand on demande aux gens qui sont favorables à l'assistance sexuelle s'ils seraient d'accord pour que leur fille soit assistante sexuelle, ils répondent toujours par la négative. Personne ne veut jamais le faire. Cela signifie bien qu'on laisse cela à une certaine catégorie de personnes...

Par ailleurs, je veux bien qu'il y ait une formation au secrétariat, à l'informatique, etc. mais je ne vois pas comment on forme les gens à la sexualité. C'est quelque chose de tellement intime...

Enfin les assistantes sexuelles dont on parlait beaucoup à une époque ont pour la plupart arrêté d'exercer cette activité. Et certaines reconnaissent aisément qu'il s'agit de prostitution. Il n'y a pas d'amalgame.

Ce n'est pas le rôle d'un soignant de masturber ses patients

L'argument qui consiste à dire que si on interdit les assistant(e)s sexuel(le)s il faudrait aussi interdire les masseurs-kinésithérapeutes me fait sourire. J'ai été moi-même kinésithérapeute pendant des années et quand je rencontrais le corps de l'autre, j'étais dans le respect complet sans me mêler pour autant de la vie sexuelle de mon patient.

J'ai également rencontré des cas de figure multiples dans mon travail comme psychothérapeute : des éjaculateurs précoces, des personnes qui n'avaient pas d'orgasme, etc. J'ai travaillé avec ces personnes sans jamais m'autoriser à les toucher ou à les faire se déshabiller.

La vie sexuelle relève de l'intimité des patients. Ce sont des choses distinctes. Ce n'est pas le rôle d'un soignant de masturber ses patients.

Il faut apprendre donc dès la petite enfance aux personnes valides ET aux personnes en situation de handicap à découvrir leur corps, dans le respect, la dignité et l'amour. Car ce qui est important, c'est d'aimer son corps...

63 - À Olivier Claeys et Hassen Chaouche

Novembre 2013

Messieurs,

Nous avons lu sur le site Yanous n°414 de novembre 2013 l'article relatant que vous avez animé à Tarbes, les 24 et 25 octobre dernier, un spectacle de « théâtre d'intervention » prônant la reconnaissance de l'assistance sexuelle. Dans ce spectacle, vous avez joué à « *observer une grève de la faim* » et faisiez signer une pétition au public dans le but de faire reconnaître l'« assistance sexuelle ».

Vous avez ainsi interpellé directement des passants et passantes dans la rue en jouant un homme en fauteuil roulant, les prenant à l'improviste, jouant sur l'émotionnel et la compassion, sans réflexion sur l'enjeu et les implications de l'« assistance sexuelle » exposés dans de nombreux articles, débats, rapports, etc. :

- Marchandisation des corps (des femmes surtout puisque la demande est essentiellement masculine).
- Renforcement de l'inégalité femmes-hommes : le corps des femmes ne saurait une fois de plus être utilisé pour répondre à une soi-disant « misère sexuelle » sur laquelle on fait s'apitoyer les personnes valides.
- Ghettoïsation des personnes handicapées avec une « prestation de service » supplémentaire chez eux.
- Risques de violences dans un huis clos (des exemples en Suisse)
- Légitimité de la demande : vient-elle de la personne handicapée ou de son entourage ?

Certes il est important que la société prenne enfin conscience de la sexualité et de la vie affective des personnes handicapées mais les personnes handicapées veulent vivre leur sexualité d'hommes et de femmes dans l'authenticité et la dignité, et pouvoir créer une relation amoureuse, pas une réponse spécifique qui les maintient dans leur exclusion de la société.

L'association Femmes pour le Dire, Femmes pour Agir, est intervenue dans de nombreux colloques et médias sur le sujet et vous pourrez lire son argumentaire sur le site à l'adresse :

http://www.femmespourledire.asso.fr/2001/01/documents.php.

L'association expose dans plusieurs textes que l'assistance sexuelle n'est pas une réponse respectueuse des personnes handicapées ni de la dignité du corps des femmes et des hommes.

La réponse n'est pas dans l'enfermement des personnes handicapées dans l'attente d'une « prestation » supplémentaire, **mais dans l'ouverture de l'environnement en termes de réelle accessibilité**, pour permettre la multiplication des opportunités de rencontres, comme par exemple les lieux de loisirs.

Dans l'article de Yanous, il est écrit « *Des gens nous ont demandé la différence entre la prostitution et le statut d'assistant sexuel* ». Sur quelles informations et arguments vous êtes-vous appuyés pour donner une réponse, avec quelle compétence et quelle expérience ? Alors que l'« assistance sexuelle » est bien considérée » comme de la prostitution, dans les pays où elle est autorisée comme la Suisse.

Quelles informations et documentations avez-vous recueillies pour préparer ce théâtre d'intervention ? L'association des Paralysés de France n'est pas représentative de toutes les personnes handicapées ni la seule association s'exprimant sur le sujet. Elle émet son opinion parmi d'autres.

L'article indique ensuite que « *Olivier Claeys et Hassen Chaouche ont le sentiment que la presse a parlé du fond du sujet* ». Nous n'avons pas vu que les journaux et médias aient présenté les arguments qui s'y opposent et cité les rapports des député-e-s de 2011 où est évoqué le contexte législatif : en particulier que rien ne justifierait un ajustement de la loi sur le « proxénétisme » qui serait nécessaire pour que l'« assistance sexuelle » soit légale. La France est abolitionniste, a ratifié plusieurs conventions de l'ONU s'opposant à l'exploitation sexuelle d'autrui, l'avis du Comité Consultatif National d'Ethique est négatif. Un projet de loi luttant contre la prostitution a été déposé à l'Assemblée nationale et sera débattu à partir du 27 novembre.

Ce questionnement interpelle la société dans son ensemble sur la sexualité : comment préparer les enfants et les jeunes à des relations sexuelles dans le respect de l'autre, à les informer des différences ? Quelle est la place de la sexualité dans une société de consommation et d'urgence, l'équilibre à assurer entre liberté individuelle et contraintes sociales ?

Aussi nous nous tenons à votre disposition pour vous fournir toute information concernant ce sujet *délicat* et complexe, afin qu'il soit traité dans toutes ses implications et que *« l'expression démocratique »* (comme vous l'indiquez) puisse s'exercer, avec toutes les informations nécessaires.

Cordialement

Maudy Piot, présidente de Femmes pour le Dire, Femmes pour Agir

(avec Claire Desaint).

64 - Droit de réponse à l'émission du 10 juin : *Qui sont les assistants sexuels ?*

À Madame Sophie Davant, France Télévisions
13 juin 2013

Madame,

Vous avez consacré une partie de votre émission « **C'est au programme** » du lundi 10 juin à l'assistance sexuelle en lui donnant immédiatement une orientation favorable par vos propos « *mais pourtant on leur refuse toujours le droit à l'épanouissement sentimental et sexuel* ». Comme s'il ne pouvait y avoir épanouissement sexuel et sentimental hors de l'« assistance sexuelle » !! De nombreux témoignages de personnes handicapées vous prouveraient le contraire.

L'association Femmes pour le Dire, Femmes pour Agir désapprouve que, contrairement à l'objectif d'impartialité d'un réel débat, une seule opinion se soit exprimée : interviews et témoignages, toujours des mêmes personnes déjà vues maintes fois sur les médias, et allant toutes dans le même sens favorable à l'« assistance sexuelle » sans en connaître les implications. L'association Femmes pour le Dire, Femmes pour Agir déplore que vous n'ayez pas invité un-e- représentante d'associations et un-e expert-e à s'exprimer qui auraient exposé les arguments opposés. Elle s'étonne qu'il n'y ait eu aucune analyse du sujet de la vie affective et sexuelle des personnes handicapées et des réponses qui peuvent leur être apportées.

Votre discours était : *« il est essentiel de faire évoluer les mentalités »*, « *la France a beaucoup de retard » « alors que nos voisins européens… »* (3 seulement). Vous orientez et fermez ainsi le débat. Est-ce une avancée ou une régression de marchandiser des services sexuels, là est le débat de société. De plus, David Artur et vous-même avez parlé de « *handicapés* » (!) alors qu'il s'agit de *personnes* handicapées qui ne sont ni des objets ni des adjectifs qualificatifs mais des personnes avant tout !

Pourtant, un avis négatif du CCNE a été rendu, il serait pertinent d'exposer les arguments qui ont amené à cet avis négatif, en particulier celui de la non-marchandisation du corps, du respect de l'intimité et de la liberté, et non de le présenter comme voulant « *enterrer ce débat* ».

L'association FDFA travaille sur ce sujet depuis plusieurs années, a exprimé sa position sur l'assistance sexuelle, ghettoïsation supplémentaire des personnes handicapées. Cette conception de service sexuel s'inscrit dans l'affirmation de soi-disant « besoins irrépressibles » à satisfaire, les corps des femmes étant censés être à la disposition des hommes. La pratique de l'assistance sexuelle en Suisse et dans les pays étrangers qui l'ont réglementée montre que les « assistantes sexuelles » sont en très grande majorité des femmes puisque la demande vient à 95 % d'hommes, comme d'ailleurs le disait le témoignage de la personne que vous avez interviewée. Vous ne l'avez signalé qu'à la fin et pour des raisons que vous avez orientées : soi-disant manque d'information des femmes et qu'elles n'osent pas en parler. Votre titre au masculin fausse d'ailleurs la réalité.

L'expérience suisse, à laquelle vous avez fait référence, est très réduite, et ne saurait être un argument puisqu'une seule formation a pu être dispensée, faute de candidat-e-s et la plupart des personnes formées ont abandonné, seules restant des personnes issues du milieu prostitutionnel.

L'assistance sexuelle renvoie à une vision marchande de « services sexuels », ce qui est la définition de la prostitution, argument balayé d'un revers de main par l'animateur *« Trop proche de la prostitution, il n'en est rien ».* Seuls d'ailleurs les pays règlementant la prostitution autorisent l'assistance sexuelle. Des sites cherchent à recruter via Internet !! Des hommes handicapés eux-mêmes trouvent que les « assistantes sexuelles » posant des limites ne leur suffisent pas et préféreraient des prostituées spécialement formées.

Nous vous rappelons que la France est abolitionniste, que la loi sanctionne le proxénétisme et qu'elle a signé la convention Cedaw par laquelle elle s'engage à tout faire pour diminuer la demande et l'« achat de services sexuels » et pour supprimer le trafic des êtres humains à des fins sexuelles et de prostitution.

L'« assistance sexuelle » ne respecte pas la dignité des personnes handicapées en posant comme principe qu'il y a une sexualité « spécifique » des personnes handicapées qui réclame une réponse « spécifique » réduisant leur vie affective et sexuelle à une technique frustrante et marginalisante.

Nous vous demandons donc un droit de réponse lors d'une de vos prochaines émissions avec une analyse plus conséquente expliquant les incidences sur l'égalité femmes–hommes et sur la dignité de la personne humaine et des personnes handicapées.

Quant au pourcentage de commentaires favorables évoqué par David Artur, quelle valeur a-t-il alors que vous n'avez présenté qu'une opinion et qu'il n'y a eu aucun débat ?

C'est un regard différent de la société sur les personnes handicapées qui permettra une ouverture sur le sujet de la vie affective et sexuelle des personnes handicapées. Nous vous joignons le texte de la position de Femmes pour le Dire, Femmes pour Agir publié en 2011. Une documentation sur le sujet est disponible sur notre site : http://www.femmespourledire.asso.fr/.

Veuillez agréer, Madame, nos salutations distinguées.

Maudy Piot,

Claire Desaint

Vie associative

65 - Bénévolat et Handicap

Septembre 2009

Une personne bénévole et une personne handicapée. Voici deux termes, récents dans la langue française, mais bien connus maintenant tant dans la réalité que dans l'imaginaire, et qui vont fort bien ensemble. Ils constituent le couple parfait de la générosité et de la souffrance, du don à faire et du manque ; don de sa personne à celui ou celle qui montre aux yeux du monde qu'il ne fait pas partie ni de la norme définie par la société, ni du désir collectif d'exister, ni, en définitive, de la citoyenneté du monde.

Le handicap est en décalage ; il est infraction à la norme et il fait effraction dans l'humain. Indifférence, mépris, rejet, exclusion, violence, accompagnent encore souvent le handicap.

Le handicap est un fléau pour nos sociétés de production, de rentabilité, de consommation.

Mais vous, bénévoles, ne l'entendez peut-être pas de cette oreille, vous qui voulez justement donner de votre temps, de votre personne, pour accompagner ceux qui sont différents.

Si je prends la parole aujourd'hui, c'est pour partager avec vous la rencontre entre le bénévolat et ce que l'on nomme le handicap.

Je ne sais pas combien de bénévoles travaillent dans des associations de personnes handicapées, ce serait intéressant d'avoir des chiffres sur le sujet. Il me semble – je peux me tromper – que le bénévolat s'oriente plutôt vers d'autres causes, fort méritantes, mais hésite à se confronter aux différences physiques ou mentales (parfois invisibles d'ailleurs).

J'ai fondé et je préside l'association « Femmes pour le dire, Femmes pour agir » qui accueille des personnes handicapées, quelle que soit leur singularité. En plus d'accueillir ces personnes, nous travaillons plus spécifiquement sur la double discrimination qui atteint les femmes handicapées : être femme ET être handicapée.

FDFA accueille tous handicaps : physique, sensoriel, psychique ou mental, visibles ou invisibles, etc.

Lutter contre toute forme de discrimination est très exigeant. Il s'agit de mettre en pratique l'ouverture à tous, quel que soit le handicap, l'origine sociale ou ethnique. Bien entendu, nos amis masculins sont présents car ce n'est qu'ensemble que nous pourrons changer le regard sur nos différences.

Aujourd'hui, j'ai peur que l'accueil du féminin, du féminisme, soit plutôt en recul, bien que les discours autorisés affirment le contraire. Alors lorsque l'on veut marier Femme et Handicap, le concept n'est plus porteur, je dirais même que c'est le rejet assuré. Ces deux termes sont connotés de représentations négatives et discriminatoires. Héritage culturel sans doute...

Notre association adhère depuis plus d'une année à « Espace Bénévolat » qui nous accompagne avec beaucoup d'amitié et de solidarité dans nos recherches de bénévoles. Je suis obligée de constater que très peu de bénévoles répondent à notre sollicitation. Nous contactons systématiquement chaque candidat dont nous recevons la fiche, souvent en laissant un message sympathique lui demandant de nous recontacter. Je lui propose d'aller voir notre site. Les candidats sont le plus souvent étudiants, certains en recherche d'emploi, ce sont moins souvent des retraités. J'estime que 90 % d'entre eux ne rappellent pas. Moins d'1 % vient me rencontrer et très peu donnent une suite favorable. Ce sont les jeunes qui sont les plus disponibles et ouverts. Un certain nombre de ceux qui viennent me rencontrer parlent d'emblée de leurs problèmes et font référence à un proche en situation de handicap. Leur projet reste cependant généralement dans le court terme.

Je voudrais signaler ici un fait intéressant : le bénévole qui vient me rencontrer en tant que présidente d'une association sait, car je le lui ai dit, que je suis aveugle. Au cours de l'entretien, je présente notre association avec fougue et passion. L'interlocuteur est très intéressé, pose des questions, et prononce enfin la phrase rituelle : « Mais vous êtes vraiment aveugle ? Ça ne se voit pas ! » Silence...

J'explique le travail à accomplir. Un rendez-vous est pris ; la rencontre avec des personnes handicapées n'est pas immédiate. Les étudiants honorent pratiquement toujours le rendez-vous suivant. Mais très vite débordés par leur travail, ils ne viennent plus (mais préviennent toujours). Le handicap ne semble pas leur poser problème. Par contre, les personnes en recherche d'emploi et les retraités semblent avoir beaucoup plus peur du handicap. Certains me disent ne pas vouloir rencontrer des personnes handicapées – alors même qu'ils avaient indiqué dans leur présentation être disposés à visiter des personnes âgées ou effectuer des visites en hôpitaux.

Mais le handicap, qu'est-ce que c'est ?

Le mot handicap a été utilisé notamment lors des courses de chevaux. Il s'agissait de mettre sur le dos du cheval le plus fort, le plus fougueux, une charge supplémentaire afin que tous les concurrents soient à égalité au départ de la course. On voulait effacer la supériorité, la différence, pour rendre tous les chevaux identiques, à chances égales.

C'est intéressant de constater le glissement qui s'est opéré : aujourd'hui, le handicap évoque un manque, un moins. Le handicap renvoie au difforme, à la laideur, à la folie, à la monstruosité. Il illustre la différence, renvoie au mal, au péché, à la punition. Il engendre le rejet, l'agressivité, l'ignorance, tout comme la compassion, la pitié. Le handicap est source d'angoisse, d'incompréhension, de malaise. Le handicap fait peur. Mais il touche le cœur, il donne les larmes aux yeux, il donne envie de protéger, de compatir, de plaindre.

Il permet également la réparation, la déculpabilisation. Il offre la réalisation de sa BA, de sa bonne action. Avec lui on se sent meilleur.

La personne handicapée est vécue le plus souvent comme un être qui a besoin de l'autre, comme un dépendant privé de son autonomie. Elle fait peine à voir, pour certains il faut la protéger, pour d'autres l'ignorer, voire encore, comme dans l'Antiquité, l'éliminer.

Ces représentations sont encore bien présentes dans nos imaginaires, bien ancrées dans la mémoire historique. La religion a accentué la prise de possession de la personne handicapée. Elle est invalide, infirme, il faut l'aimer, la soutenir, la soigner. C'est un objet de réparation et de culpabilisation tout à la fois.

L'environnement qui n'est pas accessible ne permet pas à la personne handicapée de vivre à plein. Qui se soucie vraiment de l'accessibilité du quotidien ? Comment une personne en fauteuil roulant peut-elle aller au cinéma, prendre le train, aller à la piscine, faire ses courses ? Comment une personne aveugle trouve-t-elle sa direction dans le métro, comment fait-elle ses courses de manière autonome ?

Cela ne dérange personne car la représentation de la personne handicapée est la dépendance. C'est ce qui permet la générosité, les phrases compassionnelles : « La pauvre ! quel courage ! quelle misère aussi... n'est-elle pas l'élue de Dieu ? Sa souffrance est rédemptrice... »

La personne handicapée est perçue sans sexualité, sans famille, sans désirs. La maternité ? Vous n'y pensez pas !

J'ai voulu peindre très rapidement un tableau plus que réaliste des représentations concernant la personne handicapée. Là où le bât blesse, c'est qu'aujourd'hui et de plus en plus, la personne handicapée ne correspond plus à ces images, à ces clichés.

La personne handicapée est une citoyenne à part entière, ou du moins elle fait tout pour le devenir. Son handicap n'est pas son identité. Le handicap est dû au hasard de la vie (ou de la génétique). Avec ses limites, avec ses compétences, avec l'aide de la technique – encore bien insuffisante, - la personne handicapée va être autrement capable de vivre les actes de la vie quotidienne. Elle ne veut plus correspondre à l'image d'antan ; elle veut travailler, se marier, être mère, élever ses enfants, etc.

Ce combat au quotidien ne gomme pas la souffrance du handicap, de la différence, du manque. Il demande énergie, lutte, persévérance. Il lui faut également savoir demander, suppléer aux insuffisances. Mais la personne handicapée peut donner à l'autre ; c'est dans l'échange que se construit la relation. Le handicap, la différence sont une richesse qui se partage et qui enrichit l'autre. Nos manques sont une richesse pour la société car ils permettent l'inventivité, la créativité, la solidarité.

Pourquoi les bénévoles fuient-ils le handicap ? Pourquoi certains viennent-ils voir ? Je pense que le dynamisme, la joie de vivre des personnes handicapées jouent comme un révélateur d'un mal-être chez nos interlocuteurs.

Peut-on penser que l'écart entre la représentation de la personne handicapée et la réalité visible est insupportable ?

Pourquoi Femme et Handicap sont-ils des mots si difficiles à conjuguer ?

Quand la personne handicapée fera-t-elle partie du paysage quotidien comme tout un chacun ?

Être autrement capable devrait permettre d'appréhender l'autre comme son égal avec des besoins différents mais échangeables.

Ces hypothèses que je mets en mots devant vous sont un objet de recherche et d'interrogation.

La fragilité attire, et cela est compréhensible, car la personne fragile se sent plus forte devant un être inférieur, surtout lorsqu'il s'agit d'un enfant. Les enfants réveillent le besoin de protection, on peut leur donner son savoir, son amour. L'adulte, vulnérable ou handicapé, représente une muraille, il gêne et il est plus difficile de l'approcher.

Nos fantasmes, souvent liés à la peur, nous freinent dans la générosité qui nous habite.

66 - Nicole Diederich[60]

Mai 2010

Nicole, mon amie, notre amie,

Je ne viens pas te dire « au revoir », je viens te dire toute mon affection toute mon amitié, toute mon admiration pour les actes que tu as posés dans ta vie.

Je viens te dire que la lumière de tes grands yeux, la clarté de ton sourire ne seront jamais oubliés.

Tu es pour moi une « grande dame », grande par ton humanité, par tes luttes jamais relâchées, par ta solidarité donnée, par ton impatience à vivre. Je t'ai croisée sur un chemin d'ombre et de lumière, sur la route des convictions et des partages, sur le chemin rocailleux de la lutte pour l'égalité, pour la liberté.

Un soir, un ami, une amie a prononcé ton nom. Quel bouleversement dans ma vie. Une femme se dressait là, devant moi, riche de sa générosité, de son humanité de sa compréhension de la différence.

Toi, Nicole, chercheuse sans relâche, dénonçant les injustices, héroïne de la vérité. Pas n'importe quelle vérité mais celle qui nous laisse sans voix, sans mesure, sans concession.

Ton travail, tes écrits, ont donné une autre image, une autre représentation du « handicap ». Tu as permis de dénoncer les injustices, de mettre au grand jour les terribles injustices que vivent les femmes handicapées. Tu as lutté, tu t'es battue pour qu'elles soient dénoncées.

Nous nous sommes rencontrées dans la clairière des combats à mener. Notre rencontre fut un moment de bonheur, bonheur de l'échange, des discussions sans fin.

Ta personnalité sans concession m'allait bien, toujours disponible pour venir témoigner, échanger, dire ce que les autres taisaient.

Ensemble nous avons partagé des « tables rondes », j'en garde un souvenir émerveillé.

---

[60] Sociologue, INSERM. Décédée le 25/05/2010.

Tes écrits resteront comme des emblèmes de vérité, de travail, de force, de dénonciation.

J'aimais ta façon de défendre, d'expliquer la souffrance des autres différents.

Quand je t'ai fait partager mon engagement auprès de l'association « Femmes pour le Dire, Femmes pour Agir », tu as été là, tu m'as accompagnée, tu t'es battue avec nous, tu nous as toujours soutenues. Merci ma Nicole.

Tu ne faisais pas de bruit mais tes paroles étaient des éclats de tonnerre. Nous ne pourrons les oublier.

Tu étais celle qui marchait sur la route des mésaventures, en sachant où tu portais tes pas. Tu faisais passer une force d'humanité, mais aussi ton angoisse devant la vie si difficile des personnes singulières. Tu étais respectueuse de ce que l'on appelle le handicap. Tu t'es battue pour dire haut et fort que le respect est l'une des formes de l'humanité.

Quand la maladie a frappé à ta porte, tu as été déconcertée, impuissante à la repousser vraiment, ton regard sombre gardait espoir, tu t'es battue, tu as souffert, mais tu as toujours gardé ton humanité et ta générosité.

Merci Nicole d'avoir été Toi, merci de ton combat pour plus de justice.

Je ne te dis pas au revoir, car tu es là présente et mon cœur ne t'oubliera jamais. Danielle avec qui tu as partagé tant et tant de joies et de bruissements de la vie nous rappelle à tous ta chaleureuse présence. Sache que je serai toujours à ses côtés chaque fois qu'elle le désirera.

Je te serre dans mes bras et te redis : « Femmes citoyennes avant tout ». Les adhérents de FDFA te connaissaient bien par tes écrits et par ta présence à nos colloques. Ils se joignent à moi pour te dire toute leur admiration fraternelle, et dans la douceur du soir ils t'accompagnent dans ta dernière solitude.

67 - 20 ans de la pénombre à la lumière (Pascal Parsat)

Mars 2013

Voilà déjà plus de vingt ans, je croisais sur ma route Pascal Parsat.

Quels souvenirs m'en reste-t-il ? Celui d'une journée printanière, où un doux soleil brillait sur les pavés parisiens, l'arrivée d'un jeune homme allant, sympathique et très bien élevé. J'ai tout de suite été frappée par sa grande gentillesse et sa douceur. Nous ne nous connaissions pas, je ne sais plus quel hasard heureux de la vie a permis cette rencontre, mais une vraie rencontre a eu lieu. Nous avons partagé un déjeuner simple mais plein de convivialité au cours duquel, il m'expliqua un projet fantastique, inédit, respectueux de l'Autre.

J'étais « perdant la vue » à l'époque ; aujourd'hui je suis dans la nuit blanche des aveugles comme dit Borgès. Cela ne changeait rien, j'étais en train de vivre une belle rencontre où la cécité prenait un sens nouveau.

Pascal, homme de spectacle, travaillant dans divers conservatoires, avait eu l'idée d'imaginer « le théâtre dans le noir ». Quelle drôle d'idée de vouloir faire participer activement les personnes aveugles ou perdant la vue à des pièces de théâtre !

Quand on est aveugle, on écoute les voix des comédiens, on imagine chacun comme on le peut, on fantasme le décor, etc. À l'époque l'audio-description n'existait guère.

Je me souviendrai toujours de ma question : « Pourquoi Pascal, t'intéresses-tu aux personnes aveugles ? » Réponse : « Ma grand-mère… »

Le projet de Pascal, était de créer le théâtre dans le noir ! Je vous laisse imaginer la suite, les difficultés rencontrées, les soutiens solidaires, les rires et les pleurs. Mais j'ai tout de suite adhéré au projet, je trouvais cela original, fantastique, il fallait foncer !

Tout a commencé un soir ou un après-midi je ne sais plus. Pascal avait réuni des personnes handicapées et valides autour d'une représentation qu'il avait organisée d'une façon extraordinaire, imaginative et tellement chaleureuse.

Puisque nous étions privés de nos yeux, nous allions sentir des odeurs, écouter des sons, palper l'ambiance. Afin que chacun soit dans l'identique, tout se passait dans le noir.

Ce fut magnifique. Les personnes voyantes respiraient l'inquiétude, un bandeau sur les yeux ; il fallait entrer dans la salle en étant guidés par des personnes aveugles ou voyantes ; se laisser placer, garder le bandeau tout le long du spectacle. Quel silence, quelle contemplation des sons, des parfums, de l'écoute.

À la fin du spectacle, nous avons échangé nos impressions, nos angoisses, nos découvertes, nos suggestions.

Je crois que je n'ai jamais vécu une telle émotion de vérité. Nous étions peu nombreux au début, mais au fur et à mesure des nouveaux spectacles, la foule arrivait. Les débuts ont eu lieu en banlieue, Pascal a conquis Paris, il a affiné ses recherches. Je me souviens encore du premier spectacle parisien, nous étions nombreux, heureux de cette réussite. Aujourd'hui Pascal est directeur d'une belle école de théâtre où personnes handicapées et valides découvrent ensemble la joie de la création. Il a permis aux personnes handicapées de sortir de chez elles, de se découvrir, de devenir artistes, comédien(ne)s, lecteurs, de jouer dans un corps reconquis, où les chaînes du handicap tombent et laissent place à un corps libéré, respectueux des différences.

Quelle belle aventure que celle de Pascal et de son école. Sa ténacité, son charme également, son travail ont permis de surmonter beaucoup d'obstacles.

Je me suis absentée certaines années du travail réalisé par Pascal, j'avais également de nombreux projets à réaliser, comme fonder l'association « Femmes pour le Dire, Femmes pour Agir » qui accueille des Femmes et des hommes en situation de handicap quelle que soit leur singularité, afin de lutter contre toutes formes de discriminations que vivent les personnes handicapées. J'ai pu constater l'épanouissement des adhérentes qui suivent les cours de théâtre, de lecture, etc. chez Pascal. La joie de chacune et chacun à se dépasser, à découvrir son corps et surtout la joie de jouer devant une salle pleine.

Il y aurait mille autres choses à vous faire partager, mais je veux rester à ce début de ma rencontre avec Pascal où tout était à inventer, à réaliser, à ces moments forts de partage et d'amitié.

On ne peut oublier cette grande aventure inédite, où le voir et le noir se sont rencontrés pour une création nouvelle de voir et d'entendre, de sentir. Vingt ans déjà, le temps passe mais les traces des rencontres, des moments vécus ensemble, laissent dans le cœur l'aurore de liberté du pouvoir « être autrement capable de Voir ».

68 - PROCÈS VERBAL (Dépôt de plainte)

L'An deux mille quatorze,
le dix-huit décembre à treize heures quarante-cinq

NOUS, A. W.

Gardien de la Paix

En fonction au Troisième District de Police Judiciaire

Officier de Police Judiciaire, en résidence à Paris

Étant à Paris (15),

Poursuivant l'enquête préliminaire,

Vu l'article 75 et suivants du code de procédure pénale.

Accompagné de M.M. Gardien de la Paix.

Entendons la personne ci-dessous dénommée laquelle nous déclare :

SUR SON IDENTITÉ :

« Je me nomme Mme **PIOT Maudy**, je suis née le 09.07.1940 à Malte, je suis de nationalité française, je demeure 16 rue Émile Duclaux à PARIS (15) et suis retraitée mais exerce la fonction de présidente de l'association « Femmes pour le Dire, Femmes pour Agir ». « Je suis joignable téléphoniquement au 06… »

SUR LES FAITS :

« Je suis aveugle et je passe par le biais de la PAM 75[61] pour me déplacer dans le cadre de mes activités associatives et personnelles. »

---

[61] *Ndlr.* Paris Accompagnement Mobilité (PAM), service de véhicules équipés destinés aux personnes âgées, handicapées ou à mobilité réduite afin de faciliter leurs déplacements dans la capitale. D'autres villes ont organisé ce même type d'aide à prix réduit.

« Le mardi 16 décembre 2014, j'attendais une voiture de la PAM à 14h20 devant la maison de la Chimie, 28 rue Saint-Dominique à PARIS (07). J'étais en compagnie d'une bénévole qui se nomme C.J.

« Un chauffeur de la PAM au volant d'un Renault MASTER est arrivé vers 14h35. Je lui ai alors dit sur le ton de la plaisanterie que la PAM était en retard. Mon interlocuteur n'avait apparemment pas le sens de l'humour et m'a répondu d'une voix désagréable que cela roulait mal. Puis a immédiatement attaqué en disant que nous ne lui avions pas dit bonjour. C'était devenu une ritournelle. Il n'arrêtait pas de répéter que nous ne lui avions pas dit bonjour. Ce qui est faux puisque je salue toujours mes chauffeurs. »

« J'ai exprimé au chauffeur mon intention de rentrer à l'arrière du véhicule mais ce dernier m'a répondu agressivement que j'étais trop prêt du camion. Je lui ai alors signifié que j'étais aveugle. D'ailleurs j'étais en compagnie de mon chien guide. »

« Il a par la suite fait descendre la rampe du camion mais ne m'a pas aidé à accéder à l'intérieur. J'ai donc essayé d'y rentrer seulement j'ai glissé et failli tomber. Heureusement, ma bénévole était présente et m'a rattrapée. »

« Injustement – alors qu'elle m'aidait sur la rampe – il a invectivé C. en la sommant de descendre du véhicule. »

« Il vociférait et hurlait que nous ne lui avions pas dit bonjour tout en nous demandant quel était notre problème. Alors que j'étais dans le véhicule, je tâtonnais pour trouver un siège car ce conducteur ne m'aidait pas à m'installer. Je lui ai demandé de m'aider mais ce dernier m'a répondu avec tout autant d'agressivité qu'il y avait quatre sièges et que j'allais bien finir par en trouver un. Cela m'a pris quelques minutes avant de m'asseoir. »

« Pendant ce temps, il vociférait qu'en tombant je lui avais cassé sa voiture. »

« Le véhicule fermé et le chemin pris en direction de la rue Aristide Maillol Paris (15) qui est le siège de mon association, je lui ai demandé de m'indiquer où se trouvait la ceinture de sécurité. Il m'a répondu qu'il ne m'aiderait pas et que je n'avais qu'à me débrouiller. »

« Durant ce voyage où la conduite du chauffeur était brusque, j'ai manqué de tomber plusieurs fois et me cramponnais à tout ce que je pouvais y compris à mon chien. J'ai donc fait le chemin sans avoir la ceinture de sécurité. »

« Au regard de son comportement que je juge inadmissible, je lui ai signifié que j'allais contacter la PAM 75 et les informer de son abrupte manière de se comporter à l'encontre d'une personne vulnérable. Il s'est alors remis à hurler et m'a dit qu'il n'y avait aucun problème, que nous pouvions nous y rendre immédiatement. Il m'a notamment dit : « vous verrez ce que vous verrez ». Ce dernier continuant dans son agressivité, j'ai préféré me rendre à l'adresse initialement prévue pour ne pas continuer à envenimer les choses. De peur, j'ai fait appel à mon assistante qui une fois arrivés rue Aristide Maillol m'attendait sur le trottoir pour m'aider à sortir du camion. À cet instant, il n'a pas pipé un seul mot. Ni lui, ni moi d'ailleurs. »

« Je suis très succincte dans mes déclarations mais ce chauffeur était extrêmement agressif. Il m'a d'ailleurs dit que les handicapés coûtaient cher. »

« Je précise qu'en temps normal, les chauffeurs PAM 75 sont extrêmement sympathiques et serviables. »

« Je vous remets la lettre que j'ai rédigée et envoyée à la PAM 75 ainsi que la réponse retournée par cette entreprise. Je vous remets également le témoignage écrit de C. »

« Je ne désire pas me rendre aux UMJ[62] afin de déterminer mon retentissement psychologique. »

« Je dépose plainte contre inconnu pour le chef de violence volontaire sans ITT. »

« Je prends acte que vous me remettez à ma demande une copie du présent dépôt de plainte. »

« Je prends connaissance de l'article 75 alinéa 3 du code de procédure pénale et me réserve le droit d'y recourir. »

« Je n'ai plus rien à déclarer. »

Après lecture faite par nous-même, Mme PIOT Maudy persiste et signe avec nous le présent procès-verbal à quatorze heures quarante-cinq.

---

62 *Ndlr.* Unité Médico Judiciaire.

Numérique par effraction

69 - Numérique et handicap

septembre 2017

Une philosophe contemporaine, Catherine Malabou, vient de publier un livre : « Métamorphoses de l'intelligence. Que faire de leur cerveau bleu ? », *(PUF 2017).*

Le concept d'intelligence au XIXe siècle ouvre l'un des champs de bataille théorique les plus importants de la modernité.

L'intelligence se présente à la fois comme un très ancien et très nouveau concept.

L'intelligence en se présentant comme une redéfinition de l'esprit, des facultés de connaissance, de la vie psychique, tout ensemble, joue le même rôle que la raison au Siècle des Lumières. D'un autre côté elle paraît menacer la raison elle-même.

La comparaison entre le cerveau humain et l'ordinateur n'est pas pertinente. Notre cerveau de par sa plasticité demeurerait inimitable par les machines. Aujourd'hui cela a changé. Les recherches scientifiques montrent ou veulent nous persuader que l'intelligence artificielle prendra le dessus de l'intelligence humaine. Aujourd'hui avec les derniers développements de l'intelligence artificielle, les avancées de la stimulation, il est pertinent de penser que le cerveau va être cartographié. Le cerveau va pouvoir être comparé à une machine. Une machine, une puce, un ordinateur vont-ils remplacer l'intelligence de l'homme ? Va-t-on pouvoir se passer de la raison, de l'intuition, etc. Nous sommes réduits à être manipulés, à ne plus savoir si l'on aura affaire à un robot ou à un être humain.

Les personnes handicapées sont dans l'ensemble exclues de ce monde. Quelques personnes, souvent de genre masculin, deviennent performantes, mais à quel prix en temps ? Peut-être au détriment d'une vie moins connectée…

70 - Sous le numérique, l'enfer ?

Participation à une étude de Vincent Meyer, 2017[63]

Mon désespoir jamais ne s'arrête.

Mon optimisme me fait imaginer, croire qu'un jour je serai sur la même échelle de l'égalité que les personnes « qui voient ».

Je rêve de cette autonomie, de cette indépendance face au numérique. Ce n'est pas un rêve mais un cauchemar.

Depuis quelques mois on parle de « maison digitale ». Les entreprises se gaussent de créer ces fameuses maisons digitales, ouverture sur le monde irréel du numérique.

La maison digitale est l'instrument à la mode, il faut en créer, il faut développer cette nouvelle approche. Nous n'avons pas le droit de résister, autrement nous sommes bannis du monde moderne, de ses avancées techniques.

Le numérique est un magnifique moyen qui peut permettre aux personnes singulières de vivre plus aisément avec autrui. Je voudrais mentionner ce logiciel mis en place pour les personnes trisomiques. Il permet une plus grande liberté, une plus grande indépendance.

Je reviens du salon du livre qui se tenait à Paris ce dernier week-end de mars. Quelle sensation de frustration, de détresse, et pourtant de bonheur devant cette multitude de livres en tous genres. Un foisonnement d'idées, d'engagements, de créativité qui nous est donné à voir. Mais pour celles et ceux qui ne peuvent lire, quel sentiment d'abandon de la part de notre société. Très peu d'ouvrages sont en fichiers numériques, très peu d'éditeurs se préoccupent de cette population minoritaire que sont les personnes aveugles. Qui intéressons-nous ?

Quel dilemme ! Nous voudrions pouvoir tendre la main vers le numérique et en un clic pouvoir accéder au livre désiré. Mais c'est quasiment impossible. Les livres numérisés même si leur nombre s'accroit, il est encore compliqué sinon impossible de se le procurer. Les livres

---

[63] Ouvrage collectif : *Transition digitale, handicaps et travail social*, sous la direction de Vincent Meyer, L.E.H. éditions, novembre 2017.

numérisés sont encore trop peu et surtout ils ne touchent pas tous les domaines. On ne peut lire l'ouvrage dont on a besoin.

Défaut d'accessibilité de certains outils numériques

Le Défenseur des droits, Jacques Toubon, après consultation du collège compétent en matière de lutte contre les discriminations et de promotion de l'égalité, saisi par une association de soutien aux personnes déficientes visuelles de la situation de plusieurs agents de l'État, atteints de cette déficience, qui se plaignent du défaut d'accessibilité de logiciels métiers et d'outils numériques mis à leur disposition par leur employeur, émet des recommandations à l'attention du Premier ministre et des ministères mis en cause.

Il fait part de propositions visant à renforcer le principe d'accessibilité numérique dans le domaine de l'emploi public et à rappeler aux employeurs publics l'obligation de mettre à disposition de leurs agents des logiciels métiers et outils numériques accessibles, quelle que soit la nature du handicap.

Les réclamants considèrent que le défaut d'accessibilité numérique les pénalise dans l'exercice de leurs missions et entrave durablement leurs perspectives d'évolution de carrière et d'avancement puisque certains se verraient refuser des postes ou seraient contraints de les quitter, non pas en raison d'un manque de compétences professionnelles, mais uniquement à cause du logiciel utilisé.

Le refus de procéder à des aménagements raisonnables pour permettre à un agent d'exercer son emploi peut être considéré comme une discrimination, dès lors que ces aménagements ne constituent pas une charge disproportionnée pour l'employeur.

Pour apprécier le caractère disproportionné ou non des charges qui pèsent sur un employeur, la directive du 27 novembre 2000, portant création d'un cadre général en faveur de l'égalité de traitement en matière d'emploi et de travail précise dans son considérant n° 21 qu'« il convient de tenir compte notamment des coûts financiers et autres qu'elles impliquent, de la taille et des ressources financières de l'organisation ou de l'entreprise et de la possibilité d'obtenir des fonds publics ou toute autre aide ».

Il convient de relever que l'absence d'aménagement du poste de travail peut être constitutive d'un harcèlement moral dès lors qu'il a « pour objet ou pour effet de porter atteinte à sa dignité ou de créer un environnement intimidant, hostile, dégradant, humiliant ou offensant » au sens de l'article 1er de la loi du 27 mai 2008.

Depuis mai 2017, l'ensemble des sites de l'État - internet et intranet - et les applications disponibles à partir d'un navigateur Web doivent être conformes au RGAA. Cette obligation s'applique également aux logiciels métiers et de bureautique, accessibles au moyen d'un navigateur Web, utilisés par les agents publics, ce qui est le cas des applications évoquées dans les réclamations dont est saisi le Défenseur des droits.

Des ministères qui tardent à se conformer à leurs obligations

Selon les ministères interrogés, le parc applicatif est étendu et comprend des applications anciennes qui n'ont pas intégré les recommandations du RGAA car ce référentiel n'existait pas au moment de leur conception.

Ce contexte expliquerait que la mise en accessibilité des logiciels visés par les réclamants s'avère techniquement complexe et coûteuse. Il ressort de l'enquête que si les difficultés techniques de mise en accessibilité ne peuvent être sous-estimées, cet argument est parfois invoqué alors même qu'aucun audit de faisabilité ne permet de l'étayer. En outre, lorsque la procédure d'évaluation a été engagée, le Défenseur des droits constate que cette démarche a été faite tardivement et, de toute évidence bien après le délai de mise en conformité prévu par le décret du 14 mai 2009 créant le référentiel d'accessibilité. Aucune justification n'a été apportée par les ministères pour expliquer le retard pris pour effectuer l'audit de faisabilité desdites applications.

Par ailleurs, le Défenseur des droits relève que lorsque les travaux de refonte d'un logiciel ont été engagés, leur durée peut apparaître injustifiée surtout lorsqu'elle n'est pas fondée sur des difficultés techniques ou financières.

Concernant les coûts financiers, aucun des ministères interrogés n'a communiqué d'éléments permettant au Défenseur des droits de s'assurer que des estimations avaient été réalisées. Par ailleurs, le FIPHFP[64] n'a pas été sollicité pour une aide financière, à l'exception d'un logiciel.

Par conséquent, le Défenseur des droits considère que les difficultés d'ordre technique et financier ne permettent pas d'exonérer les ministères de leur responsabilité concernant le retard qui a été pris dans la démarche de mise en accessibilité des logiciels visés par les réclamants.

---

[64] Fonds pour l'insertion des personnes handicapées dans la fonction publique.

Au-delà de la mise en accessibilité des applications métier, les enquêtes réalisées par le Défenseur des droits soulignent que les administrations confrontées aux situations individuelles ne recherchent pas toujours de solutions alternatives pour mettre à disposition de l'agent un même niveau d'information ou des fonctions similaires, tel que l'impose l'obligation d'aménagement raisonnable définie par l'article 6 sexies de la loi du 13 juillet 1983.

Pourtant, selon une société spécialisée en matière d'accessibilité numérique entendue par le Défenseur des droits, des solutions alternatives peuvent être étudiées pour garantir l'égalité de traitement à l'égard du travailleur handicapé. Cette société spécialisée met en avant l'importance d'analyser précisément la situation, c'est-à-dire les missions et l'environnement de travail, avant de chercher des solutions de compensation du handicap visuel, par un aménagement des fonctions et/ou par l'utilisation d'un logiciel différent qui serait plus accessible.

Il est intéressant de souligner que ce responsable met en garde contre l'idée selon laquelle un logiciel conforme aux règles d'accessibilité serait mécaniquement adapté à l'utilisateur final. En effet, il rappelle qu'une application, bien qu'accessible, peut demander des manipulations supplémentaires de la part de l'agent en situation de handicap qui vont ralentir son utilisation. Un complément, par des dispositifs d'assistance (lecteurs d'écran, de synthèse vocale...), peut ainsi s'avérer nécessaire.

En l'espèce, dans les réclamations soumises au Défenseur des droits, les administrations se contentent souvent d'invoquer les difficultés techniques pour justifier l'impossibilité de rendre le logiciel accessible. Aucune n'a fait appel à un expert pour tenter de rechercher des solutions alternatives et, surtout, certains agents ont été laissés sans aucune activité des mois durant ce qui, pour le Défenseur des droits, s'analyse comme une discrimination au sens de l'article 1er de la loi n° 2008-496 du 27 mai 2008.

Or l'administration ne peut continuer à ignorer plus longtemps ses obligations qui conduisent à des situations discriminatoires sources de souffrance au travail, sous peine de mettre en cause sa responsabilité.

L'enquête montre d'ailleurs que le risque contentieux lié au non-respect de l'obligation d'accessibilité est désormais pris en compte. Ainsi dans une note en date du 25 février 2016, le ministère X, après avoir rappelé aux différents bureaux des systèmes d'information les « obligations d'accessibilité des sites et applications » en lien avec le RGAA, souligne que « le fait de refuser un poste ou une promotion du fait de l'impossibilité d'utiliser les outils par des personnes avec handicap peut être assimilé à un acte de discrimination qui peut aller jusqu'à des sanctions pénales ».

Les recommandations

Ainsi que l'a démontré l'enquête du Défenseur des droits, des solutions sont possibles : aménagements individuels sur le poste de travail, recours à des experts en accessibilité, possibilité de financement par le FIPHFP et/ou le fonds national d'accompagnement de l'accessibilité universelle, appui méthodologique de la DINSIC[65]. Le Défenseur des droits rappelle que les employeurs doivent, dès lors qu'ils ne peuvent démontrer que ces mesures seraient disproportionnées au sens de l'article 6^sexies^ de la loi du 11 juillet 1983 précité, mettre en œuvre toutes les mesures appropriées pour permettre à un agent handicapé d'exercer ses fonctions, la seule allégation que l'outil numérique est inaccessible n'étant pas suffisante au regard des exigences précitées.

Par suite, il entend émettre des recommandations pour inciter les administrations à s'engager davantage dans le processus de mise en accessibilité de leur parc applicatif et, ainsi, se conformer à leurs obligations en matière de non-discrimination.

[65] Direction interministérielle du numérique.

71 - Les cookies, exemple parfait de prise d'otage de l'internaute [66]

mai 2014

Les cookies sont de petits programmes ou plus précisément (?) des lignes de codes qui permettent aux sites Web que nous visitons de nous identifier, de nous pister de sites en sites, de retenir nos mots de passe, de fouiner dans nos paniers d'achat de connaître nos habitudes, etc. afin de nous offrir les meilleures pubs au bon moment et au bon format. On ne peut pratiquement pas s'en débarrasser !

L'article du Monde en déduit logiquement que : « Le libre choix du consommateur, apparemment décuplé par la puissance de l'informatique, semble en fait amoindri. L'homme numérique aurait-il accepté de se laisser dominer par les machines dans le seul but de faire ses courses de façon moins fatigante ? » Il poursuit : « Nous laissons les technologies nous façonner, mais nous n'avons pas encore créé les outils intellectuels pour nous aider à comprendre ce qui nous arrive. »

Selon un philosophe, ce n'est pas une nouveauté, car depuis l'origine de l'humanité, l'homme est façonné par la culture qu'il crée. Mais cette culture des cookies est avant tout commerciale et le but qu'elle poursuit est de nous vendre le « mieux » possible et le « plus » possible. Aussi les perspectives d'avenir ont de quoi nous faire frémir : « L'espoir suprême des chercheurs est que les ordinateurs donnent du sens à des données diffuses et chaotiques, livrées en vrac. En découvrant des modèles et des corrélations qu'aucun humain n'aurait imaginé, ils répondront à des questions que personne ne leur a posées ». Le même philosophe (David Bates) nous donne un peu d'espoir. Heureusement la technologie ne nous prédétermine pas entièrement. « À certains moments historiques dit-il (lesquels ?) nous pouvons décider de ce que nous allons devenir. Mais pour cela il faut réfléchir et agir. Or, c'est peut-être ce qui nous effraie le plus.

Si nous décidons que l'innovation est devenue incontrôlable, nous nous déchargeons de toute responsabilité, c'est plus confortable. »

Voilà un objectif qui à la fois nous stimule, nous rassure, et… nous effraie !

---

[66] D'après l'article *du Monde* « Comment notre ordinateur nous manipule »,19.05.2014.

Magnifiques chiens

72 - Le magnifique Tchadou

Septembre 2015

En 2004, j'ai eu la chance, le privilège, la joie de recevoir Tchad, âgé de 18 mois comme chien guide, le deuxième après Loxley[67].

Très vite j'ai appelé ce magnifique golden Tchadou ; cela me gênait qu'il porte le nom d'un pays.

Tchadou c'est le seigneur des anneaux, c'est le magnifique, c'est le souverain aujourd'hui.

Tchadou est un golden puissant, sérieux, le roi du guidage, le roi de la communication, le roi de la tendresse.

Deux souvenirs : Tchadou m'a sauvé la vie plusieurs fois. Il m'a toujours guidée d'une manière exceptionnelle ; son seul défaut : il est têtu, terriblement têtu et je le surnomme « Tête de mulet ». Il faut le voir, le sentir arcbouté sur ses quatre pattes, refusant obstinément de prendre la rue du vétérinaire... C'est ce défaut superbe qui m'a sauvé la vie. Rue de Sèvres, quelques mois après que nous formions ce couple insensé, Tchadou me guidant, concentré, recule brutalement et malgré mes injonctions impatientes « Va devant ! » refuse absolument et vient de son arrière-train me cogner fortement, m'obligeant à reculer. Un énorme camion sortait en marche arrière de l'hôpital des Enfants Malades. Des cris se mirent à fuser. Tchadou le magnifique m'obligeant toujours à reculer se couche devant moi au péril de sa vie. Des passants se sont précipités pour nous protéger afin que nous ne soyons pas blessés. Le chauffeur n'avait rien vu...

Autre anecdote : Tchadou m'accompagnait régulièrement lors de conférences ou autres réunions, parfois interminables. Il se couchait près de moi, mais lorsqu'il trouvait le temps un peu long, les orateurs un peu ennuyeux, il se levait, baillait, poussait un petit gémissement ce qui faisait dire à l'animateur : « Je crois qu'il serait temps de faire une pause, ne croyez-vous pas ? »

---

[67] Voir dans l'ouvrage « Mes yeux s'en sont allés – Variations sur le thème des perdant la vue », le chapitre « Au revoir grand chien, merci Loxley ».

Tchadou a 13 ans depuis juillet 2015. Il vit maintenant dans une famille d'accueil extraordinairement accueillante, et qui adore Tchadou, c'est peu dire ! Vannina lui donne tant d'amour et de tendresse que Tchadou le magnifique vit des jours de bonheur. Vannina et moi nous nous sommes rendu compte que Tchadou a été très malheureux durant les premières semaines où je ne me suis pas manifestée. Il a été malade, il urinait dans la maison, etc. Les circonstances de la vie ont obligé la famille d'accueil à me confier Tchadou quelques jours. Quelles retrouvailles ! Igloo, mon nouveau compagnon, a respecté Tchadou le dominateur ; ils se sont aimés et si bien entendus. Quelle joie pour moi, mon mari et notre petite chatte. Dans notre appartement parisien ce furent de doux moments. Tchadou est rentré un soir avec Vannina, métamorphosé. Il n'a plus uriné dans la maison, il est devenu paisible. Nous nous voyons souvent, nous partageons plein de choses. La vie de Tchadou qui a travaillé près de 11 ans sans relâche a maintenant une vie de chien retraité heureuse. Tchadou m'a guidée partout, mon travail faisant que je me déplaçais beaucoup, aussi bien dans des lieux publics que privés, dans des manifestations, dans nombreux lieux de conférence, etc.

Tchadou le magnifique a toujours une place exceptionnelle, pas une personne, pas un endroit où l'on ne venait me dire : « Qu'il est magnifique votre chien ! ». Il a permis que dans les instances politiques, dans les réunions, les organisateurs pensent à lui mettre une gamelle d'eau, à lui proposer une place où il se sente bien.

Tchadou le superbe a deux familles qui s'entendent si bien, où l'amitié prédomine, où les échanges sont fréquents. Moi, Tchadou, Igloo sommes tellement heureux de connaître Vannina, ses enfants et son mari et d'accompagner Tchadou dans les ruelles du vieillissement. Quel bonheur d'être avec vous aujourd'hui pour fêter Tchadou le Magnifique, le roi des chiens. Ses yeux couleur de tendresse et d'amour nous regardent avec affection et confiance.

Jamais, jamais je ne pourrai assez dire « Merci, Merci mon Tchadou » pour tout ce que tu m'as donné, fait partager, découvrir.

Mon Tchadou repose-toi maintenant, fais-toi dorloter, profite de ces beaux jours où tu ne portes plus le harnais.

Merci Tchadou, merci à Joaquim Roméro, à l'École, et surtout à Vannina, Sergio, Renato et Cécilia.

Commentaire de Vannina :

En quelques mots rapides, moi aussi je voudrais remercier Tchadou car il m'apporte de la sérénité, de la force et beaucoup d'amour. Accueillir un « vieux chien » c'est un choix : on s'engage à l'entourer et à l'accompagner jusqu'à la fin. Je remercie son veto ici présent de lui avoir enlevé une méchante tumeur au début de l'été et de nous aider à donner les meilleurs soins à Tchadou. Je remercie mon mari qui masse tous les jours ses hanches douloureuses ; mes enfants aussi de lui apporter câlins et attention. Et je remercie la vie de cette magnifique opportunité car vivre avec Tchadou, c'est réellement un bonheur immense. (Vannina Correa de Sampaio).

73 - Tchadou, co-thérapeute

Décembre 2010

Au fil du temps qui passe, je m'aperçois que mon ami Tchadou « le magnifique » est celui par qui très souvent le regard se pose sur moi, avec amitié et respect. Mon chien grand et robuste inspire la dignité, la tendresse et la bonne distance. Ses yeux doux comme le lait de l'amande, son regard calme et reposant, inspirent confiance. Qui es-tu toi grand chien qui permet à l'enfant agité, inquiet, de s'accroupir auprès de toi sans bruit, sans cris ? Qui es-tu toi grand chien aux poils soyeux, qui va permettre à l'adolescent agressif, malheureux de l'incompréhension du monde, de s'asseoir à côté de toi et de **me** parler ?

Nous faisons un travail de co-thérapeutes. Tu es attentif à mes déplacements, à mon intonation de voix, au regard que je te porte. Tu vois, moi non, mais cela n'a aucune importance. Notre communication infra-verbale est forte, sans ambiguïté.

Au début, j'étais inquiète de la présence de Tchadou dans mon bureau. Je recevais des enfants et des adolescents difficiles... Tchadou observait l'agitation des uns et des autres. Je lui avais installé une place dans mon bureau, dans une alcôve.

Dès notre arrivée, il s'installait, soit en s'allongeant de tout son long, les yeux mi-clos, la respiration tiède et rythmée, soit en s'asseyant, le corps bien droit, la tête tournée vers moi. Il observait, il attendait le début de la séance. Quand Victoire arrivait, il la regardait. Cette petite fille sans paroles, qui au début hurlait, venait maintenant se blottir contre lui. À nous trois nous dialoguions, nous nous écoutions. Je faisais mon travail de psychanalyste. Tchadou par sa chaleur, son regard attentif, rassurait Victoire. Petit à petit, Victoire a pu se détacher du chien et regarder les jouets qui allaient lui permettre de mettre en scène son angoisse et ses peurs. Parfois elle partait se blottir contre Tchadou quand ce qui émergeait était trop difficile à supporter.

Tchadou m'a permis de réaliser des thérapies singulières, m'a permis d'aller jusqu'au tréfonds de la souffrance de ces enfants. Comment expliquer sa douceur, sa patience ?

Je pense simplement que ma parole, mes échanges avec lui, nous ont permis de fonctionner à deux. Tout au début, Tchadou s'allongeait à sa place et je ne m'en occupais pas. Mais un jour Samir, enfant autiste qui ne voulait pas se « mettre au travail », qui restait debout au milieu de mon bureau, a vu Tchadou. Il s'en est approché tout doucement, il s'est blotti dans ses pattes. Samir a dormi, lové dans le corps de Tchadou. Il a fait cela durant plusieurs séances. Je m'installais à côté de Samir et de Tchadou et je commentais ce qui se passait. Progressivement Samir m'a vue aussi, le dialogue a commencé. Le premier mot prononcé par Samir a été « chien ».

Samir a découvert dans un premier temps le corps de Tchadou, puis le sien.

Durant toutes ces séances Tchadou nous a accompagnés. Jamais de jeux brutaux, jamais d'excitation de la part de Tchadou. Je l'ai toujours associé, je lui parlais, je parlais à Samir.

L'enfant s'est éveillé au monde, il a pu saisir l'humanité, devenir enfant responsable. Tchadou a gardé sa place d'animal certes, mais de chien exceptionnel. Les regards se sont compris et le moi de l'enfant a pris naissance.

74 - J'accuse (Joachim Roméro)

Avril 2011

J'accuse Joachim Roméro de nous avoir donné une École magnifique, agréable, sympathique où les fleurs odorantes nous accueillent avec le sourire.

J'accuse Joachim Roméro d'avoir consacré une partie de sa vie de citoyen à avoir inventé, créé, mis en place, construit, notre École de chiens-guides de Paris.

J'accuse Joachim Roméro d'avoir constitué, formé, une équipe d'éducateurs hors pair, d'avoir permis à de nombreux bénévoles de nous accompagner dans les actes de la vie de nos chiens-guides.

J'accuse Joachim Roméro d'avoir organisé la rencontre avec les familles d'accueil, d'avoir développé un esprit convivial, solidaire et de tendresse entre eux et nous.

J'accuse Joachim Roméro d'avoir pensé à la qualité de la formation de nos chiens, de ne jamais avoir transigé sur la parfaite adaptation du chien et du nouveau maître-chien-guide.

J'accuse Joachim Roméro de s'être battu durant toutes ces années pour trouver des financements honnêtes, d'avoir passé quasiment tout son temps pour que l'école se développe et devienne exemplaire.

J'accuse Joachim Roméro de sa disponibilité, jour et nuit parfois, pour nous accompagner quand l'un de nos chiens venait de choisir de quitter cette vie pour se rendre au paradis des chiens.

J'accuse Joachim Roméro de son immense cœur de tendresse, de sa voix bourrue et remplie d'émotion, de délicatesse, de compréhension, de sa disponibilité, du temps donné sans compter, des visites à domicile pour nous réconforter quand notre compagnon à quatre pattes était malade, de son accompagnement pour soulager nos chiens, de sa grandeur d'âme devant nos souffrances après la perte de notre ami le chien.

J'accuse Joachim Roméro de toutes ses bonnes idées : telles que le mémorial où avec respect et dignité nos chiens ne seront jamais oubliés. De cette magnifique fête au Champ-de-Mars où le Chien Lumière brillait comme un don de partage, d'affection et du travail accompli.

J'accuse Joachim Roméro pour tout ce qu'il a fait, pour son exigence, sa tolérance et son implication chaque jour depuis des années.

J'accuse Joachim Roméro pour l'excellent directeur qu'il a été, pour le grand nombre de chiens remis, pour l'autonomie retrouvée de nombreux maîtres de chien-guide, pour le sourire et les rires de toutes celles et tous ceux qui ont eu la chance inestimable de rencontrer, de partager, d'échanger avec Joachim Roméro.

Je veux dire merci à Joachim Roméro et à sa femme, à tou(te)s les éducatrices et éducateurs, aux familles d'accueil, aux bénévoles qui ont permis que notre École soit ce qu'elle est.

J'interdis à Joachim Roméro de se laisser faire, de se laisser humilier. Joachim est un homme digne. Il faut que nous l'accompagnions dans son combat d'homme libre et de directeur de l'école qu'il a fondée sans jamais compter sa peine ni son temps, ni la somme de travail accompli.

Je condamne l'attitude de celles et ceux qui sans aucun respect, sans aucune explication, détruisent notre École et font passer Joachim Roméro pour un coupable[68].

Maudy Piot, maîtresse de Tchadou *le magnifique* (après Loxley).

68 M. Romero est actuellement président de l'École de chiens-guides de Paris. *Ndlr*

75 - Taxis : pétition pour les chiens d'aveugles

AFP Publié le 20/06/2012 à 18:14. Le Figaro, juin 2012

Une pétition, déjà signée par un millier de personnes, a été lancée pour que les chauffeurs de taxi prennent à bord de leurs véhicules les aveugles avec leurs chiens, une obligation légale qu'ils ne respectent pas, a-t-on appris aujourd'hui.

La pétition, qui prend la forme d'une lettre ouverte aux compagnies de taxis et aux pouvoirs publics, a été lancée par la présidente de l'association "Femmes pour le dire, femmes pour agir", Maudy Piot, qui soutient les femmes handicapées.
Les textes applicables aux chauffeurs de taxi précisent qu'un conducteur a le droit de refuser des voyageurs accompagnés d'animaux, à l'exception des aveugles et de leurs chiens guides.

Selon Mme Piot, psychanalyste et aveugle elle-même en raison d'une maladie génétique évolutive, les conducteurs prétextent le plus souvent qu'ils sont allergiques aux poils de chien, que l'animal va leur salir leur véhicule ou que celui-ci est trop petit.

"J'invite tous les maîtres de chiens guides et leurs amis, leurs éducateurs à me rejoindre et à signer cette lettre ouverte", écrit Mme Piot, qui mentionne son adresse électronique : maudypiot@free.fr.

Lettre ouverte aux chauffeurs de taxi, aux compagnies de taxis, aux autorités préfectorales et gouvernementales

Le 13 mai 2012, à Paris, entre la gare de Lyon et la Bastille, les maîtres de chiens-guides accompagnés de leurs fidèles compagnons manifestaient à l'appel de l'ANMCGA[69] en rythmant leur marche du slogan : « Partout avec mon chien ». J'y étais avec Tchadou, golden retriever de 10 ans, ma canne blanche et mon mari !

Aujourd'hui je veux exprimer ma colère.

Je lis dans les « Textes applicables aux taxis parisiens » : « Le conducteur de taxi a le droit : (6°) De refuser les voyageurs accompagnés d'animaux, sauf lorsqu'il s'agit d'aveugles avec leur chien guide. »

---

[69] Association Nationale des Maîtres de Chiens-Guides d'Aveugles.

Je fais l'expérience quasi quotidiennement du contraire. Hier encore, arrivant à minuit à la gare de Lyon, j'ai essuyé cinq refus avant de pouvoir monter dans un taxi avec mon chien (sous une pluie battante !).

Les motifs de refus sont toujours les mêmes. En tête : « Je suis malade, je suis allergique », puis « Votre chien va salir ma voiture et laisser du poil partout », « mon véhicule est trop petit », etc.

On peut certes relever les coordonnées du taxi et faire un signalement à la Préfecture de Police, mais avouons que pour un aveugle c'est une performance ! et j'ai fait l'expérience que cela ne menait pas à grand-chose : déni du chauffeur, mensonges, et j'en passe.

Ce que je veux, ce que nous voulons, c'est la stricte application de la règlementation : nos chiens ne peuvent être refusés dans un taxi, à Paris comme dans toute la France. Il n'y a pas à négocier, à parlementer, c'est un droit, point !

J'invite tous les maîtres de chiens guides et leurs amis, leurs éducateurs, à me rejoindre et à signer cette lettre ouverte. Il vous suffit de m'envoyer un message (« Je suis d'accord ») à l'adresse suivante maudypiotxxxxx.

Maudy PIOT, maîtresse de chien-guide

Ndlr. Cette pétition, hors des circuits habituels, entièrement « artisanale », a recueilli plus de 800 signatures en un temps record. Le résultat : l'intégration de ce point de règlementation dans la formation des chauffeurs. Un « frémissement »…

Les plateformes privées qui entrent dans la concurrence – VTC – ont une attitude bien pire que celle des taxis dénoncée ici. Leur formation est pratiquement inexistante et leur statut incertain.

En guise de conclusion

76 - Le Diable a large dos

avril 2015

« Le diable a large dos, il est le bouc émissaire de tous nos péchés et nous en décharge à faible prix »

Andrea H.Japp, Le souffle de la Rose (2006)

Quand on m'a demandé de participer à cet ouvrage collectif, et que mon interlocuteur a prononcé les mots « *bouc émissaire, handicap* », j'ai su tout de suite que j'avais envie d'en dire quelque chose. Mon imaginaire a immédiatement gambadé dans les broussailles de situations, de mots énoncés, échangés, de vécus incroyables...

Un souvenir d'enfance, bien enfoui, m'est revenu comme un éclair fulgurant :

Un mot familier

Je devais être en 8e ou 7e (on disait comme cela de mon temps, aujourd'hui ce serait CM1 ou CM2)... Je devais attribuer un mot à une définition donnée par la maitresse. Maman qui regardait par-dessus mon épaule s'écrie en riant : « bouc émissaire ! » Elle ajoute « C'est toi ma chérie notre bouc émissaire. Tu portes cette tare, tu portes tous nos péchés ». Et ma mère de rire avec légèreté avant d'ajouter : « Le bouc émissaire, c'est un animal comme une chèvre mais plus grand ; il s'en va dans le désert, il porte les péchés des autres, comme toi. Mais tu vois, il court vite, il est rapide ».

Dans mon souvenir il ne me reste que ce mot, *bouc émissaire*, et sa définition approximative. Un relent de savoir supérieur, un mot magique. Le lendemain à l'école j'ai su répondre à la question et j'en ai ressenti une grande fierté. Ce bouc émissaire c'était donc moi. J'avais été choisie pour délivrer les autres. Je me voyais courir au milieu des dunes dorées, croiser des chameaux, arriver dans une oasis. Cette sensation de courir, d'être emportée par le vent, d'aller vite, vite, ne m'a jamais quittée je crois...

Bouc émissaire est un mot familier pour moi, il m'habite comme un ami, il emplit mes fantasmes. Je le caresse, je l'aime et le déteste, je l'imagine, le triture, le déforme, le transforme. Tantôt il est plein de choses affreuses, sales, laides, vilaines. Tantôt il est le sauveur, l'intrépide, le meilleur.

Quelle force ce mot m'a-t-il transmise ? Celle de la lutte, de la ténacité, de la vigueur, de la liberté... Me sentir seule face à l'adversité et ne pas renoncer.

Porter les péchés des autres et inventer de les transformer en richesse, en originalité. De tellement s'identifier au mauvais comme au sublime que la structure psychique de l'enfant en devient symbole de la lutte, du militantisme, et surtout cette devise : ne jamais se laisser faire, ne jamais s'arrêter de courir, aimer cette liberté, ce vent porteur de rumeurs, de tragédies, d'engagements, de luttes et de victoires.

Quelle aventure que la rencontre avec ce mot inconnu de moi, prononcé par une mère rieuse, aimante. Elle m'a donné sans le savoir ce goût d'autonomie, elle a réveillé en moi le désir irrépressible de la solidarité, de l'amitié et sans doute ce penchant pour *accompagner* l'Autre le long de l'aventure de la vie.

Se battre, militer, mais c'est ce que fait ce bouc qualifié d'émissaire. Il porte partout la liberté, fuite de la répression. Il porte sur lui toute la cruauté du monde, mais il la sublime et l'emporte dans les vallons du vrai, de l'engagement, du rire et de l'autorité tranquille de celui qui sait que la vie est un combat pour un vivre ensemble solidaire.

Elle paie la faute

Qu'est-ce qu'une thérapeute ? Celle qui écoute les *péchés* du monde entier, qui entend la souffrance, le désespoir. Y aurait-il un lien symbolique entre le « bouc émissaire » et le handicap ? Il me revient une anecdote : J'avais, en tant que psychothérapeute, une patiente malvoyante qui m'a raconté au cours d'une séance que, lorsqu'elle avait sept ou huit ans, le jour de sa communion privée, toute la famille était réunie. Cela se passait en Bretagne. La famille était heureuse, tout se passait bien, et tout à coup un oncle se lève, demande le silence et dit : « Je sais pourquoi Béatrice est aveugle… » Tout le monde se tourne vers lui et il poursuit : « C'est parce qu'elle paie la faute de grand-mère ». Qu'avait donc fait la grand-mère ? Elle était *fille-mère*, ce qui n'avait pas été bien supporté par le milieu familial. Et ma patiente me dit : « Voyez, je porte le mal. Et mon oncle a ajouté : Nous ne craignons plus rien pour nos enfants puisqu'elle paie la faute ». N'est-ce pas justement le rôle du bouc émissaire ? Ou bien du handicap ? En reliant le bouc émissaire à la personne handicapée, de manière symbolique comme je l'ai dit, nous façonnons une autre représentation imaginaire de l'animal mythique : il court dans le désert, mais il ploie sous le poids d'un fardeau lourd, si lourd. De plus il est coupable, il faut le chasser. On se moque de lui, on rit de lui, on le plaint aussi... Cela nous renvoie à la question de la représentation dont nous, personnes handicapées, sommes l'objet dans la société. On peut en faire l'histoire ; d'autres comme Henri-Jacques Stiker l'ont fait avec talent ; mais aujourd'hui, qu'en est-il ?

Le perdant la vue

Atteinte d'une rétinite pigmentaire, j'ai perdu la vue progressivement depuis mon enfance. À huit ans, on m'a diagnostiqué une forte myopie. J'ai appris à 17 ans que je serai aveugle à 30 ans. Mon père, médecin, n'a jamais accepté ce handicap. Il parlait de *tare*. J'ai dû faire semblant de voir pendant des années parce que je refusais de ne plus voir… Ainsi ma jeunesse s'est-elle déroulée, en cherchant à nier ce handicap, me cognant partout, prenant des risques insensés, essayant tout ce qui semblait impossible, comme faire du vélo, du ski ou des études de médecine, puis d'infirmière. Mais comment piquer des bras invisibles, poser un diagnostic sur un patient qu'on ne voit pas ? J'ai fini par abandonner, mais j'ai continué à vouloir soigner, avec la kinésithérapie d'abord, puis la psychothérapie dans laquelle je trouve enfin ma voie. À 30 ans avec un DEA de psychanalyse, je me lance dans la vie portant en bandoulière cette perte visuelle. Ma vue s'en va comme le soleil qui se couche à l'horizon : tous les jours une parcelle de vue s'estompe doucement, insensiblement. J'ai inventé vers la fin des années 90 le terme de « perdant la vue » pour nommer cette situation. Le monde médical et la société parlent de malvoyants (comme plus récemment de mal-marchants), ce mot *mal* est porteur d'une connotation négative et renvoie à des représentations de faute, de culpabilité, de péché. Je voulais absolument sortir de ces représentations faciles, commodes, empruntes d'un symbolisme renvoyant à l'ignominie. N'oublions pas que dans l'Antiquité, les petits enfants handicapés étaient exposés dans la nature et en mourraient... que dans les montagnes du Tibet, les petits aveugles sont encore cachés, privés de liberté, et parfois on les laisse mourir. Ils sont porteurs du mal, ils sont habités par le diable, ils sont un danger pour leur famille car si le voisinage apprenait qu'untel a un enfant aveugle, toute la famille serait bannie et expulsée du village. Le même traitement (encore plus inhumain) est pratiqué en Afrique à l'égard des enfants albinos. Ce mal traduit réellement la faute, l'emprise de Satan, et par là du péché. Notre bouc émissaire n'est pas loin.

Voilà pourquoi j'ai préféré le terme de *perdant la vue.*

Quand le champ visuel se rétrécit sans rien vous dire, on perd ses repères, on se cogne, on renverse les objets. Le perdant la vue, c'est celui qui va pouvoir ramasser un trombone tombé à terre plus vite que son voisin voyant parce que ce trombone est justement dans le tout petit champ visuel qui lui reste. Le perdant la vue, c'est celui que l'on va taxer de menteur, de simulateur, en lui disant : Vous avez un regard clair, vous faites semblant de ne pas voir ! Vous faites semblant pour tromper les autres ! Ou encore, son employeur lui dira : C'est parce que vous êtes un paresseux et vous cherchez à travailler moins que vos collègues !

Estime de soi

Parlons un peu de l'estime de soi et, corrélativement, de l'estime des autres. Que signifie pour une personne handicapée de s'estimer, d'être estimée ? Le handicap est cette blessure corporelle ou psychique qui affiche la différence qui nous stigmatise comme porteurs d'un manque irrémédiable. Ce manque est trop souvent vécu par nous-mêmes et les autres sous la forme d'une infériorité, d'une monstruosité. Notre propre regard sur nous-mêmes a tendance à nous dévaloriser, notre gaucherie nous humilie, notre manque de performance nous enferme dans le silence. La dure réalité du quotidien nous montre chaque jour que la personne handicapée est indésirable, dérange.

Le regard de la société nous déstabilise ; nos échecs dus à notre différence nous meurtrissent. C'est vrai, le handicap est un facteur de faiblesse, de moindre mesure. Notre estime de soi se trouve à rude épreuve et il faut la considérer autrement. S'estimer quand on est frappé par la différence est un combat quotidien, riche et plein d'imprévus. Je ne crois pas ceux qui nous disent que leur handicap n'a rien changé. Tout bouleversement est source de pénibilité et de richesse. Être autrement nous oblige à traverser les tumultes des mers et des rivières, à nous perdre dans les forêts de l'incertitude, à nous arracher au lierre du maternage, à nous avancer parmi les nuages tumultueux, à nous ouvrir à l'inconnu et à perdre toute identification avec l'Autre surmoïque.

Il nous faut traverser le bouleversement de la différence pour construire un moi estimable, un moi qui se reconnaisse vivant autrement. C'est difficile de sentir le regard de l'autre, qui malgré lui voudrait nous ramener à la norme. Justement, c'est dans cet écart, dans ce temps de surprise, que nous construirons un nouveau regard sur nous-mêmes qui nous permettra de donner la richesse issue de cette absence de conformité. C'est les yeux grands ouverts sur le monde de nos contemporains que nous construirons une approche inattendue de nos différences.

Militante avant de naître !

Je dis souvent que j'ai été militante avant de naître. En effet, perdant la vue depuis mon enfance, j'ai toujours lutté : d'abord contre mon handicap, que je ne voulais pas accepter, puis pour travailler, pour être mère, et enfin, au nom de mes sœurs, les femmes handicapées, de lutter contre la double discrimination dont nous sommes l'objet. Je me bats pour que la société fasse droit à la différence. En 2003, j'ai créé l'association *Femmes pour le Dire, Femmes pour Agir*, qui accueille des personnes handicapées quelle que soit leur singularité.

Nos objectifs sont de lutter contre toute forme de discrimination et plus particulièrement contre la double discrimination que vivent les femmes handicapées : être femme et être handicapée. Nous sommes des citoyennes à part entière, le handicap est dû au hasard de la vie, il n'est pas notre identité.

Cette double discrimination que vivent les femmes handicapées, qui est un lourd fardeau, ne renvoie-t-elle pas à ce féminin qui est encore sous le joug de la domination masculine ? Notre bouc émissaire serait-il encore plus fautif ? Il faudrait le féminiser, le transformer en chèvre porteuse de toutes les misères du monde....

Il est important de réfléchir à cette représentation dévalorisée des femmes handicapées. Savez-vous que seulement 22 % de femmes handicapées ont un emploi pour 48 % d'hommes handicapés ? Savez-vous que 4 femmes handicapées sur 5 subissent des violences ? Savez-vous que les femmes handicapées ont très difficilement accès aux soins gynécologiques, que les maternités ne sont pas accessibles, etc.

Femmes handicapées, nous voulons renverser les représentations et montrer qu'on peut être *singulière* et avoir sa place dans la société. L'association défend cette vision moderne et solidaire en disant que nous sommes Citoyennes avant tout.

Question de poids !

La définition originelle du mot handicap évoque le poids que l'on mettait sur le dos d'un cheval pour égaliser les chances de l'ensemble des animaux participant à une course. C'est curieusement cette notion de poids qui rapproche handicap et… bouc émissaire ! Une fois que ce dernier s'est enfoncé dans le désert, qu'il a disparu dans la brume de l'incertitude, dans la poussière de l'oubli, dans la sécheresse de la domination et dans l'abîme des pleurs, qu'il est devenu invisible, les bien-pensants, les autres respirent. Le mal est éloigné, la note de l'indifférence a été payée, le monde est sauvé.

Je n'accepte pas l'injustice, je me bats pour la liberté. Ces deux mots prononcés par une mère rieuse et inconsciente, *bouc émissaire*, ont fait de moi une battante, qui prend la vie dans son immensité, dans ses contradictions.

La lourde marche dans le désert du silence, dans la nuit criblée d'étoiles, de bruits insolites, la rencontre de paysages au bord de l'horizon, la surprise du cri qui résonne, de la douceur de l'aube, donnent à l'enfant enfin réveillé le goût de la vie, de cette vie faite de douceur et de violence.

*****

Autre version pour la conclusion *(non publiée)* **:**

Le handicap, même si l'on s'intéresse à la définition la plus noble : donner au cheval le plus fort une charge supplémentaire afin d'égaliser les chances entre tous lors d'une course, cela signifie bien que le handicap a quelque chose à voir avec un surplus. De quelle nature est ce surplus, physique ? mental ? sensoriel ?..

La personne handicapée peut être regardée comme portant une charge visible ou invisible qui la rend différente, singulière. Ces marques inscrites dans le corps entraînent une vision parcellaire de l'Autre. Ce poids porté par le bouc émissaire rejoint le poids terrible du regard des autres, des préjugés, des exclusions, du mépris.

Mais arrêtons-nous un instant à la force de cet animal qui, affublé de toutes les discriminations, de toutes les injustices, de toutes les anomalies s'élance pour gagner l'égalité, la vérité, la justice.

Il est autrement capable d'emporter les victoires, il est autrement capable de gagner la confiance, il est autrement capable de réussir dans les méandres des chemins de la vie.

La personne handicapée, comme le bouc émissaire, comme ce cheval porteur des « qu'en-dira-t-on » a décidé de vivre son désir de vie, de profiter des rencontres, de partager ses différences, de s'enrichir de la diversité du monde.

La représentation imaginaire que l'on a de l'Autre enferme dans des présupposés négatifs et immuables. Il faut se battre pour affirmer que le regard est une étincelle qui brûle l'indifférence et l'exclusion. Chaque regard donné est une force de création nouvelle et permet à chacun de vivre sa dimension de personne unique dans sa singularité.

Bibliographie (ouvrages cités) :

Airiau, Christine, *Une vie après l'AVC*, Paris 2011, L'Harmattan.

Barthes, Roland, « Le bruissement de la langue », in *Œuvres complètes, tome III*, 1974-1980, Paris 1994, Le Seuil.

Borges, Jorge, Luis, « Histoire de la nuit », in *Œuvres complètes II*, Paris 2010, La Pléiade, NRF Gallimard.

Braunstein, Nestor, La jouissance, un concept lacanien, Coll. Point hors ligne,Toulouse 2005, Eres.

Coll. *Taillepied au fil du temps, des femmes et des hommes*, 2016, Ass. La Balade, Des Livres éditeur.

« Comment notre ordinateur nous manipule », *Le Monde*, 19/05/2014.

Dufrenne Mikel, « Vers une esthétique sans entrave », in *Mélange*s, Paris 1975 UGE 10/18.

Fleury, Cynthia, *Ci-gît l'amer, guérir du ressentiment*, Paris 2020, Gallimard.

Freud, Sigmund, *Trois essais sur la sexualité*, Paris 1923, Gallimard.

Hegel, Georg W,F, *Phénoménologie de l'esprit*, Paris 2006, Jean Vrin.

Héritier, Françoise, *Masculin/ Féminin : I/ Les fondements de la différence*, Paris 1996 ; II *Dissoudre la hiérarchie*, 2002, Odile Jacob.

Imberty, Gilberte, *Les personnes aveugles et malvoyantes, tome 1*, Paris 2008, L'Harmattan.

Kassis, Annpôl, *Femmes du monde entier contre les violences,* Mercurol 2016, Yvelinéditions.

Lacan, Jacques, Séminaire livre 11, *Les quatre concepts fondamentaux de la psychanalyse,* Paris 1973, Le Seuil.

- Séminaire livre 20, *Encore,* Paris 1975.
- Séminaire livre 8, *Le transfert*, Paris 1991.

Leiris, Michel, *Mots sans mémoire,* Paris 1998, Collection L'imaginaire, Gallimard.

Meyer, Vincent (sous la direction), *Transition digitale, handicap et travail social*, Bordeaux 2017, LEH éditions.

Reboul, Olivier, « L'adulte : mythe ou réalité », *Revue Critère*, juin 1973.

Ricœur, Paul, *Parcours de la reconnaissance*, Paris 2004, Folio-essais, Gallimard.

Stiker, Henri-Jacques, *Corps infirmes et société, 3e éd.*, Paris 2005, Dunod.

Winnicott, Donald, *Le bébé et sa mère*, Paris 1992, Payot.

Winnicott, Donald, « La théorie de la relation parents-nourrisson », in *De la pédiatrie à la psychanalyse*, Paris 1989, Payot.

On lira avec intérêt les ouvrages de Michelle Perrot et en particulier :

La plus belle histoire des femmes, avec Françoise Héritier, Sylviane Agacinski, Nicole Bacharian, essai Poche 2014.

Le chemin des femmes, Bouquins Robert Laffont, 2014.

Et sa participation aux 5 tomes de :

L'histoire des femmes en Occident, sous la direction de Georges Duby, Poche.

Ouvrages coordonnés par Maudy Piot :

« Femmes handicapées citoyennes », *Actes du colloque de FDFA le 25 novembre 2003*, avec Lucie Aubrac.

« Femmes handicapées : la vie devant elles », *Actes du colloque de FDFA le 16 novembre 2005*, avec Simone Veil.

« Être mère autrement - Handicap et maternité », *Actes du colloque du 17 mars 2007*, avec Albert Jacquard.

« Femme, Création, Handicap », *Forum du 11 décembre 2007*, avec Nicoletta.

« Communication et handicap », *Actes du colloque du 5 avril 2008*, avec Noëlle Châtelet.

« Le fœtus, une personne ? », *Actes du colloque du 16 mai 2009*, avec Benoîte Groult.

« Femme Travail Handicap », in *Forum du 19 novembre 2009*, DVD de 95 min, avec Claudie Haigneré.

« Violences envers les femmes : le **non** des femmes handicapées », *Actes du colloque du 19 juin 2010*, avec Michelle Perrot.

« Handicap, estime de soi, regard des autres », *Actes du colloque du 5 mars 2011*.

« Des Solitudes », *Actes du forum du 6 décembre 2011*, avec Anne Quéméré. Il existe également un DVD de ce forum réalisé par Eric Canda (Jaris Productions).

« Autonomie enchaînée, autonomie déchaînée », *Actes du forum du 24 mars 2012*, avec Françoise Héritier.

« La citoyenneté au féminin », *Forum du 11 avril 2013 – 10e anniversaire de FDFA.*

« Vulnérabilités, handicaps, discriminations : On en parle ! », *Forum du 19 novembre 2013*, avec Charles Gardou.

« Du corps imaginaire à la singularité du corps (le féminin en question) », *Colloque du 11 avril 2015*, avec Simone Korff-Sausse.

« Violences de genre, violences du handicap », *Forum du 15 octobre 2015*, avec Ségolène Neuville.

« Les aventurières de la vie : le handicap au-delà de ses limites », *Actes du forum du 19 mars 2016*, avec Pinar Selek.

Alain PIOT et ses enfants

Manoël et Joanna

ont la joie de vous convier à l'inauguration du

Jardin « Maudy Piot-Jacomet »

situé 8 rue des Suisses, Paris 14e

(métro Plaisance)

par **Anne Hidalgo, Maire de Paris**,

Carine Petit, Maire du 14e arrondissement

et l'association **« Femmes pour le Dire,**

Femmes pour Agir » (FDFA)

le vendredi 5 juillet 2019 à 10h

La cérémonie se conclura par un pique-nique

au milieu des sophoras (« arbres à miel »)

Chacun peut apporter de quoi partager,

en évoquant le souvenir de Maudy

Structures éditoriales du groupe L'Harmattan

L'Harmattan Italie
Via degli Artisti, 15
10124 Torino
harmattan.italia@gmail.com

L'Harmattan Hongrie
Kossuth l. u. 14-16.
1053 Budapest
harmattan@harmattan.hu

L'Harmattan Sénégal
10 VDN en face Mermoz
BP 45034 Dakar-Fann
senharmattan@gmail.com

L'Harmattan Cameroun
TSINGA/FECAFOOT
BP 11486 Yaoundé
inkoukam@gmail.com

L'Harmattan Burkina Faso
Achille Somé – tengnule@hotmail.fr

L'Harmattan Guinée
Almamya, rue KA 028 OKB Agency
BP 3470 Conakry
harmattanguinee@yahoo.fr

L'Harmattan RDC
185, avenue Nyangwe
Commune de Lingwala – Kinshasa
matangilamusadila@yahoo.fr

L'Harmattan Congo
67, boulevard Denis-Sassou-N'Guesso
BP 2874 Brazzaville
harmattan.congo@yahoo.fr

L'Harmattan Mali
ACI 2000 - Immeuble Mgr Jean Marie Cisse
Bureau 10
BP 145 Bamako-Mali
mali@harmattan.fr

L'Harmattan Togo
Djidjole – Lomé
Maison Amela
face EPP BATOME
ddamela@aol.com

L'Harmattan Côte d'Ivoire
Résidence Karl – Cité des Arts
Abidjan-Cocody
03 BP 1588 Abidjan
espace_harmattan.ci@hotmail.fr

Nos librairies en France

Librairie internationale
16, rue des Écoles
75005 Paris
librairie.internationale@harmattan.fr
01 40 46 79 11
www.librairieharmattan.com

Librairie des savoirs
21, rue des Écoles
75005 Paris
librairie.sh@harmattan.fr
01 46 34 13 71
www.librairieharmattansh.com

Librairie Le Lucernaire
53, rue Notre-Dame-des-Champs
75006 Paris
librairie@lucernaire.fr
01 42 22 67 13

Achevé d'imprimer par Corlet Numérique - 14110 Condé-sur-Noireau
N° d'Imprimeur :171384 - Avril 2021 - Imprimé en France